AF189898

Danke Sonja,
danke Maja,
danke Nina,
dass ich gehen durfte

Daniel Tschepe

Von der Oststadt an den Weststrand

Ein Weg und einen Sommer lang durch Deutschland

Bibliografische Informationen der Deutschen Nationalbibliothek
Die Deutsche Nationalbibliothek verzeichnet diese Publikation
in der Deutschen Nationalbibliografie; detaillierte bibliografische
Daten sind im Internet über: dnb.dnb.de abrufbar

© 2018 Daniel Tschepe
Herstellung und Verlag:
BoD – Books on Demand, Norderstedt

ISBN: 978-3-7481-8087-6

Vorwort

Dies ist die Geschichte eines kleinen Abenteuers. Es ist die Geschichte über einen Fußmarsch acht Wochen durch Deutschland. Und es ist meine Geschichte. Ich habe mich in meinem Leben schon immer gerne bewegt, und Sport war und ist immer ein Teil meines Lebens. Zu mehr als zum ambitionierten Freizeitsportler hat es nie gereicht, aber körperliche Betätigungen empfinde ich auch auf diesem Niveau befreiend und befriedigend und sie helfen mir, den Kopf frei zu bekommen. So sollte diese Reise, zwar lang und langsam, aber auch anstrengend genug werden, um die Gedanken weg vom Alltag zu bekommen.

Ich bin auch ein Abenteurer. Aber leider nur im Geiste. Gerne und mit großem Respekt lese ich Bücher und verfolge Berichte von Abenteuern und Abenteurern, von Menschen, die den Mut und den Drang haben, verrückte oder außergewöhnliche Dinge nicht nur zu denken, sondern zu tun. Ungeachtet der Motivation, die hinter großen Reisen auf ungewöhnlichen Wegen, auf einmaligen Expeditionen, auf Erstbegehungen aus früheren Jahrhunderten in unbekannte Regionen oder experimentierfreudigen Lebensabschnitten dieser Menschen steht, kann ich mich fast ausnahmslos dafür begeistern.

Mein Weg in diesem Sommer 2017 war nur ein kleiner Weg, bei dem ich mich kaum unvorhergesehenen Herausforderungen stellen musste, nicht wirklich über körperliche Grenzen gegangen bin und auch nicht mit irgendwelchen Gefahren für Leib und Leben konfrontiert wurde.

Joey Kelly ist meines Wissens ohne Geld und Proviant durch Deutschland gelaufen und hat dabei nur das gegessen, was er in der Natur aufsammeln konnte und hat teilweise aus Pfützen getrunken, wenn er nichts anderes gefunden hat. Das ist schon ein etwas größeres Abenteuer. Wenngleich ein normal denkender Mensch durchaus berechtigterweise nach dem Sinn dieser auferlegten Einschränkungen fragen darf. Aber normal ist eben auch nicht immer spannend.

Rüdiger Nehberg hat sich ohne jegliche Ausrüstung meilenweit weg von jeder Zivilisation mit einem Hubschrauber im brasilianischen Urwald absetzen lassen, um in sechs Wochen den Weg aus dem Dschungel-Labyrinth alleine wieder heraus zu finden. Das ist definitiv ein Abenteuer.

Janice Jakait ist bestimmt über ihre körperlichen Grenzen hinausgegangen und war mit Gefahren für Leib und Leben konfrontiert, als sie in 90 Tagen 6500 Kilometer alleine in einem Ruderboot über den Atlantik gepaddelt ist.

Man kann sich fragen, was diese Leute dazu treibt, solche waghalsigen Experimente einzugehen, ihre Komfortzone zu verlassen und ihr Dasein so immens auf die Natur zu reduzieren. Reine Abenteuerlust? Oder haben diese extremen Menschen, neben der großen Aufgabe, die Aufmerksamkeit von möglichst vielen auf die Notwendigkeit des respektvollen Umgangs mit der Natur zu lenken, vielleicht einfach nur für sich entschieden, dass der Sinn des Lebens das Leben ist? Ich kann diese Frage nicht beantworten, aber bewundern kann und darf ich diese Leistungen.

Und jetzt hatte ich entschieden, dass es auch für mich an der Zeit war, meine Komfortzone zu verlassen, den Alltagstrott für einen überschaubaren Zeitraum hinter mir zu lassen und mich im Rahmen meiner Möglichkeiten zu reduzieren. Hinter meiner Geschichte steht keine große Aufgabe. Aber dafür ist es eine Geschichte, von der ich nicht gelesen oder gehört habe, sondern es ist mein kleines Abenteuer. Es ist die Geschichte eines ganz besonderen Sommers.

Sylt
Hörnum
St.-Peter-Ording
Helgoland
Cuxhaven
Bremerhaven
Bremen
Weser
Verden
Aller
Celle
Steinhuder
Meer
Hannover
Braunschweig
Oker
Hameln
Weser
Extern Steine
Goslar
Höxter
Brocken
Bode
Thale
Hann. Münden
Werra
Fulda
Bad Salzungen
Meiningen
Bad Kissingen
Fränkische Saale
Main
Lohr
Main
Wertheim
Neckar
Tauber
Jagst
Kocher
Ludwigsburg
Stuttgart
Neckar

•••••••• Fußweg
– – – – – Bahnfahrt
············ Fähre

Montag, 29.05.2017: Ludwigsburg

Das war mal eine Party. Und was für ein Wochenende ist das gewesen, in vielerlei Hinsicht. Eine 18 + 50 Mehrgenerationenfeier hatten wir organisiert, mit etwas mehr als 120 Gästen. Ich bin schon im April 50 Jahre alt geworden, und vorgestern war der 18. Geburtstag unserer großen Tochter Maja. Die meisten Menschen, die uns in unserem augenblicklichen Lebensabschnitt wichtig sind, waren gekommen. Das Wetter war fast schon zu gut zu uns. Wir haben groß gefeiert, viel getrunken, noch mehr gelacht und ich habe mit Maja mit Tränen in den Augen auf das Ende ihrer Kindheit getanzt.

Meiner Frau Sonja habe ich mal wieder viel zu wenig Danke gesagt für ihre unglaubliche, nicht enden wollende Unterstützung bei der Feier und für alles andere. Vielleicht war die Zeit dafür mal wieder zu knapp. Aber wahrscheinlich ist das nur eine angenehme Ausrede.

Volljährig ist die Große jetzt also, aber sie rennt zum Glück nicht gleich aus dem Haus. Also haben wir nicht alles falsch gemacht. Und die Kleine dürfen wir ja Gott sei Dank auch noch eine schöne Zeit auf ihrem Weg begleiten.

Die Party ist vorbei. Wir haben alles aufgeräumt und fast alles wieder in den Normalzustand zurückversetzt. Aber lange wird dieser Zustand nicht halten. Fünfzig bin ich schon vor einigen Wochen geworden, mein Geschenk an mich selbst beginnt aber jetzt. Zeit mal für was anderes als den Normalzustand zu haben habe ich mir geschenkt. In einem Leben, bei dem man wirklich nur auf sehr hohem Niveau jammern kann, ist Zeit vielleicht das wirklich Einzige von dem man nicht genug hat. So schenke ich mir also ein viertel Jahr Zeit. Wenn ich ehrlich bin ein sehr egoistisches Geschenk, denn es wird viel an meiner Frau hängen bleiben, und auch meine Kinder, so glaube ich zumindest, brauchen mich ab und zu schon noch.

„Der Tschepe will mal ein bisschen entschleunigen" lacht mein Namensvetter Daniel an seinem 40. Geburtstag im Frühjahr 2014 in Richtung unserer anderen Kumpels. Dass der Tschepe schon immer ein wenig einen an der Waffel hat ist allen Anwesenden sowieso klar.

Nun habe ich mich geoutet und erzählt, dass ich mir zu meinem 50. Geburtstag in drei Jahren eine Auszeit schenken möchte und zu unserem alljährlichen Sommerurlaubsort nach Hörnum auf Sylt laufen möchte.

„Gehst Du jetzt unter die Pilger" und „ist denn dein Auto kaputt" bekomme ich als abwinkende Kommentare, die nicht wirklich als ernst zu nehmende Fragen gemeint sind.

„Nein, ich glaube, ich könnte einfach mal etwas Ruhe gebrauchen und möchte schauen, ob ich mit mir alleine klar komme".

Vor ungefähr fünf Jahren habe ich das erste Mal mit dem Gedanken gespielt, mal wieder was „Großes" zu machen. Und ziemlich bald ist dann auch die Idee zur Entscheidung gereift, zu Fuß durch Deutschland von Ludwigsburg nach Sylt laufen zu wollen. Nicht rennen, nicht hetzen, sondern „entschleunigen" habe ich es sehr schnell genannt.

Ich bin angestellter Architekt, die Baubranche boomt seit Jahren und im Büro ist immer viel los. Es muss eigentlich immer alles ziemlich schnell gehen und Überstunden sind eher die Regel als die Ausnahme.

Seit einiger Zeit glaube ich warnende Zeichen in und an mir zu erkennen, die ich auf das Arbeitsleben schieben könnte. In meinem rechten Ohr pfeift es permanent und 2013 habe ich mich zum ersten Mal über deutlich spürbare Extrasystolen erschrocken. Diese unregelmäßigen zusätzlichen Herzschläge sind in der Art, wie sie bei mir vorkommen, nach Aussage des Arztes zwar unbedenklich, aber trotzdem unangenehm. Und dass der Tinnitus schon fast eine Volkskrankheit ist und ich damit nicht alleine bin, ist zwar etwas beruhigend, macht die Sache aber trotzdem nicht leiser.

Meine mir selbst verordnete Therapie soll also eine Auszeit sein. Ein Sabbatjahr ist wirtschaftlich und familiär nicht realistisch und wäre sicher auch über das Ziel hinaus geschossen gewesen. Und auch für ein halbes Jahr glaube ich nicht gut genug argumentieren zu können. Aber drei Monate, das muss möglich sein. Drei Monate sind ja eher ein langer Urlaub als eine wirkliche Auszeit. Das kann ich vielleicht allen Entscheidungsträgern verkaufen.

Nach der Zusage meiner Frau, dass sie das für mich tut, nämlich mich gehen zu lassen, - „geh mit Gott, aber geh" hatte sie sinngemäß gesagt - hatte ich also angefangen, in meinem Freundeskreis damit anzugeben, was ich vorhabe.

„Du findest doch nicht mal aus dem nächsten Wald wieder heraus".

„Ruf mich dann an. Ich sammle dich mit dem Auto ein kurz bevor du verhungerst".

Ich glaube meine Kumpels haben nicht so sehr viel Vertrauen in meine Outdoor-Qualitäten. Verdenken kann ich es ihnen nicht, denn meine Wandererfahrungen beschränken sich bisher, abgesehen von einem einmaligen Wanderwochenende im Bregenzer Wald, das ich nicht selbst organisiert habe, sondern nur mitgenommen wurde, auf 1. Mai-Wanderungen mit Bier und Bollerwagen.

„Laufen und wandern muss man nicht lernen", widerspreche ich. Das macht man einfach und mit Google-Maps auf dem Handy, einem ausgeliehenen GPS-Gerät und ausreichend Kartenmaterial werde ich das schon hinbekommen.

Eine ehemalige Schulfreundin hat die Frage in den Raum geworfen, ob es ein besonderes Tschepe-Gen gebe, mit dem irgendwas nicht in Ordnung sei, in Anspielung darauf, dass mein Bruder vor zwei Jahren den ganzen Neckar, über 350 Kilometer lang, herunter geschwommen ist. Aber neben Spott und Hohn gab es auch einige bewundernde und aufmunternde Reaktionen.

Vor zirka eineinhalb Jahren habe ich dann mit meinem Arbeitgeber geklärt, ob und wie drei Monate Auszeit vom Büro gehen können. Den Geschäftsführern bin ich dankbar, dass sie mir keine Steine in den Weg gelegt haben und meinem einfachen und unbürokratischen Vorschlag zugestimmt haben. Ich habe mir die anfallenden Überstunden nicht mehr ausbezahlen lassen und feiere diese nun in den nächsten drei Monaten wieder ab.

Seit dem Trip von allen wichtigen Seiten, meine Kinder haben etwas mürrisch zugestimmt, nichts mehr im Wege stand, liefen die Planungen. Wobei Planung etwas zu professionell klingt, es waren eher Überlegungen. Welchen Weg laufe ich - sicher nicht den Standstreifen an der A7 entlang -, wie laufe ich, wie weit werde ich laufen können?

Zunächst ging ich sehr pragmatisch an die Routenfindung heran. „Die 100 schönsten Orte Deutschlands" war meine Suchanfrage bei Google um mir einen Überblick zu verschaffen, was es alles Sehenswertes gibt in Deutschland. Schließlich wollte ich nicht blind durch die Gegend marschieren und mich hinterher ärgern, weil ich an irgendetwas Schönem vorbei gelaufen war.

Erschreckend, wie erbärmlich meine geographischen Kenntnisse doch sind. Bei einigen der genannten Orte oder Regionen musste ich erstmal suchen, wo in Deutschland sich diese überhaupt befinden. Erst mit dieser Erkenntnis meiner Unwissenheit ging mir ein Licht auf, wie gut und richtig meine Idee doch war durch Deutschland laufen zu wollen und meine Auszeit nicht irgendwo sonst auf der Welt zu verbringen.

Meine Frau hat viel später, im Rahmen eines Zeitungsinterviews zu meiner Wanderung, gesagt: „Ich weiß nicht warum er gerade durch Deutschland gelaufen ist. Ich hätte es viel eher verstanden, wenn er drei Monate ins Ausland gewollt hätte".

Viele Menschen kennen vermutlich viel zu wenig von ihrem eigenen Land und mir ging es genauso. Ohne groß darüber nachzudenken und aus einer Laune heraus hatte ich eine Wanderung durch Deutschland im Kopf. Aber dann, im Zuge der Suche nach dem Weg wurde mir klar, was es hier alles Schönes zu sehen geben wird, was Deutschland zu bieten hat und dass dies keineswegs ein Weg immer schnurgerade nach Norden werden würde. Alle südlich von Ludwigsburg liegenden Punkte und alle ganz im Osten, in Mecklenburg-Vorpommern, Berlin und Brandenburg und alle ganz im Westen von Nordrhein-Westfalen, Rheinland-Pfalz und Saarland liegenden Attraktionen siebte ich trotzdem aus. Das Ganze musste schließlich in der mir zur Verfügung stehenden Zeit machbar sein. Zudem fiel mein Augenmerk eher auf die aufgeführten Natursehenswürdigkeiten als auf kulturelle oder geschichtsträchtige Orte.

So blieben als erste Anhaltspunkte für eine mögliche Route Kreuze auf einer kopierten DIN A3-Landkarte an den Stellen: Naturpark Schwäbisch Fränkischer Wald, Bayrischer Spessart, die Rhön, die Wartburg, die Kassler Wilhelmshöhe, das Bodetal und der Brocken im Harz, die Externsteine im Teutoburger Wald, das Steinhuder Meer, die Lüneburger Heide und Helgoland. Durch ein mehr oder weniger willkürliches Verbinden von einigen dieser Punkte kam ich zu einer zittrigen, mal nach links, mal nach rechts schwenkenden Linie quer durch Deutschland. Auf der großmaßstäblichen Karte konnte ich eine Strecke von ungefähr 1.200 bis 1.500 Kilometer zusammenzählen. Die drei Monate hatte ich gedanklich schon in zwei Monate wandern und einen Monat Urlaub auf meiner Lieblingsinsel aufgeteilt. 1.500 Kilometer durch 60 Tage, also im Schnitt 25 Kilometer am Tag. Geht klar, das traute ich mir zu.

Damit standen also die Zeit und der Weg ansatzweise fest. Bleibt noch das „wie" zu präzisieren, denn außer der Festlegung, dass ich zu Fuß gehen würde, steckte dahinter noch kein guter Plan.

Wo werde ich schlafen? Gut acht Wochen in Pensionen oder Fremdenzimmern abzusteigen, selbst wenn ich versuche, möglichst günstige Unterkünfte zu finden, das kann ich mir nicht leisten. Es muss preiswerter gehen. Also irgendwo in der freien Natur bleiben oder auf Campingplätzen übernachten. Vielleicht kann ich ab und zu auf irgendeinem Bauernhof in einer Scheune oder so etwas ähnlichem unterkommen. Das heißt dann aber auf jeden Fall, dass ich ein Zelt, einen Schlafsack und eine Isomatte mitnehmen muss. Zusammen mit Proviant, Wasser und Klamotten, selbst wenn ich diese auf ein Minimalgewicht reduziere, kamen mir Zweifel, ob ich das alles über viele Stunden am Tag und mehrere Wochen lang tragen kann und möchte.

„Ich wandere nicht mit dem Rucksack" ist die Erkenntnis. Da habe ich zu viel Angst, dass mir ein schmerzender Rücken die Zeit und den Weg vermiest. Also brauche ich irgendein Transportmittel für das Gepäck. Einen Bollerwagen, eine Karre oder irgendwas, das ich vernünftig hinter mir herziehen kann.

Reinhold Messner und Arved Fuchs hatten auf ihrem Fußweg durch das ewige Eis des Südpols Schlitten hinter sich hergezogen. Dieses Bild habe ich vor Augen, denn ich habe auch von dieser Expedition ein Buch gelesen. So etwas, nur auf Rädern, könnte ich gebrauchen. Vielleicht könnte ich auf so einem ziehbaren Vehikel, mit einer übergespannten Plane sogar schlafen und tatsächlich überwiegend in der freien Natur nächtigen. Ich habe noch keinen Schritt getan, fange aber an, mich schon ein bisschen wie diese Abenteurer zu fühlen. Die Zeit bis zu meinem Start war noch lang genug, um sie mit solchen abwegigen Gedanken zu füllen.

Die Suche nach einer rollbaren Bett-Kleiderschrank-Kombination, in der ich mich wochenlang aufhalten könnte, habe ich dann doch recht klein gehalten. Im Internet war ich nicht fündig geworden, und meine handwerklichen Fähigkeiten beschränken sich mehr auf das Grobe wie Abriss und Betonieren und sind nicht so sehr in Sachen Schweißen und Schrauben zu finden, als dass ich mir irgendwas Brauchbares zusammenbauen könnte. In klaren Momenten mit einer realistischen Einschätzung für das Machbare musste ich also meine Abenteurerphantasien immer mal wieder ein wenig zurechtstutzen.

So ist mein Begleitfahrzeug ein dreirädriger Babyjogger geworden, mit einer breiten Griffstange, um diesen bequem vor mir herschieben zu können. Für weniger als 100 Euro habe ich mir den roten, umbaubaren Fahrradanhänger, in dem zwei Kinder mit jeweils maximal zwanzig Kilogramm Körpergewicht Platz finden könnten, über das Internet bestellt. Fernostqualität macht den günstigen Preis möglich, was sich nicht lange nach dem Start noch als Problem herausstellen sollte. Ein bisschen daran herumgebastelt habe ich dann aber trotzdem noch. Mit ein paar Schrauben und Blechlaschen bekam die Griffstange der Chinakarre auf der rechten Seite ein Metallklemmbrett als Landkartenhalterung. Von meinem Fahrrad habe ich die Trinkflaschenhalterung abgeschraubt und an der linken Seite der Griffstange auf halber Höhe angebracht. Auch links habe ich neben dem Hinterrad eine kleine Konsole aus einem Kloben eines Torscharniers angebracht, als Fußpunkt für eine Befestigung eines mittelgroßen Sonnenschirms, der, wie sich im Laufe der Tour herausstellen sollte, ausschließlich als Regenschirm zum Einsatz kam. An den verbliebenen Stellen der Griffstange, die ich nicht zum Festhalten und Schieben benötigen würde, fand noch das GPS-Gerät, sowie eine Halterung für ein Schloss Platz. Zu guter Letzt und mehr aus Spaß als in der Erwartung eines großen Nutzens, habe ich dann noch eine kleine Fahrradklingel montiert.

Mit jedem weiteren kleinen Utensil, das ich an die Karre hinzu fummelte, habe ich mich mehr und mehr wie ein kleines Kind im Spielzeugladen gefreut, denn am Ende hatte ich mir doch irgendwie ein Unikat zusammengebastelt. Allerdings hatte ich auch so viel Gewicht an die etwas nach hinten heraus ragende Haltestange angebracht, dass die Karre nun im Leerzustand nach hinten umkippte. Ich bin also doch nur ein mittelmäßiger Schrauber, wenngleich das Ergebnis filigraner geworden ist als Betonieren und Abriss hätten vermuten lassen.

In den letzten Wochen vor meinem 50. Geburtstag und in den Wochen danach stieg die Vorfreude, dass es bald soweit ist.

In den letzten Tagen kamen dann die Unsicherheit und die Angst. Ich werde mein Wohnumfeld für die nächsten acht Wochen auf ungefähr drei Quadratmeter beschränken, Zelt und Babyjogger zusammen genommen. Kann ich das? Werden meine Knochen eine geplante 1.500 Kilometer lange Route mitmachen? Wann tut die immer mal wieder zwickende Ferse oder die nicht ganz schmerzfreie linke Seite, Knie und Hüfte, so sehr weh, dass es keinen Spaß mehr macht? Habe ich den Mund zu voll genommen, mein Vorhaben allen und jedem zu erzählen, ob sie es hören wollten oder nicht? Ich werde es schon bald sehen. Erstmal gilt: tu es jetzt, sonst tust du es nie!

Dienstag 30.05.2017: Ludwigsburg bis Breitenauer See (42 km)

Mein Gepäck hatte ich gestern den ganzen Tag über, so konzentriert wie möglich, zusammengetragen und in die einzelnen Taschen und Dry-Bags verpackt. Die Landkarten, die Reiseapotheke, alle elektronischen Kleingeräte und der Essensvorrat, gedacht für immer drei oder vier Tage, sind in Plastikboxen verpackt. Zelt, Schlafsack, die selbstaufblasende Isomatte, ein 10-Liter Wassersack und ein Skateboard liegen bereit.

Ab halb sieben Uhr heute Morgen packe ich alles zusammen in den Babyjogger, wie schon mal sicherheitshalber vorher geübt.

Die Idee ein Skateboard mitzunehmen kam mir erst in den letzten Tagen, und gekauft habe ich mir das Ding tatsächlich erst gestern. So richtig will ich es nicht zugeben, nicht einmal mir selbst gegenüber, aber der Grund für das Skateboard ist eindeutig die Angst, ausschließlich fußläufig nicht klar zu kommen. Vielleicht kann ein Skateboard etwas Abwechslung verschaffen und einige Kilometer Weg ohne Anstrengung ermöglichen.

Ausprobiert habe ich eine Fortbewegungsmethode mit Babyjogger und Skateboard natürlich nicht, das Brett gibt es ja erst seit gestern. Der Gedanke ist, mich an der Griffstange des Baby-joggers festzuhalten und es, auf dem Skateboard stehend, einfach rollenzulassen, falls meine Beine nicht mehr laufen wollen. Ob das klappt und eine gute Idee ist wird sich erst zeigen, wenn ich mich damit nicht sofort auf die Klappe lege. Als Kind konnte ich immerhin sehr gut Skateboard fahren und das ist ja gerade erst 40 Jahre her. Falls es nicht funktioniert kommt das Ding eben gleich in den Müll.

In diesem Moment fängt es an zu regnen. Meine Frau, die wie immer um 6:00 Uhr aufgestanden ist und ganz normal zur Arbeit muss, sagt zu mir „der Himmel weint", und bei unserer Verabschiedung kurz danach, glaube ich auch bei ihr in den Augen ein paar Tränen zu sehen.

Unsere kleine Tochter Nina muss kurz danach aus dem Haus zur Schule. Sie drückt mich herzlich und länger als für ihre Pubertät üblich.

„Viel Spaß. Wobei ich nicht weiß, wie das Spaß machen kann" ist ihr trockener Kommentar.

Maja, die eigentlich ausschlafen könnte, da sie gerade die Abiturprüfungen hinter sich gebracht hat und nur noch sporadisch in die Schule muss oder geht, wollte auf jeden Fall von mir zum Abschied geweckt werden. Etwas verschlafen drückt auch sie mich kräftig und küsst mich.

7:45 Uhr. Ich bin tatsächlich losgelaufen. Ich hatte die Karre vorher nie voll beladen zur Probe geschoben und so ist mein erster Gedanke beim Start „Scheiße, das Ding ist schwer". Augenblicklich schießt mir sofort wieder der Gedanke durch den Kopf, dass das Ganze vielleicht gar keinen Spaß machen wird und ich mich zu etwas zwinge, weil es jetzt kein Zurück mehr gibt, ohne dass ich mich lächerlich mache. Als ich zum Carport-Tor raus auf den Gehweg vor unserem Haus komme, merke ich auch, dass meine Karre relativ breit ist mit dem quer über der Griffstange eingefädelten Oberteil meiner Sonnen- und Regenschirmkonstruktion.

Immerhin hat es aufgehört zu regnen. Es sind sogar eigentlich fast ideale Wanderbedingungen: etwas bedeckt, leichter Wind und am frühen Morgen angenehme 20°C. In dem Wind flattert sogar die selbstgebastelte Fahne, die ich von meinen Kindern bekommen habe und die an der linken Seite der Karre in einer für eine dünne Fahnenstange vorgesehenen Tasche steckt. Die Bewegung der Fahne reicht aus, dass man den Schriftzug auf der einen Seite „von der Oststadt ..." und auf der anderen Seite „... an den Weststrand" erahnen kann.

Nach zwanzig Minuten fängt es wieder an zu regnen. Kaum eineinhalb Kilometer unterwegs werde ich zum ersten Mal aufgrund meines kuriosen Erscheinungsbildes angesprochen. Auf einem relativ steilen kurzen Fußweg unterhalb des Ludwigsburger Krankenhauses steht ein kleiner Arbeitswagen von den Stadtwerken so im Weg, dass ich nur rückwärts - die Karre schiebt jetzt mich - und halb durch den Grünstreifen fahrend vorbei komme. Der zugehörige Bauarbeiter von den Stadtwerken spricht mich an.

„Haben Sie Ihr Haus dabei?"

„Das kann man so sagen", entgegne ich. „Zumindest für die nächsten acht Wochen".

Es entwickelt sich ein Gespräch über mein Vorhaben und mein Ziel. Aber ich halte das Gespräch absichtlich kurz, schließlich bin ich ja gerade erst losgelaufen, selbst wenn das etwas schade ist, denn der Mann scheint sehr nett zu sein.

Kurz danach, neben der Hauptstraße aus Ludwigsburg heraus, Richtung Norden an den Neckar herunter, kommt mir ein Typ breitbeinig wie John Wayne entgegen. Der Weg ist ähnlich schmal wie der vorherige Fußweg und der Typ macht keinen Millimeter Platz und rumpelt mit seiner rechten, geballten Faust gegen meine etwas auskragende Regenschirmkonstruktion. In Ordnung, es gibt also solche und solche auf meiner Reise zu treffen.

Unten am Neckar angekommen, auf jetzt sehr ebenem Gelände und einem breiteren Radweg den Fluss entlang, stelle ich fest, dass meine Karre zwar schwer ist, aber sehr gut rollt. Ich kann sie problemlos immer ein paar Meter vor schieben und in kurzem Abstand hinterher laufen. Leider muss ich jedoch auch feststellen, dass die Karre dabei immer etwas nach rechts abdriftet, sodass ich alle paar Meter auf die Griffstange drücken muss, um das Vorderrad leicht anzuheben und den Fahrweg somit wieder nach links zu korrigieren. Hoffentlich ist das kein politisches Statement von der Karre, immerhin wird sie für die nächsten Wochen mein einziger, permanenter Begleiter bleiben.

Das Wetter ist inzwischen wieder sehr angenehm, langsam wird es deutlich wärmer. Zwischendurch schaue ich immer mal wieder kurz auf das Handy und beantworte auch die erste WhatsApp der Familiengruppe. Um Viertel nach zwölf Uhr, keine viereinhalb Stunden nach meinem Start, kommt die erste geschäftliche Anfrage über mein Handy. Na klasse, denke ich mir. Ich bin gerade einmal einen halben Arbeitstag nicht im Büro und schon kommt das Büro zu mir.

In zwei Monaten werde ich rückblickend und wohlwollend alle Kontakte zu meiner Arbeitswelt zusammenzählen und auf die Zahl eins kommen. Diese Nachricht wird tatsächlich in der ganzen Zeit die einzige Verbindung zu meinem Job bleiben.

So gegen 15:00 Uhr stelle ich fest: es läuft echt super. Die Befürchtungen wegen der Ferse, des linken Knies und der linken Hüfte sind bisher unbegründet. Es tut noch nichts weh. Etwas unangenehm fühlt sich der linke Fußballen an. Am linken Fuß habe ich auch schon die Socke ausgezogen, da ich das Gefühl hatte, dass diese etwas scheuert.

Ich bin gut vorangekommen und nach meiner Wanderkarte müsste es noch gut eine Stunde bis zum Ziel, dem Breitenauer See sein. Eine gewisse Anstrengung kann ich zwar nicht verleugnen, aber das war auch nicht anders zu erwarten.

Dann das erste Malheur. Irgendwo verpasse ich eine Abzweigung im Wald, und als ich das zirka drei Kilometer weiter an einem Schild bemerke, das mir sagt: „Breitenauer See: 9,6 km" anstatt der erwarteten drei bis vier Kilometer, ist es auch schon zu spät umzudrehen.

Vorhin stand am Wegesrand ein dicker Mann und war gerade dabei gegen einen Baum zu pinkeln. Ich wollte diskret sein und war selbstverständlich ohne anzuhalten an ihm vorbei gelaufen, obwohl der Platz ein ganz bisschen wie eine Waldwegekreuzung aussah. Jetzt fällt mir auch ein, dass ich etwas abseits im Augenwinkel einen Range Rover oder so ein ähnliches Fahrzeug wahrgenommen habe. Wahrscheinlich hat der Pinkler seinen beschissenen Wagen genau an dem Abzweig geparkt. Ich habe, um nicht aufdringlich zu wirken, nicht hingeschaut und vermutlich genau an dieser Stelle den richtigen Weg verfehlt, fluche ich vor mich hin.

Ich laufe also weiter. Inzwischen bin ich in den Löwensteiner Bergen unterwegs, und so fühlt es sich auch an. Es ist bergig und steil. Nach einer guten Stunde komme ich an der nächsten Wegekreuzung vorbei, diesmal unübersehbar und sogar beschildert. Links geht es nach Löwenstein herunter. Durch meinen Umweg muss ich da erstmal hin, um dann, an der Straße entlang nach Norden, zum Breitenauer See zu kommen. Der Waldweg ist ein Mountainbike-Trail und alles andere als gut geeignet für meine inzwischen schmerzenden Füße und die schwere Karre. Mehrfach komme ich fast ins Rutschen und das Bergab ist nicht weniger anstrengend als der vorherige Anstieg. Mit fröhlichem Wandern hat dieser Weg nichts mehr zu tun. Langsam wollte ich unterwegs sein, aber das hier ist eine elend lange und langsame Quälerei. Und das gleich am ersten Tag. Dass meine Tour körperlich anspruchsvoll werden würde, war klar, aber dass ich gleich zu Beginn an meine Grenzen komme, darauf war ich nicht vorbereitet.

Am Campingplatz angekommen, laufe ich, zu allem Überfluss, auch noch falsch herum um den sehr großen, eingezäunten Platz und umrunde diesen dabei fast komplett, bis ich an der Rezeption herauskomme. Es ist inzwischen 18:00 Uhr geworden. Vor drei Stunden war ich noch bester Dinge. Jetzt bin ich gehörig platt. Ich habe mir durch eigene Blödheit gleich am ersten Tag 42

Kilometer angetan. Ab dem Nachmittag ist es schwülheiß geworden, und ich konnte gar nicht so viel trinken, wie die Flüssigkeit wieder aus mir herausgelaufen ist. Durch die enorme Anstrengung habe ich wenigstens den ganzen Tag über meine Zweifel von gestern ausgeblendet. Aber so kann es nicht weitergehen. Ich war ohne besondere Vorbereitung über zehn Stunden unterwegs. Noch so ein Tag und ich kann gleich wieder umdrehen. Von Westen her nähern sich am Himmel dicke Gewitterwolken. Ich bin körperlich im Eimer und das herannahende Gewitter kommt mir als Ausrede ganz gelegen, nicht gleich die erste Nacht in meinem Minizelt zu verbringen. Der Campingplatz am Breitenauer See bietet unter anderem Holzhütten als Übernachtungsmöglichkeiten an und eine solche, in Weinfassform, gönne ich mir als Schutz für die erste Nacht, anstelle meines kleinen Wurfzeltes.

Das Gewitter lässt sich noch Zeit und diese nutze ich für ein schnelles Bad im See zur Abkühlung meiner dampfenden Beine und heiß gelaufenen Füße.

Frisch geduscht versuche ich mich anschließend in der noblen Chillout-Longe der Campingplatzgaststätte durch ein oder zwei Feierabendbiere wieder aufzupäppeln und mich sowohl körperlich als auch mental auf den zweiten Tag einzustimmen.

„Noch hast du nichts geleistet", sage ich zu mir selbst und „stell dich nicht an wie eine Sissi".

Gegessen wird der mitgeführte Proviant. Irgendwo muss ich ja sparen, wenn ich gleich für die erste Nobelübernachtung Geld im Unverstand ausgebe.

Mittwoch 31.05.2017: Breitenauer See bis Langenbrettach (18 km)

Ich bin auf meiner lange entgegengefieberten Sommertour unterwegs. Ich muss mich um nichts kümmern, außer vielleicht ein bisschen um mich selbst. Ich habe alle Zeit der Welt. Eigentlich könnte alles perfekt sein. Ich hatte mir mit dem Holzfass gleich mal wirklich Luxus gegönnt und habe sehr gut geschlafen. Dem Campingplatz würde ich mindestens vier von fünf Sternen geben, das Wetter ist wieder spitze und gravierende verbleibende Blessuren vom gestrigen anstrengenden Tag kann ich nicht feststellen. In der Nacht hatte ich zwar leichte Schmerzen in der Leiste, aber das gibt es zu Hause im normalen Leben nach einer Stunde joggen auch immer mal wieder. Die zwei Blasen an den Füßen, jeweils unter den Fußballen, kann ich ignorieren, solange sie nicht schlimmer werden.

Aber leider ist nicht alles perfekt. Ich bin fahrig, nervös und habe ein mulmiges Gefühl im Bauch. Ich kenne dieses Gefühl. Vor 26 Jahren hatte ich mein Studium, nach dem sechsten Semester, für ein Jahr unterbrochen, um für ein gutes halbes Jahr zu arbeiten und Geld zu verdienen und dieses, in einem knappen halben Jahr, auf einer Weltreise wieder auszugeben. Ein Around-the-World-Ticket sollte mich in sieben Stationen einmal um den Globus bringen, und außer den Flügen hatte ich nichts weiter gebucht oder geplant. Zu Beginn kam dieses ungute Gefühl auch in mir auf und blieb ein paar Tage, soweit ich mich erinnern kann. Die große Reise ist dann damals irgendwann in ein unvergessliches Erlebnis umgeschlagen. Also erstmal Augen zu und durch. Aufgeben nach nur einem Tag kommt wirklich nicht in Frage, wenngleich der Gedanke irgendwo ganz hinten im Kopf schlummert.

Ich wollte „entschleunigen", genießen, ausspannen. Noch trifft das nicht zu. Ich wollte ganz egoistisch mich nur mit mir selber beschäftigen. Das trifft zu, und ich bin mehr mit mir beschäftigt als mir lieb ist.

Vom Breitenauer See aus geht es über einen zirka zwei Kilometer langen Feldweg ziemlich schnell nach Obersulm-Affaltrach hinein. Nach dem Dilemma von gestern mit dem ungewollten, zusätzlichen neun Kilometer langen Umweg habe ich mich entschlossen, mich heute von Anfang an von dem GPS-Gerät unterstützen zu lassen. Und gleich zu Beginn des Tages hätte ich ohne GPS nicht mal den richtigen Weg weg vom See gefunden. Der Nachteil der GPS-Anzeige ist, dass man durch die farblich unterlegte Route zum vorgegebenen Ziel, die Darstellung der Art des Weges nicht mehr erkennt. Ohne ausgewählte Route unterscheidet die Legende zwischen Straße, Feldweg, Schotterweg und unbefestigtem Weg und so weiter. Diesen Nachteil werde ich auf der zweiten Hälfte der heutigen Etappe zu spüren bekommen, als das GPS-Gerät mich ungefähr sechs Kilometer an einer viel befahrenen Landstraße ohne separaten Fußweg entlang führt. Zunächst geht es aber nach Affaltrach erstmal sehr schön über einen mehrere Kilometer langen Waldweg und dann über Feldwege bis Rappach. Beim Versuch, danach kleine Ackerwege abseits der Landstraße zu benutzen, lande ich in einer Sackgasse in eben diesem Acker. Eine Entschuldigung an den bäuerlichen Eigentümer des Ackers ist an dieser Stelle angebracht, denn mit der Sackgasse will ich mich nicht zufrieden geben. Auf dem weiteren Weg über den Acker fahre ich die äußere Reihe Rüben platt, bis ich nach einigen hundert Metern, wieder auf der Landstraße angelangt, dieser für den restlichen Weg bis Langenbeutingen den Vorzug gebe. Von Langenbeutingen bis Langenbrettach führt dann ein asphaltierter Radweg neben der Straße, aber auch an dem Flüsschen Brettach entlang und ist damit wieder ein einigermaßen angenehmer Weg.

Meine Bleibe für heute Nacht ist ein Gästezimmer im Haus meiner ehemaligen Arbeitskollegin Amanda und ihrem Mann. Zum Abendessen gibt es Vesper, zwei Bier und sehr viel ekstatisches Babygeschrei von ihrem sieben Monate alten Sohn Jannes, was Amanda wohl peinlicher ist als es mich stört.

Beim anschließenden Beisammensein reden wir drei - Jannes

kann natürlich noch nicht sprechen und ist inzwischen erschöpft eingeschlafen - dann noch ausführlich über meine Tour, über Sinn und Unsinn und über Lust und Last dieses Vorhabens. Rückblickend glaube ich, dass ich dabei sehr unsicher gewirkt habe und Amanda und ihr Mann mir bestimmt meine Zweifel zu Beginn meiner Tour angemerkt haben.

Anschließend muss ich noch meine Füße etwas versorgen, denn es hat sich inzwischen Blase Nummer drei hinzugesellt. Dieses Mal an der rechten Ferse. Morgen kommen die ersten Blasenpflaster zum Einsatz, dann wird das schon nicht schlimmer werden.

Donnerstag 01.06.2017: Langenbrettach bis Westernhausen (31 km)

Vielen Dank Amanda. Trotz hysterisch schreiendem Kind am gestrigen Abend wurde mir nebenbei noch das Gästebett bezogen, Abendessen serviert und die Wäsche gewaschen. Dafür hat der kleine Jannes, der sich vielleicht über meine Anwesenheit so aufgeregt hat, zum ersten Mal ohne nächtliche Mahlzeit durchgeschlafen. Amanda erzählt mir beim Frühstück, dass sie um 7:00 Uhr ganz erschrocken aufgewacht ist, weil ihr da erst aufgefallen ist, dass sie durchschlafen durfte.

Nach einem Kaffee und dem wiederholten Versorgen meiner Füße mit Desinfektionsmittel - abgelaufen 03/2014 macht hoffentlich nichts - und Blasenpflastern, starte ich um halb neun in den neuen Tag. Nach dem unangenehmen gestrigen Mittelteil beginnt der Weg heute sehr schön. Amanda wohnt mit ihrem Mann und ihrem Sohn in einem neuen, selbstgeplanten Haus am nördlichen Ortsrand von Langenbrettach. Hinter dem Haus beginnen direkt die Felder und nach knapp fünf Kilometern stoße ich in Kochersteinsfeld auf den Kocher-Jagst-Fernradweg.

Der Weg liegt sehr idyllisch und führt zunächst fast ausschließlich entlang des kleinen Flusses Kocher. Mehrmals überquere ich auf schönen, teilweise sehr alten Brücken das Flüsschen. Es ist Anfang Juni. Die mit Laub dicht behangenen und blühenden Äste der Bäume ragen in das Flussbett und spiegeln sich bizarr und detailgetreu auf der glatten Wasseroberfläche. Der Fluss scheint still zu stehen. Durch eine Lücke im dichten Dach der Baumkronen kann ich den blauen Himmel sehen. Die vereinzelten weißen Schönwetterwolken verharren ebenfalls regungslos. An einigen Stellen der sonst eng bewachsenen Böschungen der Kocher scheinen saftig grüne Wiesen in den Fluss zu fließen, so nahtlos geht hier ein Teil der Natur in den anderen über. Ich komme mir vor wie in einem Gemälde, das einfach nur Schönheit darstellen möchte.

Schon nach einer sehr kurzen Stecke fällt mir auf wie unglaublich ruhig es ist. Ich höre außer von überall herkommenden, angenehmen Vogelgezwitscher nichts.

Nichts? Mein Tinnitus ist weg. Zumindest für den Augenblick. Unglaublich. Bin ich schon am „Abschalten"? Bin ich doch schon entspannt und „entschleunigt"? So ganz genau kann ich es noch nicht sagen, denn das etwas fahrige Gefühl von gestern und vorgestern kommt zwischendurch immer mal wieder hoch. Aber es ist sehr schön hier und ich beginne, zumindest teilweise, zu genießen.

Nachdem ich auf dem Weg gestern niemanden getroffen habe, komme ich heute zwischen Möglingen und Ohrnberg wieder ins Gespräch. Ein holländisches Ehepaar, ungefähr in meinem Alter, überholt mich, wie es sich für Holländer gehört mit dem Fahrrad. Einige Hundert Meter vor mir machen sie eine Pause und kurz bevor sie wieder aufbrechen wollen, laufe ich auf sie auf. Ich spreche sie an, ob sie Erfahrungen mit Unterkünften auf den Fernradwegen haben. Ob öfter mal eine Übernachtungsgelegenheit kommt, die nicht in den Campingführern, auf den Radwegekarten oder im Internet auftaucht, denn bis zum nächsten auf meiner Karte verzeichneten Campingplatz ist es zu Fuß für den heutigen Tag deutlich zu weit. Sie sind mit dem Fahrrad von

Holland nach Rom unterwegs, haben dafür insgesamt sechs Wochen Zeit und fahren immer von Campingplatz zu Campingplatz und kümmern sich nicht um andere mögliche Schlafplätze. Sie können mir daher in Sachen Übernachtung nicht weiterhelfen.

Meine Fahne „Von der Oststadt ... an den Weststrand" sorgt wieder für den weiteren Gesprächsaufhänger, denn sie fragen mich nun auch nach meinem Ziel. Auf meine Antwort „an die Nordsee" schlagen sie verblüfft die Augen auf.

„Da kommen wir doch her", ist ihre Antwort und sie zeigen dabei in die entgegengesetzte Richtung.

„Ist das nicht die falsche Richtung?", fragen sie ungläubig. Naja, sie kommen von der holländischen Nordseeküste, sind wohl den Rhein und den Main herauf gefahren und kommen von Westen und fahren ostwärts. Ich möchte über das Jagsttal, das Taubertal und die Rhön und dann Richtung Thüringen. Deswegen bewege ich mich ebenfalls von West nach Ost. Alle Wege führen eben nach Rom, aber viele Wege führen auch an die Nordsee.

Einige Kilometer weiter verlasse ich schon wieder das Kochertal und überwinde eine Hügelkette zum Jagsttal. Der Weg hinüber ins nördliche Nachbartal ist nicht weit, aber verdammt steil. Gefühlt überwinde ich also keine Hügelkette sondern erklimme mit meiner etwa 50 Kilogramm schweren Karre einen Bergaufstieg. Es ist heiß und ich schwitze erbarmungslos. Oben werde ich mit einem weiten Ausblick auf das vor mir liegende Jagsttal belohnt. Saftig grüne Felder im Vordergrund werden Richtung Horizont vom Dunkelgrün des dichten Waldes abgelöst, soweit das Auge reicht. Weit entfernt kann ich, als einzige Zeichen der Zivilisation, einige Windräder erkennen.

Weder meiner Radwegekarte noch dem GPS-Gerät lässt sich eindeutig entlocken, ob der unbefestigte Waldweg vom Aussichtspunkt, runter zum „Deutschen Limes-Radweg" mit meiner Karre zu bewältigen ist oder ob es sich hierbei um einen reinen Wanderweg handelt, der über Stock und Stein führt. Zum Glück befindet sich kurz hinter dem Aussichtspunkt so eine Art Aussiedlerhof und ich klingele einfach, um mich zu erkundigen. Nach heftigem Hundegebell öffnet eine Frau in den 30er Jahren und bestätigt mir, dass der Weg locker und problemlos machbar ist, auch mit meiner Karre. Sie sagt nur noch, dass es am Bogenschießstand vorbei geht und ich mich nicht abschießen lassen soll, falls dort jemand trainiert, und dass es etwas abwärts durch den Wald geht. Kein Problem, das bekomme ich hin.

Kurz danach stecke ich im tiefsten „Urwald". Der Weg ist ein einziger Stolperpfad und meine Karre ist eigentlich deutlich zu breit für einen Pfad, für den ich Steigeisen empfehlen würde und den man aufwärts nur auf allen Vieren kriechend bewältigen kann und abwärts, von 50 Kilogramm gezogen, gar nicht. Als ich die junge Frau gerade aus tiefstem Herzen verfluchen möchte und mir gleichzeitig dämmert, dass dies unmöglich der beschriebene Weg sein kann, taucht direkt vor mir unverhofft ein drei bis vier Meter tiefer Absatz auf und darunter weiter steil abfallendes Dickicht. Meine Karre hat selbstständig Fahrt aufgenommen, manövriert komischerweise zielstrebig an den dicht stehenden Bäumen vorbei und ist auf dem Absprung in das unter mir liegende Gehölz. Ich bin mit meinen Joggingschuhen ins Rutschen gekommen, kann mich gerade noch so halten, halte mit der linken Hand den Absprung der Karre zurück, die schon mit zwei von drei Rädern die Kante überwunden hat und umgreife mit der rechten Hand einen dünnen Jungbaum, um mich und mein Begleitfahrzeug vor dem Abgang nach unten zu bewahren. An meiner rechten Hand hängen jetzt ungefähr 130 Kilogramm Gewicht, 50 die Karre und 80 plus x ich. Wenn ich jetzt loslasse ist die Tour am dritten Tag beendet, denn die Karre würde unter mir zerschellen und ich könnte die Einzelteile des Equipments zusammensammeln und mich von meiner Frau in Jagsthausen abholen lassen. Gestern früh, beim Start des zweiten Tages am Breitenauer See, wäre das vielleicht noch eine Option gewesen. Heute habe ich aber begonnen, zumindest Teile des Weges und Abschnitte des Tages zu genießen und so lasse ich nicht los. Ich

bin körperlich in einem akzeptablen Zustand für einen Fünfzigjährigen und wuchte also, unter Einsatz der mir maximal möglichen Kraft, die Karre und mich einarmig von Baum zu Baum
einige Meter zurück, weg von der ganz steilen Stelle und dann
nochmal die ungefähr 100 Meter falschen Waldweg zurück bis
zum Bogenschießplatz.

Oben auf der Wiese angekommen, muss ich erstmal eine
Weile durchschnaufen und dem Puls und dem Adrinalinschub
ein bisschen Zeit geben. Das war verdammt knapp. Hier hatte
ich tatsächlich das Ende meiner Tour direkt vor Augen geführt
bekommen, und das nach noch nicht einmal 100 Kilometern.
Ich hätte mich bei meinen im Vorfeld lästernden Freunden zur
Lachnummer der Nation gemacht. Ich sehe es zwar als durchaus positive Eigenschaft von mir, dass ich gut über mich selbst
und meine Dummheiten und Unzulänglichkeiten lachen kann,
aber das wäre doch des Guten zu viel gewesen, als dass ich daraus eine witzige Anekdote hätte basteln können. So durfte mein
Sommerweg nicht beendet werde.

Laienhaft überprüfe ich den Zustand von Mensch und Maschine. Abgesehen von meinen schimpfenden Blasen an den Füßen, die das steile Abrutschen und wieder Aufwärtsziehen in den
dafür ungeeigneten Joggingschuhen nicht witzig fanden, scheint
alles in Ordnung zu sein.

Als ich mich zur weiteren Orientierung auf der Bogenschieß-
standwiese erstmal ohne meine Karre etwas umsehe, muss ich
bei der jungen Frau in Gedanken Abbitte leisten, denn der richtige Weg in den Wald geht etwa 30 Meter weiter oben links weg.
Na super, natürlich mal wieder selbst schuld. Der linke Weg ist
auch recht steil, ist aber einigermaßen mit Schotter befestigt und
lässt sich tatsächlich auch mit meiner Karre mit kleinen, langsamen Trippelschritten abwärts bewältigen.

Zur Belohnung komme ich nach dem Waldweg über eine
kurze, abfallende Straße mit Wohnhäusern direkt am Schloss
Jagsthausen heraus und habe nun wieder einen sehr angenehm

zu gehenden und teilweise wunderbar mit dem Skateboard zu rollenden Weg, diesmal entlang der Jagst, vor mir. Über Berlichingen - den Götz habe ich nicht getroffen - geht es weiter zum Kloster Schöntal. Da ich heute sehr gut vorangekommen bin, gönne ich mir am Kloster eine lange ausgedehnte Mittagspause, bei der ich die bisherigen Ereignisse des Tages aufschreibe und dann noch zum ersten Mal auf der Reise mit meiner Frau telefoniere. Ich bin ungewöhnlich mitteilungsbedürftig und als just in der Pause auch noch zufällig mein Kumpel Lars aus Portugal anruft, fühle ich mich doch gar nicht so weit weg von allem. Es sind ja bisher auch nur 85 Kilometer.

Leider ist mein Tinnitus wieder da. Ein schnellwirkendes und dauerhaft anhaltendes Allheilmittel ist so eine Tour zu sich selbst also auch nicht.

Der restliche Weg für den heutigen Tag, vom Kloster über Bieringen nach Westernhausen, gleicht eher einem Katzensprung. Es geht nur noch entlang der Jagst auf asphaltiertem Radweg, teilweise leicht abfallend. Wieder kommt das Skateboard zum Einsatz. Ich halte mich am Griff der Karre fest, setze einen Fuß auf das Board und schiebe mit dem anderen, dem linken, an. Solange der Weg nur leicht abschüssig ist und ich nicht zu schnell werde, geht das wunderbar und ist eine willkommene Abwechslung zum Laufen. Dabei geht es nicht um mehr Geschwindigkeit und somit mehr Weg in der gleichen Zeit. Das würde ja dem Gedanken des „Entschleunigens" widersprechen und wäre auch nicht ratsam, denn so richtig bremsen kann ich mit dem Skateboard und der Karre zusammen nicht. Leicht erhöhte Gehgeschwindigkeit ist das richtige Tempo. Eine Bremse hat die Karre zwar, aber bei einem 99 Euro-Produkt „Made in Korea", sollte man keine Shimano-Scheibenbremse erwarten. Gibt es auch nicht, sondern nur irgendein Bremskabel, das irgendeinen Metallbolzen bei Betätigung der Bremse von oben auf das Profil der beiden Hinterreifen der Karre drückt, ohne dabei einen entscheidenden Effekt zu erzielen. Auf dem Skateboard hinter der Karre zu stehen hat aber einen ungeahnten, wundervollen zusätzlichen anderen Effekt als nur den Stellungswechsel im Vergleich zum Gehen. Durch das Rollen über den leicht körnigen Asphalt und die dadurch erzeugte Vibration erhält man eine schöne Fußmassage, die bis in die Unterschenkel wohltuend und mobilisierend wirkt.

In Westernhausen habe ich mich in das Gasthaus Ochsen einquartiert, da es bis zum nächsten Campingplatz noch über 30 Kilometer sind und ich noch nicht bereit bin für eine Nacht im Nirgendwo. Dazu ist die Reise wohl noch zu kurz und der Mut muss noch ein bisschen wachsen.

Ich werde in der dritten Nacht zum zweiten Mal 40 Euro los. Wenn das so weiter geht, wird mein undefiniertes Reisebudget leider deutlich überschritten.

Im zugehörigen Biergarten des Ochsens lerne ich dafür dann aber beim Abendessen den nächsten Holländer kennen. Schwer zu erraten ist es nicht, er ist mit dem Fahrrad unterwegs. Er kommt aus Amsterdam, den Rhein herunter und will den ganzen Limesradweg abfahren. Der Holländer heißt Theo und ist ein 69-jähriger pensionierter Raumfahrt-Ingenieur, der früher für Fogger und Airbus gearbeitet hat. Mit Theo entwickelt sich ein drei Biere lang dauerndes, interessantes Gespräch über Gott und die Welt, bei dem wir uns gegenseitig Respekt ausdrücken für unsere noch bevorstehenden Vorhaben und uns gleichzeitig für das bereits Geleistete beglückwünschen. Theo gibt mir im Anschluss seine Visitenkarte. Ich soll ihm doch mal eine Whats-App schreiben, wie es so läuft und er verspricht, mir Mut zuzusprechen, sollte ich ihm von einem Durchhänger berichten. Es sind offensichtlich ganz schön viele gesellige Holländer unterwegs.

Freitag 02.06.2017: Westernhausen bis Bad Mergentheim
(30 km)
Ich habe unerwartet schlecht geschlafen. Erst konnte ich lange nicht einschlafen und dann bin ich auch noch eine Stunde vor meinem Wecker um 5:45 Uhr aufgewacht. Und das, obwohl ich ein schönes Zimmer mit eigenem Bad/WC und Dusche habe und ein bequemes Bett dazu. Sogar einen Fernseher gibt es, aber der bleibt unbenutzt.

Vielleicht lag das schlechte Einschlafen an dem gestrigen Nachmittag mit sehr viel Sonne und vier getrunkenen Bieren. Drei mit Theo und eins schon vorher während der nachmittäglichen Pause beim Kloster Schöntal. Vier Bier sind zu wenig, um sofort nach dem Zubettgehen in einen komatösen Zustand zu fallen, was ich gut kann wenn ich betrunken bin, aber wohl zu viel, um entspannt einzuschlafen.

Beim Aufwachen ist es wieder da, das nervöse Gefühl. Irgendwas macht mich unsicher. Ich bin mir nur nicht ganz im Klaren was.

Zum Frühstück gibt es eine kleine Überraschung, nämlich die erste warme Mahlzeit für mich am 4. Tag meiner Tour. Zwei warme „Wiener Würstchen" mit Senf. Zum Frühstück wohlgemerkt. Das scheint hier so üblich zu sein, denn erstens habe ich die Würstchen nicht extra bestellt und zweitens bekommen die zwei einzigen mit mir frühstückenden Gäste ebenfalls Würstchen. Aber da es auch noch drei Brötchen, einen Käseteller, ein hartgekochtes Ei, Marmelade und ein Fruchtjoghurt und dazu Kaffee, Wasser und Orangensaft gibt, muss ich nicht hungern. Ich esse anstandshalber eins der zwei Würstchen.

Theo kommt zum Frühstück, als ich gerade beim Bezahlen und am Gehen bin. Wir verabschieden uns aber noch nicht überschwänglich, da er in die gleiche Richtung wie ich weiterreist und so in Kürze nochmal an mir vorbei kommen wird.

Das passiert auch schon nach einer guten halben Stunde. Er hält kurz vor mir an und möchte gerne ein Foto von mir machen, das er mir am Abend per WhatsApp schicken will. Gute Idee, finde ich und so mache ich auch gleich eins von ihm, wie er neben seinem Fahrrad steht und nett lächelt. Zum Abschied sagt er: „Ich wünsche Dir alles Gute, und dass Du auf Deinem Weg findest, was Du suchst!"

Ich wünsche ihm ebenfalls eine gute Zeit und eine gute Fahrt, aber mehr bringe ich nicht heraus und als er ein paar Meter weg ist, schießen mir die Tränen in die Augen und ich fange richtiggehend an zu weinen. Augenblicklich bricht es aus mir heraus. Das nervöse Gefühl, die Unsicherheit, die unterschwellige Angst vor vielleicht einfach nur der ungewohnten Situation. Ein 69-jähriger, Fahrrad fahrender, holländischer Raumfahrt-Ingenieur-Rentner, der mir bis gestern gänzlich unbekannt war, trifft mit seiner herzlichen Einfühlsamkeit meine emotionale Seite. Die schönen Momente der Reise beginnen sich zu mehren.

Der Weg, der teilweise direkt neben und teilweise einige Felder weit weg von der Jagst, über Marlch, Gommersdorf und Altkrautheim verläuft, ist wie gestern asphaltiert und bequem zu laufen. Meine Karre zieht weiterhin permanent leicht nach rechts, sodass ich durch Druck auf die Haltestange und dadurch bedingtes Anheben des Vorderrades weiterhin alle zehn bis zwanzig Schritte etwas umsetzen muss. Das könnte einem ziemlich auf den Zeiger gehen, ist aber nach ungefähr 100 gelaufenen Kilometern inzwischen zur Gewohnheit geworden. Ich habe mir die Vorderradaufhängung angesehen und auch die Schraube nachgezogen, mit der das Vorderrad befestigt ist, konnte aber die Ursache der Rechtslastigkeit nicht wirklich feststellen. Das Ding ganz auseinander zu bauen, um den Fehler möglicherweise zu finden traue ich mich nicht. Nicht, dass ich die Karre schon am vierten Tag kaputtrepariere. So lasse ich ihr also ihren Willen.

Am Ortseingang von Altkrautheim komme ich an einem kleinen Schild vorbei. Es steht am Wegesrand und ist ein wenig von dem dahinter wachsenden Rosengebüsch verdeckt. Es zeigt auch nicht direkt in die Richtung aus der ich komme, und es ist erstaunlich, dass ich es überhaupt bemerke, so unscheinbar und unaufdringlich ist es dort platziert. Aber ich musste es bemerken, denn dieses Schild kann nur irgendjemand speziell für mich aufgestellt haben, so genau passt es zu meiner Situation und so tief spricht es mir aus der Seele:

Weit noch ist mein Weg,
fern sein Ziel.
Doch am Ende eines langen
Tages erwartet mich ein Ort,
an dem ich ausruhen, Last ablegen,
„Ich" sein kann.
Morgen gehe ich weiter,
ein kleines Stück auf meinem Weg,
ein Stück näher zum Ziel,
ein Stück näher zu mir.

Ich muss kurz stehen bleiben. Das ist der zweite Emotionsschub des Tages nach Theos Abschiedsworten.

Ich treffe zur richtigen Zeit auf Leute und Hinweise, die die Momente des Zweifelns einfach wegwischen. Obwohl ich im Allgemeinen so meine Probleme mit dem Anerkennen von übergeordneten Dingen und schicksalhaften Begegnungen habe und eher der Meinung bin, dass jeder seines Glückes Schmied ist, kann dies kein Zufall sein.

Bei Dörzbach verlasse ich das Jagsttal Richtung Norden, um in das Taubertal überzusetzen. Der Weg geht bis ein paar Kilometer hinter Rengershausen moderat aufwärts, um dann vor Stuppach einigermaßen steil wieder abzufallen. Da die ganze Strecke jedoch weiterhin asphaltiert ist, ist der Talwechsel diesmal ein Kinderspiel im Vergleich zum gestrigen Abenteuer. Ich laufe die Württemberger Weinstraße entlang. Für einen Biertrinker wie mich eigentlich Perlen vor die Säue geworfen.

Gegen 16:00 Uhr treffe ich nach einem heute vergleichsweise wenig anstrengenden Reisetag auf dem Waldcampingplatz Bad

Mergentheim ein. An der Rezeption hängt ein Schild „falls Rezeption nicht besetzt, bitte in der Gaststube melden". Die Tür zur Gaststube ist abgeschlossen und es hängt dort ein weiteres Schild „bin beim Rasenmähen". Also setze ich mich erstmal auf einen frei auf dem Campingplatz herumstehenden Stuhl und lege die Füße auf einen zweiten. Insgesamt sechs dieser Stühle stehen verstreut herum, aber da außer mir nur ein einzelner alter Mann anwesend ist, der vom Erscheinungsbild irgendwo zwischen zerstreutem Professor und Eremit liegt, kann ich ruhig zwei von sechs für mich beanspruchen.

Nach einer guten halben Stunde, ich sitze angenehm auf einem fast ausgestorbenen Platz in der Sonne, kommt ein Aufsitzrasenmäher aus der Ferne näher. Der Campingplatzchef-Rasenmähermann ist ein Schweizer, der den Platz offensichtlich alleine betreibt. Ihm ist es völlig egal, wo ich mein Zelt aufstelle oder ob ich lieber im provisorischen Aufenthaltsraum schlafen möchte oder unter freiem Himmel oder sonst wo. Vermutlich könnte ich später auch einfach in der Gaststube an der Theke einpennen. Aber ohne Ausweis mit Lichtbild geht gar nichts und ich bekomme eine ausgedruckte Rechnung mit aufgeführter Kurtaxe und ausgewiesener Mehrwertsteuer. Ganz schön deutsch, dieser Schweizer. Die Nacht kostet 11,85 Euro. Mein Reisebudget wird es mir danken.

Der Campingplatz ist klein, schlicht, hat aber alles was man braucht, liegt unglaublich ruhig, dreiseitig vom Wald eingerahmt und mit einer Seite lichtungsartig offen mit Blickrichtung abwärts zum Taubertal.

Morgen soll es erstmal nach Bad Mergentheim gehen, da ich dringend Vorräte kaufen muss, und dann nordöstlich, flussabwärts die Tauber entlang. Ich habe beschlossen, meinen ganzen Mut zusammenzunehmen und den morgigen Tag erneut ohne definiertes Endziel und ohne festgelegten Übernachtungsplatz zu starten. Ob ich dann schon so weit bin, mich auf Wildcampen einzulassen, wird sich zeigen.

Samstag 03.06.2017: Waldcampingplatz Bad Mergentheim bis Campingplatz Forelle (51 km)

Meine erste Nacht im Zelt habe ich sehr gut verbracht. Mit dem Sonnenuntergang bin ich eingeschlafen und mit dem Sonnenaufgang bin ich aufgestanden. Dazwischen war ich einige Male kurz wach, öfters als gewöhnlich, was aber auch nicht besonders verwunderlich ist bei einer gerade mal 2,5cm dicken und 70cm breiten selbstaufblasenden Isomatte als einzige Unterlage. Zudem hatte sich das Blasenpflaster an meiner linken Ferse etwas gelöst. Das offene Ende hatte sich mit dem Innenstoff des Schlafsacks verklebt. So hatte ich jedes Mal ein Gefühl als ob mir jemand an meiner Fersenblase zupft, wenn ich mich im Schlaf umgedreht habe.

Der gestrige Abend endete im Biergarten der Gaststube, welche aus drei besseren Campingtischen mit jeweils vier Plastikstühlen besteht. Die Gaststube selbst ist eher ein Imbisshäuschen von der Größe eines kleinstmöglich vorstellbaren Vereinsheimes. Da die drei Tische erstaunlicherweise mit insgesamt sechs Personen besetzt waren - ich weiß nicht wo die sechs herkamen, so viele Camper habe ich gar nicht wahrgenommen -, setzte ich mich an den Tisch dazu, an dem nur ein einzelner Mann saß. Er hatte mich sowieso gleich einladend zu sich gewunken. Der Mann ist groß, dick, unglaublich verdreckt und sieht mit seinem in alle Richtungen wuchernden Bart aus wie Räuber Hotzenplotz oder Hagrid persönlich aus den Harry Potter Filmen. Er trinkt ein Weizenbier und als ich mir ein Export vom Fass bestellen möchte, aber nur die Wahl zwischen Weizen und Pils habe, fängt Räuber Hotzenplotz gleich gesellig an über verschiedene Bierarten und verschiedene Trinktemperaturen verschiedener Biersorten zu philosophieren. Später setzte sich auch noch der Schweizer Rasenmäherchef und sein Fernfahrerkumpel aus dem nahegelegenen 200-Seelendorf Stuppach dazu.

Heute Morgen geht es um 8:15 Uhr los und als Erstes fülle ich nach drei Kilometern in Bad Mergentheim meinen Proviant auf. Der Radweg von Bad Mergentheim über Königshofen, Lauda und Tauberbischofsheim bis Werbach ist leider landschaftlich nicht so schön wie die Wege der letzten Tage. Es geht über mehr als zwanzig Kilometer oftmals direkt durch die Städte oder mit Industriegebäuden belegte Ausläufer der Ortschaften. Zudem sind auf dem Taubertalweg ungleich mehr Radfahrer unterwegs als an der Kocher und an der Jagst.

Kurz vor Tauberbischofsheim kreuze ich unter der A81 hindurch. 4,5 Tage Fußmarsch. Mit dem Auto kommen wir auf unseren mehrmals im Jahr stattfindenden Reisen nach Sylt nach zirka einer Stunde an dieser Stelle vorbei.

Hinter Werbach wird der Weg wesentlich schöner. An den enger werdenden Flussschleifen fallen die dicht bewaldeten Hänge zur Tauber hin steil ab. Leider ist das Wetter dafür schlechter geworden. Schon seit dem Mittag schieben sich von Nordwesten kommend dicke Kumuluswolken den Horizont entlang. Am Nachmittag beginnt es dann, zum ersten Mal seit Ludwigsburg, zu tröpfeln. Und kurz danach gießt es wie aus Kübeln. Auf einer unter drei großen Linden geschützt stehenden Parkbank und zudem unter meiner aufgespannten Sonnen-Regenschirm-Haltekonstruktion mache ich eine halbe Stunde Pause, um den Erguss auszusitzen und telefoniere mit meiner großen Tochter Maja.

Als der Regen etwas nachlässt, mache ich mich unter dem weiterhin aufgespannten Regenschirm wieder auf den Weg. Nach zehn Minuten regnet es mehr als zuvor. Wegen des stark aufkommenden Gewitterwindes muss ich meine Oststadt-Weststrand-Fahne einholen, damit sie sich nicht davonmacht und muss auch den Schirm von Zeit zu Zeit zusammenklappen.

Es ist schon später Nachmittag und ich habe mich immer noch nicht um eine Unterkunft für die Nacht gekümmert. Bei dem starken Regen werde ich jetzt doch etwas nervös und buche ein wieder viel zu teures Zimmer in einem Gasthaus neben dem noch fünf Kilometer entfernten Kloster Bronnbach. Als sich eine Stunde später der Regen verzogen hat storniere ich das Zimmer wieder und entscheide mich stattdessen für den, noch 7,5 Kilometer weiter Richtung Wertheim liegenden Campingplatz Forelle. Ich werde noch häufiger nass werden auf meiner Tour und kann nicht wegen jedes Regenschauers das Geld aus dem Fenster werfen. Der Campingplatz Forelle ist familiär geführt und hat auch den entsprechenden Charme. Leider liegt er jedoch direkt an der Tauberbahnstrecke. Mal sehen wie häufig diese Nebenbahnstrecke nachts frequentiert ist. Für die Nacht und bis in die Vormittagsstunden warnt die Wetter-App vor ergiebigem Starkregen. Ich werde heute also vielleicht feststellen, wie lange mein billiges 2-Personen-Wurfzelt dicht hält oder ob ich heute Nacht vom Starkregen direkt in die zehn Meter entfernt fließende Tauber gespült werde. Dann kann ich an die Nordsee schwimmen. Grüße an meinen Bruder.

Sonntag 04.06.2017: Campingplatz Forelle bis Camping Mainspessart Park (20 km)

Es hat die ganze Nacht durch geregnet und auch als ich aufstehe schüttet es weiter. Starkregen würde ich das jedoch noch nicht nennen und in der Tauber bin ich auch nicht gelandet. Als um 8:00 Uhr ein Nahverkehrszug am Campingplatz vorbeikommt, fällt mir auf, dass ich in der Nacht keinen Zug gehört habe. Ich bin spät eingeschlafen, da die Nachbarn, von ihrem Vorzelt regengeschützt, noch lange draußen gefeiert haben. Aber ich habe gut geschlafen. Sollte es nicht aufhören zu regnen, werde ich den Sonntag zum Ruhetag erklären. Im strömenden Regen möchte ich nicht alles zusammenpacken und im strömenden Regen unterwegs zu sein kenne ich schon von gestern.

Um 9:30 Uhr hört es auf zu regnen und nach einem Blick auf die Regenradar-App, die verspricht, dass es trocken bleibt, packe ich dann doch zusammen und breche schließlich um 11:00 Uhr auf.

Hinter Wertheim, den Main nordwärts, kommen mehrere Campingplätze in kurzen Abständen hintereinander, sodass mir meine laienhafte Unterkunftssuche von gestern nicht wieder passieren wird. Nach zirka sechs Kilometern komme ich durch Wertheim. Diesen Ort kenne ich bisher nur vom Wertheim-Village, einem Outlet-Shopping-Dorf mit Las Vegas Fassadenarchitektur. Die Altstadt von Wertheim ist dagegen sehenswert und auch die Burg Wertheim wirkt aus der Ferne gesehen interessant. Einen Blick von der Nähe spare ich mir jedoch, da die Burg auf einer Anhöhe oberhalb des Zusammenflusses von Tauber und Main liegt und ich der Karre und mir den Aufstieg ersparen möchte. Ich entscheide mich für den Radweg „Weinradreise", weg von der Mainschleife östlich von Wertheim. Dieser Abschnitt des Weinradreiseweges geht in nordöstlicher Richtung von Kreuzwertheim nach Trennfeld oberhalb des Mains durch völlig einsames, ruhiges Waldgebiet. Hier treffe ich für die nächsten Stunden keine Menschenseele.

Dann das Desaster. An der steilsten vorstellbaren Stelle des geschotterten Weges bricht die Vorderradaufhängung der Karre. Ich falle kurz in Schockstarre. Als ich mich wieder gesammelt habe fällt mir ein, dass Theo mich vor drei Tagen mit den Worten „da sehe ich ein gewisses Risiko" gewarnt hat, als ich ihm erzählt habe, dass es sich bei der Karre um ein 99 Euro-Koreamodell handelt. Als ich ihm von dem holländischen Ehepaar erzählt hatte, die in die andere Richtung gezeigt haben, als ich die Nordsee als mein Ziel angegeben habe, hatte er außerdem noch gesagt „Holländer wollen immer Recht haben". Hat er leider in Bezug auf meine Karre bekommen.

Das Vorderrad kann ich abschrauben. Zurück bleibt das abgeknickte, in die falsche Richtung zeigende Stahlquadratrohr-Kurzstück, auf dem das Vorderrad aufgesteckt war. Es hängt noch mit einem kleinen Restquerschnitt an der runden vorderen Querstrebe. Quadratrohr an Rundstrebe schweißen, ohne weitere Verstärkungen durch Verbindungsbleche oder ähnliches, darauf können auch nur billig produzierende Asiaten kommen.

Das steile Stück durch den Wald ziehe ich die Karre nun auf den zwei Hinterrädern rollend. Als es wieder ebener wird, schiebe ich wieder und muss dabei das Gewicht so ausbalancieren, dass die Karre weder nach vorne noch nach hinten kippt. Das gibt ein bisschen zusätzliches Arm- und Rückenmuskeltraining. Steil abwärts ist diese Fortbewegungsmethode kein Problem, da dabei das nun nicht mehr vorhandene Vorderrad sowieso in der Luft hängen würde. Um die Herausforderung perfekt zu machen, liegt ein kurzes Wegstück weiter auch noch ein umgestürzter Baum so quer über dem Weg, dass ein herum unmöglich ist und ich die zweirädrige Karre auch noch über den Baumstamm wuchten muss.

Kurz vor Trennfeld komme ich aus dem Wald wieder heraus und gerate in Trennfeld selbst, einem Ein-Paar-Hundert-Seelendorf, in das Pfingstsonntags-Dorffest mit gefühlt 10.000 flanierenden Menschen auf der für Autos gesperrten Dorfhauptstraße. Eben noch im Wald mit null angetroffenen Menschen, werde ich nun von jedem zweiten Festteilnehmer angesehen, als ob ich gerade direkt vom Mars kommend in Trennfeld gelandet wäre. Zugegebenermaßen sehe ich inzwischen noch etwas seltsamer aus, als es ohnehin schon der Fall war. Mit einem Fahrradanhänger für Kinder, ohne Fahrrad und ohne Kinder, dafür mit aufgesteckter Sonnen-Regenschirm-Konstruktion und einem fehlenden Vorderrad auf zwei Rädern durch die Menschenmenge balancierend ist bestimmt noch niemand in Trennfeld-City gesichtet worden.

Kurz hinter Lengfurt habe ich für diesen Tag genug und quartiere mich auf dem Campingplatz Main-Spessart-Park ein.

Montag 05.06.2017: Campingplatz Main-Spessart Park

Ruhetag, gezwungenermaßen. Aber ich wollte ja sowieso hin und wieder mal einen Tag bleiben, wenn es mir irgendwo besonders gut gefällt. Nun eben hier.

Der Campingplatzwart, ein Holländer, wen wundert es, hat mir die Adresse eines Schlossers in Marktheidenfeld gegeben. Da heute Pfingstmontag, also Feiertag ist, kann ich erst morgen mein Glück versuchen und meine Karre auf zwei Rädern dort hinschieben.

Am frühen Morgen scheint noch die Sonne und ich beschließe, den Tag für Nützliches zu verwenden. Wäsche waschen, rasieren und Füße pflegen, was im Wesentlichen dadurch erfolgt, dass ich nirgendwohin laufen möchte.

Als ich gegen 10:00 Uhr den „Haushalt" erledigt habe und mich gerade zum Lesen vor meinem Zelt niederlassen möchte, winken mich zwei Campingnachbarinnen einladend zu sich hinüber und fragen, ob ich einen Kaffee möchte. Natürlich möchte ich, denn solchen Luxus führe ich nicht mit mir und mein Frühstück hatte heute nur aus mit Schokomilch angemachtem Müsli bestanden. Schokomilch deshalb, weil der kleine Campingplatzladen keine gekühlte Milch hatte und lauwarme Milch im Müsli bei mir gar nicht geht. Wäre aber vielleicht die bessere Idee gewesen, denn mein kulinarischer Start in den Tag hat furchtbar süß geschmeckt.

Doris und Stephie, beide mit 51 Jahren nur unwesentlich älter als ich, kommen aus Bayern und Berlin, kennen sich aus gemeinsamen Berliner Kindertagen und machen alljährlich einen Zwei-Frauen-Campingurlaub ohne ihre Familien.

Als der Kaffee gerade fertig ist, beginnt es zu regnen und wir ziehen uns unter ihr großzügiges Vorzelt zurück. Stephie hat einen großen, weißen Schäferhund dabei, der entsprechend der Platzordnung angeleint sein muss und mit seiner 20 Meter langen Schleppleine permanent „Houdini der Entfesslungskünstler" mit Stephie spielt, weil er die Stühle, den Tisch und alle Zeltstangen und Spannseile umkurvt und dabei alles verknotet. Da er es leider nicht versteht, den gleichen Weg zurück zu laufen, den er hin gegangen ist, muss Stephie ihn permanent entknoten. Ich erzähle den beiden von meinem zweirädrigen Problem. Spontan bieten sie mir an, mich und die Karre morgen mit dem Auto die drei Kilometer zum Schlosser zu fahren. Super nett, das nehme ich natürlich gerne an.

Am späteren Nachmittag hört es auf zu regnen, und weil der Hund ein bisschen Bewegung haben möchte und wir beschlossen haben, zusammen Abendessen zu gehen, fahren wir heute schon mal nach Marktheidenfeld rein. Wir suchen zunächst nach der Schlosserwerkstatt, um für morgen zu wissen, wo wir hin müssen und tatsächlich ist jemand trotz Feiertag in der Werkstatt. Es ist ein kleines, sehr improvisiert wirkendes Gebäude. Auf dem Hof steht überall irgendwas herum und hier arbeitet definitiv ein Bastler. Genau sowas brauche ich. Das Hoftor ist angelehnt, und deshalb gehe ich, etwas frech, einfach rein. Der Mann in der Werkstatt, so eine Art Bikertyp, ist der Bruder des Schlossers. Er stutzt kurz, weil jemand unangekündigt am Feiertag bei ihm aufkreuzt, sagt, er müsse erstmal sehen wo sein Dobermann herumläuft - zum Glück für mich ist der mir auf dem Weg durch den Hof nicht begegnet - und bietet an, nach meinem Schildern des Problems, dass ich morgen früh gleich um 8:00 Uhr wiederkommen soll. Dann würde sein Bruder da sein und der würde das kurz machen. Wenn das so hinhaut, wäre das natürlich spitze. Beim Verlassen des Werkstatthofes treffe ich wieder auf keinen Dobermann, aber so wie das Tor weiterhin nur angelehnt ist, vergnügt der sich wahrscheinlich irgendwo in der Stadt.

Wir drei plus Schäferhund laufen anschließend, trotz Ruhetag für meine Füße, eine kleine Runde außerhalb von Marktheidenfeld am Main entlang, gehen in einer Döner-Imbissbude, mit einer Garage als Sitzplatz, eine Pizza essen und um 21:00 Uhr ist der Feiertag und mein Ruhetag dann früh zu Ende.

Dienstag 06.06.2017: Campingplatz Main-Spessart Park bis Lohr (23 km)

7:45 Uhr. Ich stehe mit meiner havarierten Karre, das Vorderrad einzeln in der Hand, vor der Firma Stephan Müller Schlosserei Marktheidenfeld. Vor genau einer Woche, exakt um diese Uhrzeit, bin ich gestartet und hier und heute soll noch lange nicht Schluss sein. Daher bin ich jetzt auf den guten Willen von Herrn Schlosser Müller angewiesen. Eigentlich sollte ich um 8:00 Uhr hier sein, aber ich bin ungeduldig und deshalb glücklicherweise zu früh.

Doris hat mich und die Karre rasch vom Campingplatz herübergefahren und Herr Müller ist gerade dabei seinen Transporter zu beladen. In zehn Minuten wäre er für den Rest des Tages erstmal auf Baustellen unterwegs und damit weg von der Werkstatt gewesen. Sein Bruder hatte ihm nichts von mir gesagt. Vermutlich war der damit beschäftigt seinen Dobermann zu suchen und hat mich als nicht weiter wichtig und nicht als erwähnenswert befunden. Für mich aber ist es wichtig, wenn nicht sogar fast existenziell.

Ich trage ihm mein Anliegen vor, jammere ein bisschen, schildere ihm meine Notlage und sage ihm, dass er für mich der Engel auf Erden wäre, wenn er mir helfen würde. Er fragt mich, wann ich den Fahrradanhänger denn wieder brauchen würde und will eigentlich gerne weiter seinen Transporter beladen und sein Tagwerk verrichten. Ich versuche charmant und ein wenig witzig zu sein, um mich etwas einzuschmeicheln und erwähne erstmal, dass das kein Fahrradanhänger ist, sondern mein Zuhause.

„Wegen des Feiertags sitze ich schon seit gestern hier fest und im Idealfall würde ich gerne noch heute Vormittag weiterziehen".

Er schaut sich den Schaden daraufhin an und meint „naja, ist ja nur eine Kleinigkeit".

Und während er noch spricht, zieht er schon mit einer Hand das Schweißgerät herbei und drückt mit der anderen das nach oben gebogene Quadratrohrkurzstück ab, um beinahe zeitgleich die scharfkantige Bruchstelle glatt zu schleifen. Seine Kollegin - oder Frau oder Freundin oder Schwester, ich weiß es nicht - kommt währenddessen ohne Aufforderung mit einer Abdeckpappe und zwei alten Bettbezügen als Schutzunterlage für die Stoffverkleidung der Karre hinzu, wenn gleich das Schweißen losgeht. Die beiden sind augenscheinlich ein eingespieltes Team. Schlosser Müller tätigt jeden Handgriff, als hätte er sich seit gestern überlegt, was er warum, wo und wie zu tun hat, um das mobile Zuhause eines etwas durchgeknallten Typen wieder flott zu machen.

Fachmännisch stellt er fest, dass diese Stelle, ich nenne sie mal die Asiaten-Quadratrohr-Rundrohr-Verbindung, eine ziemliche Schwachstelle an dem ganzen Gefährt darstellt und schlägt vor, zur Unterstützung zwei dreieckige Aussteifungsbleche rechts und links vom Quadratrohr jeweils zur Rundrohrquerstrebe einzuschweißen. Als wir das Vorderrad über die Steckverbindung wieder auf das Quadratrohr aufsetzen und mit der dafür vorgesehenen Schraube festziehen, beschließen wir, dass diese Schraubverbindung ebenfalls alles andere als gut und für den dauerhaften Gebrauch geeignet ist. Kurzerhand schweißt er auch die Steckverbindung fest auf das Quadratrohr. Abnehmbar soll das sowieso nie wieder sein. Wenn die Karre und ich die 1.500 Kilometer bis nach Sylt geschafft haben sollten, dann darf einer von uns zweien in die wohlverdiente Rente gehen. Ich befürchte, ich werde es nicht sein.

Die Arbeitskollegin kühlt mit einem nassen Lappen die verschweißten Teile und bürstet die geschweißten Stellen noch ein bisschen sauber. Wir schrauben zusammen noch kurz die vorher gelöste Stoffverkleidung wieder an den inzwischen erkalteten Stahlrahmen und das Ganze sieht aus, als halte es deutlich besser als je zuvor. Nach einer knappen halben Stunde ist der Spuk vorbei und über 25 Euro Unkostenbeitrag kann ich mich in keinem Fall beklagen. Herr Schlosser Müller ist für mich der Engel auf Erden.

Um kurz vor halb neun Uhr sind wir schon wieder zurück auf

dem Campingplatz und besser hätte das kleine Unglück für mich gar nicht enden können. Von Stephie und Doris bekomme ich zum Frühstück noch Kaffee und ein Frühstücksei serviert und so beginnt der achte Tag meiner Reise grandios. Kurz vor meiner Abreise sage ich noch so im Scherz zu meinen beiden Nachbarinnen, dass die Karre bestimmt mit Absicht schlapp gemacht hat, weil ich sie so despektierlich eben immer nur „die Karre" nenne. Stephie meint, das gehe ja nun auch gar nicht, denn schließlich seien wir zwei ein Team und meine Beziehung zu meinem Partner im Team müsse persönlicher werden. Die Karre bräuchte unbedingt einen Namen. Sie schlägt „Elijah" vor, denn so heißt ihr weißer Schäferhund. Aber eben weil der Hund schon so heißt, finde ich das nicht passend. Die Karre ist rot und mir fällt ein, dass Sebastian Vettel für seine roten Formel-1 Ferrariflitzer jedes Jahr weibliche Vornamen aussucht. Wir sind zwar alles andere als mit Rennwagengeschwindigkeit unterwegs, aber ich fand es immer schon lustig, dass unser Formel-1-Star auf diese Weise scherzhaft eine persönliche Beziehung zu seinem Fahrzeug herstellt. Ein Ferrari hieß bestimmt mal irgendwann „Gina". Das ist zumindest der Name, der mir als erstes einfällt. Also ist mein rollender Begleiter ab sofort eine „Sie" und bekommt den Namen Gina.

Gina hat ein neu befestigtes, deutlich verstärkt montiertes und nun starr festgeschweißtes Vorderrad bekommen und wie es der Teufel so will, zieht Gina immer noch ein bisschen nach rechts, wie ich später am Tag feststellen werde. Aber damit konnte ich ja auch vorher schon gut leben.

Um 11:15 Uhr rollt Gina und laufe ich vom Campingplatz. Dem Platzwart danke ich beim Auschecken nochmal für den guten Tipp mit der Firma Müller und los geht es wieder, Richtung Marktheidenfeld, den Main entlang. Über Hafenlohr, Rothenfels, Erlach, Pflochsbach und Sendelbach laufe ich heute nur 23 Kilometer bis zu einem Campingplatz in Lohr, der direkt am Main liegt. Auf der Höhe von Erlach beginnt es erneut zu regnen und ich spanne meine Sonnen-Regenschirm-Konstruktion auf. In dem Moment pfeift eine Gewitterböe an mir vorbei und klappt den gerade halb aufgespannten Schirm auf die falsche Seite. Das war nur eine kurze Böe mit vielleicht vier oder fünf Windstärken und ich muss feststellen, dass meine Super-Schirmkonstruktion bestimmt nicht nordseetauglich ist, da dort so gut wie immer vier oder mehr Windstärken herrschen. Das Wetter ist heute so, dass ich gefühlt zehn Mal den Schirm auf- und wieder zuklappe, die Regenjacke an- und wieder ausziehe und zum ersten Mal auf der Reise teilweise auch mit langer Hose laufe.

Die ersten acht Tage meiner Reise sind vorbei. Vielleicht Zeit für ein erstes kurzes Fazit. 215 Kilometer weit bin ich bisher gelaufen. Drei Blasen an den Füßen und einen Materialschaden an Gina kann ich bis hierher als angemessene Probleme akzeptieren. Mein Tinnitus ist mehr weg als da. Von der anfänglichen Skepsis, der inneren Unruhe und der Nervosität spüre ich so gut wie nichts mehr. In den ersten zwei oder drei Tagen hätte mir so ein Radbruch bestimmt mehr zugesetzt und ich hätte vermutlich gedacht „Mist, das war es. Jetzt geht es nicht weiter". Stattdessen habe ich vorgestern gedacht „Mist, das muss geschweißt werden". Ich bin zum Glück noch lange nicht am Ziel, aber ich bin auf meiner Reise angekommen.

Mittwoch 07.06.2017: Lohr bis Hammelburg (45 km)

Nach einer bitterkalten Nacht, in der ich erstmals in meinem Schlafsack gefroren habe, bin ich früh aufgewacht und schon um 7:15 Uhr abmarschbereit. Der Campingplatz direkt am Mainufer lädt auch nicht unbedingt zum längeren Verweilen ein. Außer Duschen und Toiletten gibt es hier rein gar nichts. Keinen Gastraum, keinen Aufenthaltsraum, keine Möglichkeit etwas zu trinken oder zu essen zu bekommen, keine Menschen. Nur leere abgestellte Campinganhänger.

Den ersten knappen Kilometer muss ich zurück nach Lohr laufen, um auf die richtige, aber leider schattige Mainseite zu gelangen. Auf der sonnigen Mainseite führt der Weg 15 Kilometer bis Gemünden auf der Hauptstraße. Dann lieber Schatten. Das Städtchen Lohr, „das Tor zum Spessart", ist um diese Uhrzeit noch ziemlich verwaist. Gestern Nachmittag war ich relativ früh dran und da hatte ich mir die Altstadt von Lohr mit ihren kleinen Gassen und puppenstubenähnlich wirkenden, schönen alten Fachwerkhäusern angeschaut. Am Nachmittag waren etliche Touristen im Ort unterwegs und das zu recht, denn der Kern von Lohr ist wirklich sehenswert.

Jetzt kann ich unbehelligt, ohne Gina im Zickzack-Kurs durch Fußgänger schieben zu müssen, den Ort verlassen. Vor Gemünden muss mit einer Fähre über den Main übergesetzt werden, denn die Mainbrücke in Gemünden ist abgerissen und wird gerade neu gebaut. Fast übersehe ich die Hinweisschilder auf die nicht mehr vorhandene Brücke und sause auf dem Skateboard die leicht abwärts verlaufende Straße an der Fähranlegestelle vorbei. Ich hatte gerade ein gutes Rolltempo drauf. Erst das durchgestrichene Ortsschild „2 km Gemünden" 200 Meter hinter der Anlegestelle macht mich stutzig und lässt mich umdrehen. Das mit dem Entschleunigen muss ich noch ein bisschen üben.

Der nächste Campingplatz kurz hinter Michelau kommt mir noch etwas zu früh. Ich bin zwar schon sechseinhalb Stunden unterwegs, aber da ich früh aufgebrochen war, ist es noch nicht einmal zwei Uhr am Nachmittag und ich entscheide, den noch zwölf Kilometer weiter entfernten Campingplatz beim Schloss Saaleck anzusteuern. Das Schloss Saaleck liegt auf einer Anhöhe südlich der Saale zwischen Diebach und Hammelburg. Klingt ja auch recht nett, eine Nacht bei einem Schloss zu verbringen. Als ich bei Diebach den „VMR-Radweg" (Vom Main zur Rhön Radweg) verlassen möchte, um nach rechts die Anhöhe nach Saaleck anzugehen, will ich doch erstmal noch schnell das Schloss und die Übernachtungsmöglichkeit googeln, um zu sehen, was ich zu erwarten habe. Na toll. Bei dem Platz handelt es sich um ein Jugendcampinglager. Zutritt nur für Jugendgruppen und deren Betreuer. Ich bin keine Gruppe, jugendlich schon gar nicht und zu betreuen habe ich auch nichts. Also noch weiter bis Hammelburg. Das Schloss mit seiner Anhöhe erspare ich mir nun auch, da mir der Weg für heute eigentlich reicht.

In Hammelburg gibt es zwar keinen Campingplatz, dafür aber eine Übernachtungswiese, auf der man für vier Euro sein Zelt aufschlagen darf. Ein Schild weist die Wiese als „Übernachtungsplatz für Bootswanderer" aus. Dass ich kein Boot dabei habe stört den zuständigen Herrn nicht, der vorbei kommt um das Geld zu kassieren. Ein Toilettenhäuschen neben der Wiese ist inklusive.

So sind heute 45 Kilometer zusammen gekommen, auf denen ich mich bestimmt 100 Mal mit kurzer Hose, langer Hose, Regenhose, Regenjacke, langärmeligem T-Shirt, kurzärmeligem T-Shirt und Fleecepullover an- und wieder ausgezogen habe. Dazu Sonnen-Regenschirm aufgespannt und wieder zugeklappt, wieder rauf und dann wieder runter, weil er sonst weggeflogen wäre. Das Wetter war eben sehr abwechslungsreich heute, mit Sonne, Wolken, Regen und vor allem viel Wind. Fast könnte man meinen die Nordsee ist schon recht nah.

Donnerstag 08.06.2017: Hammelburg bis Bad Kissingen (25 km)

Nach der fast unschlagbar günstigen, aber wiederum sehr kalten Vier-Euro-Nacht lasse ich nach dem Zusammenpacken erstmal den Luxus bei mir walten und gönne mir in einem Café auf dem Hammelburger Marktplatz ein Frühstück, bestehend aus Kaffee, Brötchen, Schinken und Emmentaler Käse und weiteren kleinen Köstlichkeiten. Ich liebe Emmentaler Käse, und den hatte ich aus Ermangelung an Kühlmöglichkeiten nun seit acht Tagen schon nicht mehr. Umso mehr genieße ich dieses opulente Mahl jetzt.

Nach dem Frühstück geht es um kurz nach 10:00 Uhr raus aus Hammelburg in Richtung Bad Kissingen. Von Langendorf über Elfershausen, Trimberg bis Euersdorf verlässt der VMR immer wieder abschnittsweise die Saale. Ich merke ich bin in der Rhön angekommen, denn sobald sich der Weg vom Fluss entfernt, wird es wellig. Die erste Kostprobe erhalte ich in Trimberg. Obwohl ich nicht bis zur Burgruine Trimburg hochlaufe, geht es ordentlich bergauf. Danach leicht abfallend, dann wieder ansteigend, um dann wieder stark abzufallen. Die Strecke wird deutlich anstrengender als in den letzten Tagen, aber auch abwechslungsreicher und interessanter. Dabei ist mir das langsame Bergauf lieber als das steile Bergab, bei welchem die immer noch anwesenden Blasen an den Füßen das nach vorne Rutschen in den Schuhen nicht so gerne mögen.

Gina rollt genüsslich vor mir her. Sie hat es gut, sie wird ja auch geschoben. Seit gestern jedoch knarrt sie immer mal wieder mit dem rechten Hinterrad, und seit dem Vorfall mit dem Vorderrad versuche ich mit ihr deutlich behutsamer und zärtlicher umzugehen als zuvor. Ich höre in sie hinein und jedes Quietschen macht mich leicht nervös, und jedes Vibrieren und Stolpern versuche ich so gut es geht abzufangen.

Seitdem ich gestern festgelegt habe, dass Gina Gina ist, also eine Dame, versteht es sich sowieso von selbst, behutsam mit ihr umzugehen. Ein Hinterradschaden wie der vorne würde für Gina vermutlich einem Totalschaden gleichkommen und für uns beide höchstwahrscheinlich das Ende unserer gemeinsamen Reise bedeuten. Da wir nun aber schon den 10. Tag ein Team sind und weil ich denke, dass wir inzwischen auch eine gewisse Art von Beziehung zueinander aufgebaut haben, bin ich mir sicher, dass sie mir das nicht antun wird. Außerdem soll aus der Beziehung ja noch eine tiefe Freundschaft werden und dafür benötigen wir noch weitere gemeinsame Zeit.

Für eine späte Mittagspause finde ich eine wunderschöne Lichtung am Fluss, an dem große Felsbrocken in die Saale gerutscht sind. Die Felsbrocken verringern die Breite des Flusses an dieser Stelle um zirka zwei Drittel, auf vielleicht nur noch fünf Meter. An der Engstelle hat sich eine kleine Stromschnelle gebildet. Auf einem flachen und glatten Felsen kann ich herrlich in der Sonne liegen und der Platz eignet sich gut zum Baden. Gina muss etwa zwanzig Meter oberhalb der Lichtung warten, denn das kurze holprige Stück hinunter zum Fluss, über Wurzelwerk und über die Felsbrocken, wäre alles andere als ein behutsamer Umgang für ihre Radaufhängungen. So muss ich die sonnige Pause leider ohne weibliche Begleitung verbringen.

Nach ungefähr drei weiteren Kilometern Waldweg komme ich an der Ruine Eyringsburg vorbei. Da diese, entsprechend des antik wirkenden Hinweisschildes, nur 400 Meter abseits meines Weges liegt und da ich schon an einigen Burgen und Schlössern vorbeigegangen bin, weil diese meist hoch oben auf den Anhöhen lagen und auch von der Ferne aus gut zu sehen waren, beschließe ich, diesen kleinen Abstecher dieses Mal zu machen. Zudem ist die Eyringsburg von der Ferne aus nicht zu sehen. So stehe ich wenigstens für den heutigen Tag nicht als kompletter Kulturbanause da.

Der Schotterweg führt von Beginn an extrem steil bergauf. Da wir aber von nur 400 Metern reden und weil ich Gina nicht alleine im Wald stehen lassen möchte, wuchte ich die Dame langsam, Schritt für Schritt nach oben. Diese sehr schweißtreibende Übung finden jede Menge kleine Fliegen und Mücken unaufgefordert anziehend und alsbald umschwirrt eine ganze Armada von Kleinstlebewesen meinen Kopf. Mit den Händen wegwedeln oder ähnliches kann ich die Nervtöter nicht, sonst ist Gina gleich wieder unten, wenn ich sie loslasse.

Oben angekommen finde ich den Ausblick doch etwas enttäuschend. Von der, nach Aussagen von Historikern, vermutlich seit über 1200 Jahren nicht mehr bewohnten Burg, kann ich nur eine kurze, etwa eineinhalb Meter tiefe, komplett überwachsene Furche erkennen, welche einmal der Burggraben war und zwei zirka

fünfzig Meter lange Abschnitte der einstmals ringförmigen Burg-
mauern. Und diese sind auch nur drei, vier oder fünf Steinlagen,
also etwa einen Meter hoch. Kein Wunder ist diese Burgruine
von der Ferne nicht zu sehen.

Ich bin nun schon seit Euerdorf zirka zehn Kilometer und, mit
der eineinhalb stündigen Mittagspause, seit ungefähr vier Stunden im Wald unterwegs und bisher ist mir absolut niemand über
den Weg gelaufen. Auf einmal taucht ein weiß gekleideter Mann
mit einem weißen Handschuh kurz vor mir auf. Er steht mit dem
Rücken zu mir und kann mich also nicht kommen sehen. Ich
bleibe abrupt stehen und muss erstmal kurz überlegen, was ich
da sehe. Ich dachte immer, ich sehe komisch aus, so mitten im
Wald, mit dem Fahrradanhänger für Kinder ohne Fahrrad und
ohne Kinder, aber der hier kann nur irgendwo entlaufen sein.
Seine weiße Anstaltskleidung würde jedenfalls dazu passen.

Im ersten Augenblick traue ich mich gar nicht so richtig
weiter. Vielleicht gibt es hier in der Gegend irgendwo eine
Psychiatrie oder einen Hochsicherheitstrakt für unzurech-
nungsfähige Schwerverbrecher. Alleine, ganz in weiß, in Mittel-
deutschlands Dschungel planlos herumzustehen kann auf jeden
Fall nicht wirklich normal sein. Ich kann die zweite Hand des
Verrückten nicht genau sehen. Auf jeden Fall hat er nur einen
Handschuh an und in der anderen Hand hält er irgendwas.
Für ein Messer ist das zu groß, aber wenn es ein Säbel oder ein
Schwert ist, ist das auch nicht deutlich beruhigender.

Einige Sekunden vergehen und irgendwann wird er sich
herumdrehen und mich bemerken. Wenn er dann zur Attacke
übergeht, könnte ich ihm die tapfere Gina zwischen die Beine
schieben oder versuchen, ihm mit dem Skateboard eins über-
zubraten. Viel mehr Waffen habe ich nicht griffbereit. Mein
Pfefferspray, das ich für die Wanderung gekauft habe und das
zur Abwehr bei möglichen Begegnungen mit Wölfen oder Wild-
schweinen gedacht ist, falls das notwendig sein sollte, habe ich,
clever wie ich bin, weit unten in meinen Tagesrucksack einge-

packt. Der Rucksack ist wiederum in Ginas Bauch verstaut. Bis ich das herausgekramt habe, bin ich längst einen Kopf kürzer. Wie in einem Film und in Zeitlupe dreht sich der Weiße dann tatsächlich in meine Richtung. Und während ich meinen Herzschlag schneller werden höre und meinen Puls vermutlich an meiner Halsschlagader sehen könnte, erkenne ich die Waffe in seiner rechten Hand. Es ist ein Golfschläger. Das passt jetzt nicht ganz in die finsteren Gedanken meines kurz bevor stehenden Endes, wenngleich so ein Golfschläger auch ein ansehnliches Loch in meinem Schädel hinterlassen würde. Doch der vermeintliche Psychopath interessiert sich gar nicht für mich. Er kramt einen Golfball aus der Hosentasche, setzt diesen auf der platten Stelle des Waldbodens ab, auf der er steht und drischt das kleine weiße Ding kurzerhand ins Nirvana.

Meine Schockstarre löst sich etwas und ich traue mich einige Schritte vorwärts, als der eben noch als Psychopath identifizierte Fremde sich schräg von mir weg durch den Wald davon macht.

Wenige Meter weiter erkenne ich dann doch tatsächlich mitten im Wald neben dem schmalen geschotterten Waldweg den zu einem Golfplatz gehörenden Abschlag. Durch eine Lücke zwischen den Bäumen soll der Golfball auf einen ungefähr einhundert Meter entfernten, deutlich tiefer liegenden Grünbereich gelangen. Der Golfer muss dann, wenn er nicht querfeldein gehen will, dem Waldweg folgend einen Bogen zum Golfplatz laufen, den ich nun auch als solchen erkannt habe. Egal wohin er den Ball geschlagen haben mag, den findet er durch die Waldweglauferei garantiert nie wieder.

Am Wegesrand fällt mir dann noch ein Schild „Vorsicht fliegende Golfbälle" auf. Insgesamt doch nicht ganz normal, denke ich mir und ein leicht skurriler Eindruck bleibt bei mir hängen. Meine Pulsfrequenz geht langsam wieder in einen Normalzustand über und mit noch leicht zittrigen Beinen nehme ich meinen Weg wieder auf.

Wenige Minuten später endet der Wald so plötzlich, wie eben noch der Handschuhträger vor mir verschwand und ich stehe direkt vor einem Aldi, einem Netto-Markt und dem Auto-Clean-Park am Ortsrand von Bad Kissingen.

Freitag 09.06.2017: Ruhetag in Bad Kissingen

Ich habe beschlossen, auf dem Campingplatz in Bad Kissingen zwei Nächte zu bleiben, heute einen Tag Wanderpause einzulegen und mir Bad Kissingen und seine Sehenswürdigkeiten im Stadtzentrum anzuschauen. Für Gina wird es ein kompletter Ruhetag. Sie bleibt auf dem Campingplatz.

Der Luitpoldpark im Süden der Stadt ist am frühen Morgen noch ausgestorben und strahlt eine angenehme Ruhe aus. Auf dem direkt daneben liegenden Altenberg schaue ich mir das „Sissi-Denkmal" an. Als bekennende Kaiserin-Sissi und Romy Schneider Fans, wäre das was für meine Frau und meinen Vater. Es geht über einen steilen Waldweg und über viele Stufen nach oben. Zum Glück bewacht Gina das Zelt. Von hier hat man einen weiten und grandiosen Ausblick nach Osten über die Stadt. Die Sonne steht noch nicht sehr hoch und es ist ein herrlich klares und kontrastgebendes Licht.

In Bad Kissingen mache ich einige Besorgungen. Unter anderem kaufe ich mir dicke Wollsocken gegen die kalten Nächte in meinem dünnen Schlafsack.

Am Nachmittag, wieder zurück auf dem Campingplatz, breite ich alle für die nächsten Tage in Frage kommenden Landkarten und Campingverzeichnisse vor meinem Zelt aus und plane die weitere Route. Über Bad Neustadt und Mellrichstadt möchte ich nach Meiningen und von dort aus das Werratal nordwärts. Zu meinem Erschrecken stelle ich fest, dass auf den nächsten 80 Kilometern, in die Richtung in die ich möchte, kein Campingplatz mehr kommt. Also muss ich wohl wieder auf die luxuriösere Variante einer Übernachtung in einer Pension oder einer Bike+Bett-Unterkunft ausweichen. Aufs Geratewohl hin irgendwo am Wegesrand zu bleiben und die Nacht unter freiem Himmel zu verbringen traue ich mich immer noch nicht so richtig, zumal es in den letzten drei Tagen mehrmals geregnet und kurzzeitig gestürmt und gewittert hat. So ein richtiger John Rambo- oder Mac Gyver-Typ bin ich eben doch noch nicht geworden.

Eine gute dreiviertel Stunde später habe ich alle in nordöstlicher Richtung fußläufig erreichbaren Örtchen und Gasthäuser abtelefoniert, mit dem Ergebnis, dass wegen einer Großveranstaltung in Bad Neustadt alles bis auf die letzte Besenkammer belegt ist. Na super.

So bleiben mir zwei Optionen, wie die übernächste Nacht aussehen könnte. Option eins: 34 Kilometer Tagesmarsch bis Bad Neustadt und von dort weitere 45 Kilometer mit der Bahn nach Meiningen zum nächsten Campingplatz oder Option zwei: Mac Gyver.

Welche Variante ich wählen werde entscheide ich erst morgen. Auf jeden Fall werde ich früh aufbrechen und zunächst den VMR Radweg bis Bad Neustadt wandern und dann weitersehen.

Samstag 10.06.2017: Bad Kissingen bis Meiningen
(35 km + Bahnfahrt)

Um 5:45 Uhr bin ich aufgestanden und um 7:00 Uhr war ich schon auf der Straße. Der Radweg durch Bad Kissingen und dann raus aus der Stadt verläuft zunächst viele Kilometer auf einer kleinen Kreisstraße. Sehr viele Autos sind um diese Uhrzeit zum Glück noch nicht unterwegs. Dass kurze Abschnitte der Radwege auf den Straßen und nicht daneben oder ganz abseits liegen, gab es in den letzten Tagen auch schon einige Male. Normalerweise sind mir die idyllischen Waldwege oder Routen entlang der Flüsse weit weg vom Autoverkehr natürlich lieber. Heute jedoch bin ich angesichts des noch unklaren Tagesziels gar nicht böse über eine glatt asphaltierte Straße. Da rollt Gina einfach besser und das Skateboard kommt auch mal wieder zum Einsatz. Wenn die Straßen leicht abschüssig sind, geht es damit doch etwas schneller und für heute soll mir das recht sein.

Ab Bad Bocklet entfernt sich der Radweg von der Straße und führt wieder ein einsames Dasein, scheinbar weg von jeglicher Zivilisation.

Nach dem heftigen Gewitter von gestern Abend lag am Morgen richtiggehend eine Dunstglocke aus Nebel über den Wiesen und Wäldern. Jetzt im Laufe des Vormittags zieht der Nebel allmählich die Hänge der Rhön hinauf und verschwindet nach und nach ganz. Es kündigt sich traumhaftes Wetter an. Das Gras und die Bäume sind vom Regen noch nass und es duftet intensiv nach frühsommerlicher Natur. Inzwischen sind nur noch vereinzelt Wolken am blauen Himmel. Das darunterliegende kräftige Farbenspiel der baumbewachsenen Hügel und die saftigen Wiesen und Felder im Vordergrund geben ein faszinierendes Bild ab.

Durch die guten Wege und das damit verbundene zügige Tempo bin ich nach zirka 35 Kilometern und sechseinhalb Stunden am späten Mittag in Bad Neustadt am Bahnhof. Auf der ganzen Strecke habe ich kein Hinweisschild auf ein freies Gästezimmer gesehen und auch Plätze, die zum Wildcampen eingeladen hätten, sind mir keine aufgefallen. Da ab Bad Neustadt in Richtung Mellrichstedt der Fernradweg in einen Nebenradweg übergeht, glaube ich auch nicht, dass das Übernachtungsangebot sprunghaft ansteigt und so habe ich mich für die Variante Fußmarsch plus Bahnfahrt und gegen Mac Gyver entschieden.

Am Bahnhof löse ich für mich ein Ticket nach Meiningen und für Gina eine Tages-Fahrradkarte. In Bayern sind mitgeführte Fahrräder in Nahverkehrszügen kostenpflichtig. Gina ist zwar nun wirklich kein Fahrrad, aber sicher ist sicher, denke ich mir und bevor ich mich möglicherweise mit einem bayrischen Bahnangestellten anlege, bekommt sie eben ein eigenes Zugticket. Als der Zug anhält, wobei Zug für das gerade mal 50 Meter lange Gefährt fast das falsche Wort ist, entpuppt sich der Bahnangestellte als überaus freundlicher thüringischer Kollege. Das Gefährt auf den Gleisen muss solange warten, bis der Chauffeur seine Zigarettenpause beendet hat. Während er raucht erklärt er mir, dass das Fahrradticket unnötig gewesen wäre, denn schon nach einer Station würden wir Bayern verlassen und in Thüringen sein. In Thüringen sei die Fahrradmitnahme kostenlos, und außerdem sei das ja auch gar kein Fahrrad. Er raucht ganz in Ruhe und unterhält sich mit mir ebenso ganz in Ruhe. Andere Fahrgäste sind sowieso keine anwesend. Während der gut halbstündigen Fahrt schlafe ich im Sitzen ein und erwache an der Endstation Meiningen in einer anderen Welt.

Die zeigerlose Bahnhofsuhr tut sich schwer damit, einem die Uhrzeit zu vermitteln. Die aus dem winzigen, leeren und brüchigen Bahnhofsgebäude auf die Straße hinausführende Treppe hat in jeder einzelnen der zehn Stufen Schlaglöcher, in denen man eine Zwergpinscherkompanie verschwinden lassen könnte. Als Gina und ich, überraschenderweise nicht von der Treppe verschluckt, auf der Straße angekommen sind und ich dem GPS-Gerät den Weg zum nahegelegenen Campingplatz entlocken möchte, bekomme ich als Anzeige „Navigationsroutenfehler". Ist Thüringen noch nicht vom GPS erfasst? Der Weg in die Richtung, in der der Campingplatz liegen müsste, führt durch eine Unterführung unter den Gleisen hindurch. Hätte die Unterführung nicht, wie für eine solche üblich, zwei offene Enden, dann könnte man meinen, man wäre in einem Luftschutzbunker aus dem 2. Weltkrieg gelandet, den seit über 70 Jahren keiner mehr betreten hat. So sieht das Tunnelgewölbe jedenfalls aus. Wieder raus aus der Unterführung komme ich an zwei verfallenen Villen und einem heruntergekommenem, verlassenen Gebäude vorbei, das mal ein Hof oder eine Fabrikanlage gewesen sein könnte.

Ich dachte, der Osten sei im Aufschwung. Meiningens Bahnhofsbereich ist es jedenfalls nicht.

Der Campingplatz liegt einen guten Kilometer außerhalb auf einer Anhöhe am Waldrand. Es ist inzwischen Nachmittag und brütend heiß, mit nur einer leichten, für minimale Erfrischung sorgenden Brise. Ich schwitze abartig und muss zu guter Letzt Gina auch noch zirka 20 Stufen hochwuchten, da ich den Fußweg zum Campingplatz gewählt habe und nicht die Zufahrtsstraße. Oben angekommen erhält mein erster Eindruck Thüringens eine 180-Grad-Wendung. Der Campingplatz ist klein, aber sehr gut gepflegt und sauber und liegt in einer tollen Aussichtslage mit Blick nach Westen. Es ist der erste Campingplatz auf meiner Reise, für den ich eine Chipkarte für alle Ein- und Ausgangstore und für das moderne Sanitärhaus erhalte. Außerdem ist für Campingplatzgäste der Eintritt in das direkt angrenzende, nobel und neu wirkende Freibad inklusive. Nachdem ich mich auf der Zeltplatzwiese eingerichtet habe – ich bin der einzige zeltende Camper - lege ich mich für die Stunden bis zum Badeschluss faul im Freibad in die Sonne. Ich denke, die Entscheidung für den Zug und gegen Mac Gyver war auf jeden Fall die richtige.

Als ich am frühen Abend aus dem Freibad komme ist ein älterer Mann gerade dabei, sein Campingequipment neben meinem Zelt auszubreiten. Er sieht furchtbar geschafft aus. Sein Fahrrad lehnt an der fest installierten Wäschespinne keine drei Meter weiter und in diesem Umkreis hat er auch seine Sachen verteilt und sein Zelt ausgelegt, aber noch nicht aufgebaut. Sein Schlafsack, seine Isomatte und sein Campinggeschirr liegen herum, als hätte er sein Zeug einfach aus den Taschen heraus gestülpt. Er sitzt inzwischen auf der Bank neben dem Sanitärhaus, das sich direkt neben unserer Zeltwiese befindet und scheint augenblicklich einschlafen zu können. Die bis in den Abend anhaltende Hitze und der letzte steile Anstieg mit dem Fahrrad, hinauf zum Campingplatz, haben ihm offenbar für heute die Kräfte geraubt.

Ich lächle kurz zu ihm hinüber, mache eine Geste, mit der ich auf die schweißtreibende Schwüle hinweisen möchte und lasse ihn aber zunächst in Ruhe Pause machen und zu sich kommen. Er schnauft kurz durch, rappelt sich dann wieder auf und beginnt, sein kompliziert aussehendes Zelt zusammen zu bauen und aufzurichten. Dann macht er wieder eine Pause, lässt seine übrigen Sachen unverändert und beginnt damit, sich langsam und mühselig etwas zum Essen zu kochen. Wobei kochen das falsche Wort ist. Er setzt lediglich Wasser auf und schüttet irgendeine Tütensuppe oder so etwas Ähnliches in das kochende Wasser. Alles an ihm sieht sehr schwerfällig aus und ich mache mir fast schon Sorgen, ob es ihm gut geht und er sich nur etwas übernommen hat oder ob er irgendwie Hilfe benötigt.

„Ist alles in Ordnung?" frage ich. „Kann ich irgendwas für sie tun?"

„Nein, geht schon. Ich bin nur erledigt von der langen Tour heute."

Er ist 68 Jahre alt, Rentner, kommt mit dem Fahrrad aus Wilhelmshaven und möchte noch bis nach Venedig. Wir vergessen uns namentlich vorzustellen, kommen aber später, nachdem er gegessen hat und etwas erholter wirkt, ins Gespräch.

Er hat für einen Fahrradfahrer ziemlich viel Gepäck dabei, das, auf insgesamt sechs Taschen verteilt, die an seinem Rad baumeln, Platz findet. Ich spreche ihn auf sein, aus vielen Stangen bestehendes, eigentlich zu großes und etwas alt wirkendes Zelt an. Er erzählt mir, dass er bis vor kurzem immer mit seiner Frau mit dem Fahrrad unterwegs war und sie jahrelang in diesem Zelt viele gemeinsame Urlaube verbracht haben. Ich verkneife es mir zu fragen, warum er denn dieses Mal alleine unterwegs ist. Die Antwort darauf wäre vielleicht traurig und zu persönlich. Stattdessen komme ich auf seinen Herkunftsort Wilhelmshaven zu sprechen, erzähle ihm von meinem Trip zu Fuß nach Norden und dass ich vermutlich an Wilhelmshaven knapp dran vorbei laufen werde.

Ja, er habe sich schon gewundert, wo denn mein Fahrrad sei, da er dort nur einen Fahrradanhänger stehen sieht. Ich habe viel Zeit, erkläre ich ihm, möchte absichtlich langsam und deswegen zu Fuß Deutschland erkunden und freue mich auf alles, was ich zu sehen bekommen werde und ganz besonders auf den Küstenweg und die Nordsee.

„Ich habe von Wilhelmshaven aus, mit dem Fahrrad, schon ganz Norddeutschland erkundet und kann dir erzählen, wo es besonders lohnenswert ist hinzugehen", bietet er mir an.

„Ich möchte ab Bremen die Weser entlang laufen und mich nach der Überquerung der Elbe immer direkt an der Küste halten, bis zu meinem Endziel Sylt".

Fast verschluckt er sich an seinem Tee bei dem Wort Sylt. Entsetzt schaut er mich an und schlagartig kann ich fast einen verächtlichen Blick in seinem Gesicht erkennen. Viele Plätze und Gegenden seien sehr schön in Norddeutschland und viele Orte könne er mir empfehlen. Aber Sylt sei ein rotes Tuch für ihn. Keine zehn Pferde würden ihn nach Sylt bringen. Viel zu mondän und elitär und viel zu viele versnobte Typen würden sich dort herumtreiben.

„Da kann man als normaler Mensch nicht hingehen".

Woher er das denn wisse, frage ich ihn etwas provokant. Er sei ja offensichtlich noch nicht dort gewesen. Zur Antwort bekomme ich nur: „warum gerade Sylt?"

Im Frühsommer 1958 kommt Meike Wolff mit der Fähre auf der Nordseeinsel Juist an. Meike ist im Herbst achtzehn Jahre alt geworden, hat eine Lehre als Fotografin und Fotolaborantin abgeschlossen und für die Sommersaison eine Stelle im Labor der Firma Foto Brunke auf Juist bekommen.

Eberhard Tschepe ist das dunkelhaarige, kleine, etwas pausbäckige Mädchen an der Anlegestelle der Fähre gleich aufgefallen. Eberhard arbeitet als Strand- und Ballfotograf ebenfalls bei der Firma Brunke. Unter anderem gehört es zu seinen Aufgaben, ankommende Inselgäste zu fotografieren, wie er dies sonst auch am Vormittag am Strand und abends in den Gasthäusern und Kneipen tun muss.

Heute gibt es den Beruf des Strandfotografen nicht mehr. Aber Ende der 50er Jahre und auch noch viele Jahre später war eine Kamera ein Luxusartikel, den sich nur wenige Familien leisten konnten oder wollten.

So wurden die Gäste von Eberhard gefragt, ob er sie denn fotografieren dürfe. Es entstanden Bilder von den typischen Urlaubsszenen am Strand, im Wasser, im Strandkorb, aber eben auch am Hafen und am Tresen. Die Schwarzweißbilder wurden dann im eigenen Labor des Fotogeschäftes direkt vor Ort entwickelt und die Gäste konnten diese dann käuflich erwerben, wenn sie nachmittags vom Strand nach Hause gingen.

Eberhard ist gut in seinem Beruf und er kennt, trotz seiner eigentlich eher introvertierten Art, keine Scheu die Gäste anzusprechen.

Viel später werde ich feststellen, dass mein Vater zeit seines Lebens gerne seinem Beruf nachgegangen ist und er seine zurückhaltende Art verliert, sobald er durch den Sucher einer Kamera blickt. Sein Beruf ist seine Berufung und das ist etwas, um das ich ihn sehr beneide.

Sicherlich hat Eberhard am Fährhafen auch Meike angesprochen, ob er sie fotografieren darf und wie ich meine Mutter kenne, hat sie bestimmt abgelehnt.

Tags darauf ist Eberhard überrascht und erfreut, das dunkelhaarige Mädchen vom Vortag im Haus der Firma Foto Brunke wieder zu sehen. Die Saisonarbeiter wohnen alle im Hause Brunke und das Frühstück ist ein Teil des kargen Lohnes für die Angestellten. Trotz des unterschiedlichen Arbeitsplatzes und der unterschiedlichen Arbeitszeiten, Laboranten müssen teilweise in der Nacht beziehungsweise sehr früh am Morgen arbeiten, laufen Meike und Eberhard sich also schnell wieder über den Weg.

Ich habe meine Eltern nie danach gefragt, aber ich würde annehmen, dass es bei meinem Vater Liebe auf den ersten Blick war und meine Mutter sich dagegen erstmal ein bisschen bitten ließ.

Eberhard ist hartnäckig genug, denn einige Wochen später sind sie ein Paar und schon im September schreibt er Meikes Eltern einen Brief, in dem er fragt, ob sie etwas dagegen hätten, wenn Meike und er heiraten würden. Meike ist zwar achtzehn Jahre alt, aber 1958 wird man erst mit einundzwanzig volljährig und benötigt als Minderjähriger für eine Heirat die Zustimmung

der Eltern. Meikes Eltern hatten ihren zukünftigen Schwieger-
sohn bis dahin persönlich noch gar nicht kennengelernt.

Als die Saison und damit seine Anstellung zu Ende geht,
bleibt Eberhard noch als Feriengast auf der Insel, weil Meike als
Vertretung des Fotolaborleiters weiter arbeiten kann. Bis Weihnachten findet Eberhard keine bezahlte Arbeit. Weil aber das Fotografieren nicht nur sein Beruf, sondern eben auch sein Hobby
ist, macht er in dieser Zeit Bilder für ein Buch, das im nächsten
Jahr erscheinen sollte: „Sommer auf Juist".

Kurz vor dem Jahreswechsel tritt er dann eine Stelle als Sport-
und Ballfotograf in Zermatt an. Die Arbeit ist dieselbe, nämlich
Gäste in ihrem Urlaub fotografieren, nur nun eben nicht an der
Nordsee am Strand, sondern in der Schweiz vor der Kulisse des
Matterhorns.

Meike folgt Eberhard kurze Zeit später, nach Beendigung ihrer
Anstellung im Labor, in die Berge, findet in Zermatt aber nun
ihrerseits keine Arbeit und genießt stattdessen, als gebürtige
Flachlanddeutsche, zum ersten Mal in ihrem Leben das Dasein
als Winterurlauberin.

Am 09. Mai 1959 heiraten Meike und Eberhard auf Juist.
Eberhard hat für die Sommersaison wieder die Arbeitsstelle
des Vorjahres bekommen und so konnten sich die beiden ihren
Wunsch erfüllen und sind wieder an der Nordsee gelandet. Auch
Meike ist wieder bei Foto Brunke angestellt, diesmal ebenfalls als
Strandfotografin. Sie muss nun also nicht mehr die halbe Nacht
im Labor verbringen, sondern ist den Großteil des Tages, wie
Eberhard, mit der Kamera unterwegs.

Sie sind verliebt, frisch verheiratet und leben und arbeiten an
der frischen Luft am Strand. Wenngleich die Bezahlung karg und
die Unterbringung in den Angestelltenzimmern nicht sehr luxu-
riös ist, vermute ich dennoch, dass spätestens jetzt bei meinen
Eltern die Liebe zur Nordsee geboren ist.

In den folgenden Jahren werden Meike und Eberhard an keinem Ort richtig sesshaft. In den Sommermonaten arbeiten sie

auf Juist und später auf Langeoog und in den Wintermonaten in den Skigebieten in Grindelwald, in Garmisch-Partenkirchen und im Kleinwalsertal.

Meine Eltern sind sehr geschichtsbewusste Menschen und setzten sich schon in jungen Jahren intensiv mit der deutschen Vergangenheit und der Schuld des nationalsozialistischen Deutschlands auseinander.

Im Sommer 1962 lesen sie zum ersten Mal etwas von einer Organisation namens „Aktion Sühnezeichen". Die Aktion Sühnezeichen Friedensdienste e.v. wurde 1958 auf der Synode der Evangelischen Kirche in Deutschland gegründet und hat sich die Versöhnung mit den vom nationalsozialistischen Deutschland überfallenen Völker und Menschengruppen zum Ziel gesetzt. Die Verwirklichung dieses Ziels soll insbesondere durch Bauprojekte erfolgen, zu denen sich die Mitglieder von Aktion Sühnezeichen zu langfristigen Freiwilligendiensten meldeten. 1963 gibt es bereits viele Sühnezeichen-Bauprojekte, wie zum Beispiel in den Niederlanden, in Norwegen und Frankreich der Bau von Synagogen, in Jugoslawien der Bau eines Kindergartens, eine Bewässerungsanlage auf Kreta, der Bau einer Jugendbegegnungsstätte auf dem Gelände einer zerstörten Kathedrale in Großbritannien und seit 1961, nach Beendigung des Eichmann-Prozesses, konnten auch Arbeiten in Israel aufgenommen werden.

Meike und Eberhard beschließen, dass sie als Sühnezeichen-Arbeiter nach Israel gehen wollen. Doch das wollen die meisten jungen Freiwilligen. So kommt es, dass im Frühsommer 1963 nur Meike die Möglichkeit bekommt, mit Aktion Sühnezeichen nach Israel gehen zu können. Eberhard bekommt keinen Platz in der zusammengestellten Arbeitsgruppe für den Bau eines Blindenheimes in Jerusalem. Da Meike aber unbedingt nach Israel möchte einigen sie sich darauf, dass sie zunächst alleine geht, Eberhard eine weitere Sommersaison auf Langeoog arbeitet und im Herbst dann auf eigene Faust nach Israel nachkommt, auch ohne für Aktion Sühnezeichen zu arbeiten.

Als beide Anfang Januar 1964 Israel wieder verlassen um eine weitere, für sie etwas spät beginnende Wintersaison im Kleinwalsertal zu arbeiten, hat das Land Israel und die Leute dort einen derart bleibenden Eindruck bei ihnen hinterlassen, dass sie im Herbst des gleichen Jahres noch einmal für drei Monate zurückkehren. In diesen drei Monaten filmt Eberhard das Alltagsleben der Menschen in Israel, die Natur und an geschichtsträchtigen Orten. Am Ende der Reise ist Meike im siebten Monat schwanger und am 18. Februar 1965 kommt mein Bruder Martin zur Welt.

Aus dem gesammelten Filmmaterial schneidet und produziert Eberhard seinen Film: „Bilder aus Israel". Vielleicht ist es Instinkt oder Zufall oder eine unbewusste, übergeordnete Eingebung, Eberhard weiß es heute nicht mehr, die ihn dazu veranlasst, den fertigen Film zur nächsten Sommersaison mit nach Langeoog zu nehmen. Dass er es tut ist jedenfalls wegweisend für ihr weiteres und auch für mein noch ungeborenes Leben.

Im Sommer 1965 trifft Eberhard auf Langeoog einen Feriengast, mit dem er sich über Aktion Sühnezeichen, über Israel und schließlich auch über seinen Film unterhält. Der Feriengast ist Produktionschef beim Süddeutschen Rundfunk und vermittelt Eberhard, angetan durch seine filmische Leistung, eine Stelle als Kameraassistent beim Fernsehen des SDR in Stuttgart. Meike und Eberhard ziehen mit Martin nach Ludwigsburg, und damit hat das Saisonarbeiterleben und das Hin- und Herspringen zwischen der Nordsee und den Bergen zunächst ein Ende.

Obwohl Eberhard beim SDR als freier Mitarbeiter keinen gesicherten Verdienst hat und Meike wegen Martin zu der Zeit nicht arbeitet, beschließen sie, dass mein Bruder kein Einzelkind bleiben soll. So betrete ich gut zwei Jahre später, am 04. April 1967 die Bühne dieser Welt und diese Geschichte. Als einziger aus meiner Familie bin ich also ein gebürtiger Schwabe, wenngleich ich später immer und etwas stolz betonen werde, halb Schwabe und halb Norddeutscher zu sein.

Meike hat bei meiner Geburt ordentlich zu leiden. Immerhin musste aus der gerade einmal 1.58 Meter kleinen Frau ein

55 Zentimeter großer und fast vier Kilogramm schwerer Brocken heraus. Als Baby bin ich ein ganz schöner Wonneproppen und als Kleinkinder sind mein Bruder und ich zwei Klopse auf Beinen.

Da Eberhard bis zum Sommer 1968, nach drei Jahren als Kameraassistent beim SDR, immer noch keine Stelle als Kameramann bekommen hat, überlegen meine Eltern sich, ob sie nicht wieder das tun sollen, wovon sie viele Jahre gelebt hatten. In der „Photo-Presse" veröffentlicht Eberhard ein Inserat, in dem er ein Kaufinteresse für ein Fotogeschäft an der Nordsee angibt. Meike und Eberhard wollen wieder zurück an den Strand und sich mit einem eigenen Geschäft selbstständig machen. Es kommt ein einziges Angebot auf das Inserat hin. Die Firma Foto Waak in Rantum auf Sylt möchte ihre Filiale in Hörnum verkaufen.

Im August 1968, bei meinem ersten Sommerurlaub an der Nordsee, auf Amrum, fährt Eberhard für einen Tag hinüber nach Sylt und schaut sich den Laden an. Der „Kiosk", wie es im Grundbuch heißt, ist für 80.000 DM verhältnismäßig günstig zu erwerben. Dennoch überlegt Eberhard sich relativ lange, ob sie sich das leisten können. Schließlich unterschreibt er den Kaufvertrag. Am 01.01.1969 gehört ihm das eingeschossige Flachdachreihenhaus mit Untergeschoss im Strandweg 6 in Hörnum auf Sylt.

Heute, mit fast 50 Jahren Abstand rückblickend betrachtet, finde ich es typisch für meine Eltern, dass Eberhard diese Entscheidung trifft. Ich glaube, vor allem die großen finanziellen Dinge hat immer mein Vater entschieden, und in den kleinen alltäglichen Situationen im Leben meiner Eltern hat meine Mutter das Sagen.

Im Erdgeschoss des Hauses befindet sich der Fotoladen, den man von Süden her ebenerdig betritt. Im Untergeschoss, das von Norden her auf Geländeniveau liegt, gibt es nur eine Kammer und einen Raum mit einem Kaltwasseranschluss und einen aus Dünensand bestehenden Fußboden. Hier sollen eine Küche mit Wohnraum, ein Bad und ein zweites winziges Zimmer entstehen. Aus der Kammer soll das Fotolabor werden.

Den größten Teil der Um- und Ausbauten muss Meike zusammen mit Eberhards Vater bewerkstelligen, denn Handwerker können sich meine Eltern nicht leisten. Eberhard hat einen Auftrag bekommen, an einem Film mitzuarbeiten, bei dem er für sechs Wochen ununterbrochen bezahlt wird. Ein Angebot, das Eberhard in ihrer finanziellen Situation unmöglich ablehnen kann.

Der Winter zu Jahresbeginn 1969 ist lang und kalt und hart, und bis zum Frühling ist es die schlimmste Zeit im Leben meiner Mutter. Neben der Baustelle, noch immer ohne Heizung und Warmwasser, hat sie den Schwiegervater, mit dem man nur schwer auskommen kann, an der Backe. Und mich, den noch nicht einmal zweijährigen Hosenscheißer, hat sie zudem zu versorgen. Martin konnte sie immerhin für die ersten Wochen bei ihrer Schwiegermutter unterbringen.

Die Bauarbeiten sind anstrengend, und wenngleich mein Opa ein gewisses handwerkliches Talent besitzt, so kommen die beiden auf der Baustelle doch mehrmals an ihre körperlichen Grenzen. Ich als knapp zweijähriger kleiner Hilfsarbeiter will meinen Beitrag zu den Bauarbeiten leisten, streue zum Beispiel ausgerissene Grashalme in den frisch angemachten Beton und bin natürlich überall im Weg.

Nasse Kleidung trocknet in dem unbeheizten Haus niemals richtig und meine Windeln muss Meike mit der Hand waschen. So bekomme ich immer wieder feuchte Windeln als Unterhosen angezogen und beschwere mich bei meiner Mutter „nass Mami, nass". In ihrer Verzweiflung schwindelt sie mich an.

„Das ist nicht nass, das kommt dir nur so vor."

Und ich wiederhole in Babysprache „ist nicht nass, kommt nur vor".

Ich glaube, es war diese erste Zeit auf Sylt, die meine Mutter so geprägt hat, dass sie noch Jahrzehnte später, solange meine Eltern das Fotogeschäft in Hörnum betreiben, immer mit einem unguten Gefühl an die Nordsee fahren lässt. Jedes Jahr aufs

Neue dauert es zu Saisonbeginn einige Wochen, bis ihre Bauchschmerzen verschwinden und sie die Insel genießen kann.

Zu Pfingsten 1969 kommt Eberhard dann endlich auch nach Hörnum. Das Haus ist mehr schlecht als recht bewohnbar, aber alles funktioniert irgendwie. Das Labor ist eingerichtet und einsatzbereit und meine Eltern gehen in ihre erste Saison mit einem eigenen Fotogeschäft. Meike schmeißt überwiegend den Laden und Eberhard tut das, was ihm schon zehn Sommersaisons lange vertraut ist, nämlich Menschen am Strand und in den Kneipen des Ferienortes zu fotografieren.

Die Stelle als Kameraassistent beim SDR hat Eberhard nicht aufgegeben, sondern vorerst für den Sommer nur unbezahlten Urlaub genommen. Schließlich wissen meine Eltern nicht, ob sie von dem Fotogeschäft mit der nur ungefähr fünf Monate dauernden Sommersaison leben können werden. Als Eberhard nach der Saison wieder seine Arbeit in Stuttgart aufnimmt, bekommt er ein Angebot.

„Sie können jetzt bei uns als Kameramann anfangen, wenn sie das möchten".

So kommt Eberhard also doch zu der Arbeitsstelle, die er sich immer gewünscht hat. Den Laden haben meine Eltern trotz der anfänglichen Startschwierigkeiten nicht aufgegeben und das Saisonarbeiterleben für Meike und das Hin- und Herspringen, nun für eine vierköpfige Familie, ab jetzt zwischen der Nordsee und dem Schwabenland, geht wieder los.

Das Fotogeschäft Tschepe gibt es inzwischen seit einigen Jahren nicht mehr. Meine Eltern sind längst in ihrem wohlverdienten Ruhestand und aus dem „Kiosk" mit der abenteuerlich improvisierten Untergeschosswohnung ist inzwischen ein modernes, geräumiges, dreigeschossiges Reihenendhaus geworden. Die Familie Tschepe kommt nun schon in der dritten Generation und seit bald 50 Jahren, regelmäßig und oft mehrmals im Jahr, nach Hörnum auf Sylt. Meike und Eberhard verbringen immer noch jeden Sommer auf der Insel. Für mich ist Sylt, solange ich denken kann, meine zweite Heimat.

Inzwischen ist es fast dunkel geworden. Den Wilhelmshavener Rentner konnte ich von Sylt nicht mehr überzeugen. Zu sehr hat er wohl den teuren Prominentenort Kampen im Kopf, als dass es möglich war ihm zu erklären, dass Sylt viele verschiedene Facetten hat, unglaublich schöne Natur besitzt und man an den meisten Orten auf der Insel nicht reich und berühmt sein muss, um sich dort wohl und heimisch zu fühlen. Er war aber letztlich auch zu müde, um sich auf eine längere Diskussion einlassen zu wollen und hat sich schlafen gelegt. Nur wenige Minuten, nachdem wir uns eine gute Nacht gewünscht haben, höre ich ein tiefes, sonores Schnarchen aus seinem Zelt. Ich bin ausnahmsweise noch gar nicht so richtig müde und gerne hätte ich ihm noch mehr von den Vorzügen und tollen Plätzen meiner Lieblingsinsel erzählt.

Kurz darauf kommt ein kleiner Junge mit einer Flasche Bier aus dem Waschraum des Sanitärhauses, vor dem ich inzwischen auf der Bank sitze und mein Abendbrot verzehre. Ich frage ihn, wo denn das Bier herkommt und ob es da drinnen wohl einen Getränkeautomaten gibt. Es gibt aber leider nur einen Kühlschrank und es ist das Bier seines Vaters, der ihn geschickt hat, um ein kühles Bier für sein Abendessen zu haben, bekomme ich zu hören. Der Junge geht weiter, kommt aber keine fünf Minuten später mit der immer noch vollen, kühlen Flasche zurück und fragt, ob ich das Bier möchte. Offenbar hat er seinem Vater von meiner Frage erzählt und der hat seinen Sohn wieder losgeschickt, um mir das Bier zu geben und mich zu fragen, ob er und seine Familie mich zu seinem Wohnwagen zu ein paar weiteren Getränken einladen dürfen.

So komme ich zur nächsten netten Bekanntschaft an diesem Abend mit einer skilanglaufbegeisterten Familie mit drei Söhnen, die aus dem Schwarzwald kommt und immer über die Pfingstferien in Oberhof in die Skihalle zum Sommertraining geht, und zu noch mehr kühlen Erfrischungen.

Morgen starte ich in das Werratal. Die Wettervorhersage verspricht angenehm warmes und sonniges Wanderwetter.

Sonntag 11.06.2017: Meiningen bis Immelborn (37 km)

Auf dem Weg vom Campingplatz zurück zur Stadtmitte muss ich zunächst einmal meine schlechte Meinung von Meiningen von gestern revidieren. Abseits vom herunter gekommenen Bahnhof ist die Stadt sehr ansehnlich. Meiningen hat ein Theatermuseum und ein Literaturmuseum und sehr schöne alte, restaurierte Gebäude. Es ist Sonntag früh und auf den Straßen ist wieder nichts los.

Der Weg raus aus Meinigen über Walldorf und Wasungen führt mich zurück in die gewünschte Langsamkeit meiner Tour. Es geht über geschotterte Wege am Waldrand entlang der Werra, und später auch wieder, teilweise durch den Wald, oberhalb der Werra. Nach dem gestrigen Tag mit mehr Geschwindigkeit durch relativ häufigem Einsatz des Skateboards und durch das „Übersetzen" von Bad Neustadt nach Meiningen mit dem 50-Meter-Gefährt auf Schienen, in gefühlter Warp-Geschwindigkeit, genieße ich heute das behäbige Schritttempo im Wald. Das Auf und Ab ist zwar anstrengender als die glatten Asphaltstraßen und ab dem Mittag bei warmen Temperaturen entsprechend schweißtreibend, aber gemütlicher.

Hinter Wasungen und Breitungen verläuft der Werratal-Radweg leider abschnittsweise, wie an den Tagen zuvor der VMR-Radweg auch, auf Straßen. Es sind jedoch kaum Autos unterwegs und so sind diese kurzen Teilstücke gut zu ertragen.

Kurz hinter Breitungen komme ich durch das Dorf Neuhof, das so klein ist, dass es nicht einmal auf der Radwegekarte verzeichnet ist. Seit einer guten Stunde bin ich schon bereit für eine späte Mittagspause und würde mich über eine schattige Parkbank oder etwas Vergleichbares freuen, als am Ortsende von Neuhof, unerwartet für ein Kaff dieser Größe, ein klitzekleines, bewirtetes Wiesengrundstück auftaucht. Aus einer Holzhütte heraus versorgen die Besitzer Sandra und Stefan ihre Gäste an sechs kleinen Tischen mit Kaffee und Kuchen, Wasser, Bier und sonstigen Getränken.

Erstaunlicherweise sind fünf der sechs Tische besetzt. Einer ist jedoch frei als wäre er für mich reserviert gewesen. Bei genauerem Überlegen ist es dann doch gar nicht so erstaunlich, dass fast alle Tische belegt sind. Es ist Sonntagnachmittag und damit Kaffeezeit. Der kleine Biergarten ist sehr gepflegt und die Tische sind allesamt mit wohltuend schattenspendenden Schirmen ausgestattet. Mehrere kleine Kreidetafeln bieten die offenbar wechselnden Kuchenvarianten an. Sandra und Stefan nehmen sich für alle Gäste viel Zeit, halten mal hier und mal dort einen kleinen Plausch und vermitteln viel Freude bei ihrer Arbeit und viel Gemütlichkeit. Der Hund am Nachbartisch bekommt unaufgefordert einen Wassernapf vor die Nase gestellt und ich bekomme ein extra großes Stück Kuchen, da es Stefan nicht entgangen ist, dass ich zu Fuß unterwegs bin. Man bekommt den Eindruck von sehr viel Aufmerksamkeit vermittelt.

Die meisten der Gäste kommen vermutlich aus dem kleinen Neuhof, denn fast alle scheinen sich zu kennen. Aber auch ich als Fremder werde von Stefan sofort in einen Smalltalk eingebunden und bei der sympathischen Art der beiden nimmt man es ihnen auch nicht übel, dass alles etwas langsam voran geht. Das ist ja gerade ein Teil des positiven Bildes, dass sie sich für alle Gäste gleich viel Zeit nehmen.

Die Getränkekarte ist von Kinderhand geschrieben und bietet unter anderem als alkoholfreies Bier „Rothaus Tannenzäpfle" aus dem Schwarzwald an. Ich spreche Stefan darauf an, wie es kommt, dass der Gast in Thüringen Bier aus dem Schwarzwald angeboten bekommt. Wir kommen ein wenig ins Gespräch, ich erzähle von meiner Reise mit Gina und Stefan erzählt mir von seiner Verbindung zu Freiburg aus früheren Tagen und seiner daher kommenden Vorliebe für Bier aus dem Schwarzwald. Stefan sieht mich Tagebuch schreiben und bittet mich, dass ich mich in ihrem kleinen Gästebuch verewige. Ich schreibe: „Auf dem Weg zu Fuß zur Nordsee taucht unerwartet am Ortsrand von Neuhof ein sehr schönes Kleinod auf. Meine wandergeplagten

Füße bedanken sich bei Sandra und Stefan für die angenehme Pause. 11. Juni 2017, Daniel Tschepe aus Ludwigsburg (Ba-Wü)."

Nach einem kühlen Bier und dem großen Stück Kuchen bestelle ich mir noch einen Kaffee. Dazu schenkt mir Stefan, mit den Worten „für den weiteren Weg" drei Äpfel vom eigenen Baum. Als ich ihn wenig später zum Bezahlen rufe ist er inzwischen so angetan von meiner Wanderung, dass er es beinahe allen anwesenden Gästen erzählt, auf Gina deutet und betont, dass da kein Fahrrad und kein Motor dran und kein Kind drin ist, sondern mein ganzes Hab und Gut für die nächsten Wochen. Er will mir unbedingt noch etwas für die weitere Reise mitgeben, fragt ob ich Wasser oder Brot oder sonst was für den heutigen Tag noch benötigen würde. Ich zeige ihm verneinend meine Verpflegungsbox, die noch einigermaßen mit dem üblichen Inhalt von Brot, Wurst und Schokoriegeln gefüllt ist. Damit gibt er sich aber nicht zufrieden und drückt mir eine kalte Flasche Bier und zwei Underberg in die Hand.

Sandra, die die ganze Szene beobachtet hat, kommt mit einem Glas Honig aus eigener Herstellung dazu. Ihr Vater sei Imker sagt sie, herzt mich und gibt mir den Honig mit dem Hinweis, dass Zucker wichtig sei für solche Anstrengungen wie tägliche 30-Kilometer Fußmärsche.

Seit Theos Abschiedsworten vor zehn Tagen bin ich nicht mehr so ergriffen gewesen wie durch diese freundliche, zutiefst menschliche Begegnung. Ich wünsche mir, dass Sandra und Stefan von ihrem kleinen Biergarten leben können oder besser noch, vielleicht gar nicht davon leben können müssen, hoffentlich aber dieses Idyll noch lange weiter betreiben mit ihrer Ruhe, Gelassenheit, Offenheit, unglaublichen Freundlichkeit und ihrem leckeren kalten Bier am Nachmittag.

Thüringen hat sich mir seit gestern, jenseits des Bahnhofs, nur von seiner besten Seite gezeigt und der Campingplatz bei Immelborn mit eigenem Badesee fügt sich restlos in dieses Bild ein. Spontan werde ich morgen früh entscheiden, ob ich nicht vielleicht gleich wieder einen Ruhetag einlegen werde. Schon vor Antritt meiner Reise hatte ich mir vorgenommen an Orten, die mir gefallen, einfach auch mal einen oder zwei Tage nichts zu tun. Das sehe ich als Bestandteil des Weges zu meiner Entschleunigung und diesen Sommer habe ich die Zeit, mir solche Tage zu nehmen.

Montag 12.06.2017: Ruhetag
Campingplatz Kiesgrube Immelborn

Ich habe also einen Ruhetag eingelegt. Nach dem Frühstück fahre ich mit dem Bus nach Bad Salzungen. Bei der gestrigen Planung der weiteren Route und beim Studium der Radkarten ist mir aufgefallen, dass mir ein Teil des Werratalradweges in Kartenform fehlt, und da ich inzwischen gelernt habe, dass es klug ist, immer mindestens einen Tag im Voraus zu wissen, wo ich einen fußläufig erreichbaren Übernachtungsplatz antreffen kann, besorge ich mir in der 16.000-Einwohner-Stadt eine Landkarte des gesamten Werratalradweges. Bei der Gelegenheit versorge ich mich auch mit den üblichen Lebensmittelvorräten: Brot, Dosenwurst, Bananen und Schokoriegel.

Zurück auf dem Campingplatz lege ich mich nach einer kleinen Mittagsbrotzeit faul an den See. Die durchgängig mit frisch gemähtem Rasen bewachsene, ungefähr 200 Meter lange Badestelle des Sees ist sehr gepflegt und mit viel Liebe zum Detail ausgestattet. Vereinzelt sind Parkbänke aufgestellt, an einer Stelle stehen mehrere Bastsonnenschirme mit Holzstämmen wie große Pilze auf der Wiese, es gibt einen kleinen Kinderspielplatz und ein Beachvolleyballfeld. Auf dem See ist eine zirka 10 mal 10 Meter große schwimmende Holzplattform verankert. Etwas abseits und abgeschirmt vom Rest ist, wie für den Osten nicht unüblich, ein FKK-Badebereich ausgewiesen.

Es ist sehr sonnig geworden, aber nicht mehr so heiß wie gestern und etwas windig. Wenn ich die Augen schließe, fühlt es sich fast an wie ein perfekter Nordseesommertag am Strand. Jedoch nur fast, denn als Hintergrundgeräusch kann ich leise, kaum störend aber dennoch wahrnehmbar, das ständige Klappern eines Förderbandes hören. Gestern war Sonntag, es war windstill und ruhig. Heute ist Montag und für die meisten Menschen ein Arbeitstag. Für mich nicht, für das Kieswerk Immelborn schon. Die Seelandschaft bei Immelborn besteht im Prinzip aus vier miteinander verbundenen Einzelseen. Aus dem nördlichen und größten See wird Kies gefördert und über ein mehrere hundert Meter langes Förderband an dem südlich davon gelegenen Badesee, der zum Campingplatz gehört, vorbei transportiert. In zwei Waschanlagen etwa hundert Meter neben dem Campingplatzsee wird der geförderte Kies gewaschen und das rücklaufende Wasser mit den Schwebstoffen aus dem Waschvorgang wird zurück in den Campingplatzsee geleitet.

Als ich mir von Herrn Ilgen diesen Arbeitsvorgang erklären lasse, pendelt er zwischen Zorn und Resignation. Herr Ilgen betreibt mit seinem Bruder den Campingplatz seit fast 27 Jahren. Als er kurz nach der Wende hier begann, war „sein" See ungefähr viermal so groß wie heute und an der tiefsten Stelle 28 Meter tief. Ich schätze die jetzige Größe auf zirka 200 mal 300 Meter und ein Schild an der Badestelle warnt: „Nur für Schwimmer. Wassertiefe 4,50m".

Die Kiesförder- und Waschanlage gehört zu einer der Unternehmensgruppen eines milliardenschweren Mexikaners, wie mir Herr Ilgen erzählt. Der Mexikaner weiß wahrscheinlich gar nicht, dass er hier Kies fördert und er weiß ganz bestimmt nicht, dass dieser erholsame Ort in ein paar Jahren Geschichte sein wird. Der Sand und der Schlamm des Wasserrückflusses wird den Campingplatzsee trocken gelegt haben und Herr Ilgen und sein Bruder werden den Campingplatz nicht mehr betreiben.

Mit nur geringem Aufwand, so denke ich mir, könnte man bestimmt eine Pipeline parallel zum Förderband legen und den Rückfluss dahin führen, wo auch der Abraum des Kieses stattfindet. Aber das würde Geld kosten.

Der fast 60-jährige, jung geblieben wirkende Herr Ilgen hat jahrelang und vergeblich mit den Behörden über den Zustand gestritten und schließlich den Kampf um eine Verbesserung und den Kampf um den Erhalt des Sees aufgegeben.

Dienstag 13.06.2017: Campingplatz Kiesgrube Immelborn bis Berka (52 km)

Um 5:45 Uhr wache ich auf und gehe in den Waschraum. Um 6:00 Uhr beginnt der Mexikaner Kies zu fördern und zu waschen. In einem inzwischen sehr routinierten Ablauf packe ich meine Sachen und das Zelt zusammen. Ausgecheckt und bezahlt hatte ich bereits gestern Nachmittag, da mir klar war, dass ich heute sehr früh los will. Für sieben Euro pro Nacht für ein Zelt mit einer Person ist die Immelborner Kiesgrube der bisher günstigste Campingplatz und gleichzeitig einer der schönst gelegenen. Um 6:45 Uhr verlasse ich das Gelände und mache mich auf den Weg weiter das Werratal flussabwärts.

Heute steht mir eine ordentliche Distanz von 43 Kilometern bevor, denn so weit ist es bis zum nächstgelegenen Campingplatz und dort habe ich heute Abend eine Verabredung.

Die Temperatur ist für den frühen Morgen sehr angenehm, eine dünne Wolkenschicht bedeckt den Himmel und der Wind ist komplett eingeschlafen. In Barchfeld benutze ich gleich mal wieder das Skateboard, denn wer weiß, wie lange der Weg heute dafür geeignet sein wird. Ich bin noch keinen Kilometer weit auf der Straße gekommen, da trete ich aus Versehen mit dem linken Fuß beim Schwungholen leicht gegen das Hinterteil des Skateboards. Ich komme ins Straucheln, schramme mit dem rechten Knie über die Straße und halte mit der linken Hand, halb auf der Straße entlangschlitternd, Gina fest, damit sie nicht unkontrolliert davonschießt. Das genau macht jedoch das Skateboard und es kommt mitten auf der Dorfstraße zum Stillstand. Genau in diesem Moment kommt natürlich, frei nach Murphys Law, ein

Auto von hinten angefahren. Zum Glück hat der ältere Herr am Steuer offenbar den Trottel mit dem Skateboard und dem Fahrradanhänger ohne Fahrrad schon von weitem erkannt und bringt seinen Wagen mit genügend Respektabstand hinter mir zum Stehen. Leise in mich hineinfluchend und mich selbst beschimpfend sammle ich das Skateboard ein und mache eine entschuldigende Geste in Richtung des älteren Herren. Ich mahne mich trotz des heute langen Weges zur Langsamkeit und das Skateboard bleibt für die nächsten Stunden erstmal auf Ginas Rücken.

Direkt hinter Barchfeld führt der Weg in unmittelbarer Nähe zur Werra an einem Waldrand entlang. Augenblicklich wähne ich mich wieder abseits jeder Zivilisation. Da ist wieder diese unglaubliche Ruhe, zu der das Vogelzwitschern aus allen Richtungen dazugehört, und die mir in allen vergangenen Jahren und allen vergangenen Reisen niemals so intensiv aufgefallen ist wie auf meinem jetzigen langsamen Fußmarsch.

Hinter Tiefenort führt der Weg von der Werra weg und eine kleine Erhebung, den Kraynberg hoch. Auf dem Waldweg müssen Gina und ich auf einer 1,5 Kilometer langen Strecke knapp 150 Höhenmeter überwinden. Es ist nur ein kurzes, aber dafür knackig steiles Stück und ich muss mit viel Krafteinsatz schieben. Wie immer, wenn es hoch geht, hilft Gina kein bisschen mit und ihr, für eine Dame ihrer Breite, vergleichsweise geringes Gewicht von 50 Kilogramm fühlt sich an wie eine halbe Tonne. Den Weg hinunter zieht Gina dafür nach Leibeskräften. Eine große Hilfe ist sie mir dabei aber auch nicht, denn ein zu zügiges Abwärtsgehen finden meine inzwischen vertrockneten Blasen immer noch nicht lustig. Ich bin heute das erste Mal seit vierzehn Tagen ohne Blasenpflaster an den Füßen unterwegs, und abgesehen von der Abwärtsstrecke fühlt es sich ganz ordentlich an.

Von Dorndorf bis Vacha liegt der Werratalradweg leider wieder auf der Landstraße und ich bin immer froh, wenn die Autofahrer und insbesondere die LKW-Fahrer mich auf der Straße ohne Seitenstreifen rechtzeitig bemerken und langsam an mir vorbeifahren. Da tut die Fahne, die mir meine Kinder gebastelt haben, einen guten Dienst, denn sie überragt mich mindestens um einen Kopf und macht mich besser sichtbar. Zudem kommt mir der Verdacht, dass viele Autofahrer vermuten, ich würde mit einem Kind im Kinderwagen die Landstraße entlanglaufen und deshalb vielleicht extra vorsichtig an mir vorbei fahren. Zumindest deute ich das aus einigen ungläubig schauenden Gesichtern, wenn sie in Richtung Gina blicken.

Bei Vacha verlasse ich Thüringen. Der Werratalradweg pendelt auf den nächsten 50 Kilometern mehrfach zwischen Thüringen und Hessen. Der Himmel ist inzwischen deutlich bedeckter und es ist kühler und wieder windiger geworden. Zum Wandern ist es aber immer noch angenehm. Das Wetter hat mich in den vergangenen 15 Tagen überwiegend verwöhnt und ich hoffe, dass es mir weiterhin gutwillig begegnet. Die mitgenommenen warmen Anziehsachen habe ich bisher nur zum Schlafen angezogen, da die Nachttemperaturen in den letzten Tagen öfter in den einstelligen Bereich gefallen sind und ich nur einen ganz leichten Sommerschlafsack dabei habe.

Kurz hinter Vacha kommt Phillipsthal und ab da liegen die vermeintlich letzten zwölf Kilometer des Tages wieder schön einsam am Waldrand und über Felder führend, abseits der Straßen.

Für die nächsten zwei Tage hat sich mein Kumpel Marc als Wanderbegleitung angekündigt und wir haben uns auf dem Campingplatz in Heringen für den heutigen Abend verabredet. Dachte ich zumindest.

Der Campingplatz in Heringen liegt gut einen Kilometer weg vom Radweg und weg von der Werra und auch noch am Ende eines Anstieges. Beim Hochlaufen kommt mir das schon etwas komisch vor, denn in der Campingplatzbeschreibung, die ich Marc geschickt hatte, steht „... liegt direkt an der Werra". Auf meiner Karte ist aber kein anderer Platz auf den nächsten gut 40 Kilometern eingezeichnet und so muss es ja dieser sein. Oben angekommen ist Marc nicht da. Ich rufe ihn an und bekomme von ihm zu hören, dass er am verabredeten Ort an der Werra an einem schönen Platz faul herumhängt, in der Sonne schwitzt und genüsslich ein Bier trinkt. Hier ist das aber definitiv nicht. Hier ist nichts wirklich schön. Im Schatten eines knöchrigen, verdorrt wirkenden Baums sitzen lediglich drei dunkle Gestalten und spielen Karten. Um ganz sicher zu gehen, frage ich den, nach so etwas wie dem Vermieter aussehenden Kartenspieler, ob hier in den letzten Stunden ein Neuankömmling eingetroffen ist und sich irgendwo am Fluss ausgebreitet hat.

„Hier gibt es keinen Fluss" grunzt einer der anderen Spieler.

„Hier ist seit Tagen keiner mehr angekommen", ergänzt der Vermieter-Kartenspieler.

Klar, blöde Frage von mir, denke ich mir. Ich bin den letzten Kilometer einen steilen Hügel hochgelaufen. Ein Fluss, der hier entlanglaufen würde, wäre eine reißende Stromschnelle und sicher eine Attraktion und würde helfen, dass hier mehr Gäste als niemand in den letzten Tagen eingetroffen wären.

Ich belasse es bei null neuen Gästen für diesen wenig anziehenden Ort und bin ohne weitere Worte schon wieder auf der Straße unterwegs, den Hügel hinunter. Ich überprüfe über Google Maps die Adresse, die ich Marc gegeben habe und muss zu meinem Erschrecken feststellen, dass er nochmal neun Kilometer weiter weg sitzt und schwitzt. Den Ort hatte ich in der Übersichtskarte der Campingplätze an der Werra gefunden und ihm geschickt. Der ist aber auf meiner Radwanderkarte leider nicht eingezeichnet und ich habe diesen fälschlicherweise für den Platz in Heringen gehalten. Marc ist mit dem Auto unterwegs und könnte problemlos zu mir kommen, aber der Platz, an dem ich gerade noch gewesen bin, ist kein Ort an dem ich bleiben möchte.

Ich bin schon seit knapp zehn Stunden und 43 Kilometern unterwegs, beiße aber in den sauren Apfel und sage Marc, dass er sich noch eineinhalb Stunden gedulden muss und ich zu ihm kommen werde. So packe ich nochmal neun Kilometer oben drauf. Weil ich mich jetzt am Ende des Tages beeilen möchte und weil es ja mein eigener Fehler war, bestrafe ich mich mit den neun Kilometern, indem ich diese ausschließlich joggend hinter mich bringe.

Nach 52 Kilometern und etwas über elf Stunden bin ich da und will erstmal nur noch die Schuhe ausziehen, die Füße möglichst in irgendwas Kaltes reinstecken und ein Bier trinken. Der Campingplatz in Berka ist total witzig angelegt mit lauter verschiedenen Sitzgelegenheiten, Grillstellen und einer im Boden eingegrabenen Röhre, aus der man an einem Gestell aufgehängte und so kühl gehaltene Bierflaschen herausziehen kann. Ein Bier kostet die Unsumme von einem Euro und zehn Cent. Gut, dass ich die Schlussetappe noch auf mich genommen habe und nicht Marc auf den knöchrigen Platz nach Heringen gekommen ist.

Aufgrund meines anstrengenden Tages beschließen wir, uns den Luxus einer kleinen Holzblockhütte für 30 Euro zu genehmigen. 30 Euro für die ganze Hütte, nicht pro Person und somit nicht viel teurer als eine durchschnittliche Übernachtung für eine Person in einem Zelt. In der Hütte sind zwei Doppelstockbetten, ein Tisch mit vier Stühlen, eine kleine Küchenzeile mit Kühlschrank und ein Fernseher vorhanden. Wir könnten also sogar untervermieten. Es ist allerdings sonst niemand da, abgesehen von den Leuten in den anderen zwei belegten Hütten.

Marc und ich gehen, nach einigen Begrüßungsgetränken und nachdem wir uns eingerichtet haben, in Berka in den Biergarten eines Gasthauses Abendessen, denn der Campingplatz hat zwar die Grillstellen, aber außer dem Bierverkauf sonst kein Verpflegungsangebot, und wir haben keine Grillzutaten. Da wir in Thüringen unterwegs sind, würden wir gerne Thüringer Bratwürste essen. Die suchen wir aber in dem griechisch angehauchten Biergarten vergeblich.

Es ist sehr schön, nach über zwei Wochen mal wieder ein vertrautes Gesicht zu sehen und meine Eindrücke des bisherigen Weges mit einem guten Freund zu teilen. Nach etwas mehr Alkohol als sonst und nach dem langen und anstrengenden Tag bin ich froh, dass wir nicht zu spät wieder in unserer Hütte sind und falle kaputt in das weiche Bett und für heute mal nicht ins Zelt.

Mittwoch 14.06.2017: Berka bis Campingplatz Creuzburg (32 km)

Wir sind früh wach und brechen auch zügig auf. Als Ziel haben wir uns Creuzburg vorgenommen. Das sind 32 Kilometer und für mich inzwischen, nachdem sich die Beine an diese Belastungen gewöhnt haben, eine mittlere Tagesdistanz. Am Anfang meiner Tour war ich nach solchen Strecken sehr angeschlagen und hatte Muskelkater, und so wird das für Marc heute sicher eine Herausforderung werden.

Der Weg ist fast den ganzen Tag sehr abseits gelegen. Wir laufen entlang der Werra und dann über Felder und über mehrere Kilometer an einem Waldrand überwiegend in der Sonne. Es riecht nach Harz und Sommer. Marc hat sich alle freien Körperstellen mit Sonnencreme eingeschmiert und das ist auch gut so, denn die Sonne sticht schon am Vormittag unerbittlich. Nach zwei Wochen mit jedem Tag bis zu zwölf Stunden an der frischen Luft und damit sehr viel neu gewonnener Körperbräune habe ich das Eincremen bei mir inzwischen eingestellt.

Wir treffen in den ersten fünf Stunden niemanden. Dafür haben wir reichlich Zeit, über alles Mögliche, wie zum Beispiel seine Lebenssituation, meine Familie, seine Urlaubspläne, unseren Stress im Arbeitsleben und natürlich viel Blödsinn zu plaudern. In den letzten Tagen habe ich gelernt, die Ruhe unglaublich zu genießen, aber eine lange und vertraute Unterhaltung tut mir auch mal wieder ganz gut.

Marc und ich kennen uns seit bald 30 Jahren. Ich habe damals mit Anfang zwanzig nach einem neuen Volleyballverein gesucht und bin nach Fellbach gegangen. Ich hatte zuvor in Ludwigsburg und dann in Kornwestheim Volleyball gespielt. Die Mannschaft in meinem Wohnort Ludwigsburg hatte sich mangels Spielern aufgelöst und in Kornwestheim habe ich keine Clique vorgefunden, zu der ich neben dem Sport auch menschlich gepasst hätte. In Ludwigsburg war ich in der Mannschaft der jüngste Spieler, bin mit 17 Jahren von einigen drei oder vier Jahre älteren aber trotzdem gut aufgenommen worden, bin in die Trinkrituale nach den Trainingseinheiten und insbesondere nach gewonnenen Spielen eingeführt worden und hatte dort zwei meiner besten Freunde für die nächsten Jahre gefunden.

Als die Mannschaft sich dann so nach und nach auflöste, teils aus beruflich bedingten Abgängen von einigen Mitspielern, teils aus kleineren Reibereien, die zwischen verschiedenen Gruppen entstanden waren, suchte ich in einem neuen Verein eine neue Herausforderung und hatte auch die Hoffnung, neue Freunde zu finden. Gefunden habe ich in Kornwestheim dann das Beste, was mir in meinem Leben passieren konnte, nämlich meine heutige Frau Sonja. Das wusste ich im Alter von zwanzig Jahren natürlich noch nicht, aber ich hatte mich in eine hübsche, achtzehn Jahre junge, attraktive Blondine verliebt und sie mit ein bisschen Überredungskunst auch zur Freundin bekommen.

Sportlich hatte das in Kornwestheim nicht so richtig gepasst und die Spieler der Mannschaft lagen alle auch nicht auf meiner Wellenlänge. Nach einer Saison in Kornwestheim hatte ich meine Freundin noch, aber von Kornwestheims Sport die Nase voll. Auf der Suche nach einer neuen Mannschaft in der näheren Umgebung landete ich dann also in Fellbach.

Sonja habe ich nie wieder losgelassen und hier in Fellbach fand ich Freunde fürs Leben.

Irgendwann viel später habe ich einmal gesagt, dass ich nach Fellbach gefunden habe war wie eine Fügung. Vielleicht von höherer Hand geführt, für Leute, die an so etwas glauben möchten. Hier traf ich auf einige voll durchgeknallte Typen, zu denen ich passte, als wären wir alle Zwillinge. Ich war mit einundzwanzig Jahren nur ein Jahr älter als fast alle anderen. Wir haben in den folgenden Jahren Partys gefeiert, wie man sie sonst nur aus schlechten Hollywood-Teenager-Spielfilmen kennt, haben gesoffen was das Zeug hält und hätten für uns gegenseitig die Hand ins Feuer gehalten.

Marc war einer dieser Zwillinge und ist heute immer noch ein sehr guter Kumpel, wenngleich die Partys inzwischen harmloser geworden und wir um Jahrzehnte gealtert sind. Marc hat eigentlich nie viel geredet, ist mit einem Humor gesegnet, dem nicht alle folgen können und lacht dabei auf eine Art, wie diese nur noch von meinem Freund Thommie aus Didderse bei Braunschweig übertroffen wird, von dem später auf meiner Reise noch die Rede sein wird.

Als wir uns kennenlernten, hatte ihn seine damalige Freundin kurz vorher verlassen, und Marc befand sich seit Monaten in einer selbst auferlegten antialkoholischen Phase, was ihn bei den Partys in der Anfangszeit unseres Kennenlernens ein wenig ins Abseits geraten ließ. Zur Feier seines einundzwanzigsten Geburtstages konnte ich ihn dann überreden seine Abstinenz aufzugeben, indem wir beide mit einem Tequila zu Ehren des Tages angestoßen haben. Damals war ich klar der Meinung, ihn auf den richtigen Pfad der Tugend zurückgeführt zu haben. Wir waren eben noch jung.

Marc hat inzwischen eine Scheidung hinter sich und hat einen bald volljährigen Sohn, ist aber über die vielen Jahre immer geblieben wie er war, abgesehen von der positiven Veränderung, dass man inzwischen mit ihm reden kann und dabei auch eine Antwort erhält. Wenn man früher mit Marc telefoniert hat, konnte man meinen, dass die Leitung immer mal wieder unterbrochen sei, weil keine Rückmeldung kam, wenn man selbst gerade einen Satz zu Ende gebracht oder eine Frage gestellt hatte. Außenstehende konnten meinen, dass er etwas introvertiert war oder sich seiner selbst nicht ganz sicher. Wer ihn besser kannte wusste, dass er nur maulfaul war.

Heute ist eine Unterhaltung mit Marc schon lange kein Monolog mehr und als guter Freund mag ich es, mit ihm zu reden. Geheimnisse gibt es eigentlich keine, und wenn ich ihm etwas im Vertrauen erzähle, kann ich mich darauf verlassen, dass es auch bei ihm bleibt. Ich musste nicht lange überlegen, ob ich es gut finden sollte, dass er mich für zwei Tage auf meinem Sommerweg begleiten würde. Ich wollte zwar bewusst eine Weile für mich sein und mit mir und der Abgeschiedenheit von allem Vertrauten klar kommen, aber nun freue ich mich, zwei Tage lang von einem altbekannten Gesicht begleitet zu werden.

Wir hatten drei Stunden nach dem Start in der Nähe des Dörfchens Lauchröden nur eine kurze Frühstückspause eingelegt und wollen uns deswegen jetzt in Hörschel eine längere und späte Mittagspause gönnen. Da in Hörschel der bekannte und von Fahrradfahrern viel befahrene Rennsteig beginnt, gehen wir davon aus, dass es dort auf jeden Fall mehrere Möglichkeiten gibt, unter freiem Himmel nett in der Sonne sitzen zu können. Weit gefehlt. In Hörschel angekommen stellen wir fest, dass es dort genau ein Gasthaus gibt, ohne Biergarten, und das schließt zur Mittagspause 20 Minuten nach unserer Ankunft um 14:00 Uhr. Also trinken wir nur schnell ein Bier unter der Dorflinde sitzend und gehen ohne weitere Verpflegung weiter.

Eine halbe Stunde später klingelt mein Telefon und Oliver ist dran. Oliver bildet mit Marc und mir und noch ein paar anderen Kumpels aus Fellbach unsere Fahrradfahrgruppe. Er ist gerade beruflich in Leipzig gewesen und jetzt auf dem Rückweg ins Schwabenland. In Baden-Württemberg ist morgen Feiertag. Daher hat Oliver Zeit und hat Lust, uns spontan zu besuchen und den Abend mit uns zu verbringen. Wir geben ihm die Adresse des Campingplatzes in Creuzburg und sagen ihm, dass wir noch ungefähr eineinhalb Stunden brauchen werden. Er hat von Leipzig aus etwa 190 Kilometer bis zu uns und wird noch ähnlich lange unterwegs sein.

Als wir weitergehen, macht sich bei Marc langsam aber sicher die ungewöhnliche Belastung bemerkbar und dazu noch die ausgelassene Mittagsverpflegung. Er wird zusehends langsamer und ist bald körperlich am Anschlag. Gina hatte noch Platz für seine schwere Luftmatratze und seinen Waschbeutel, aber den Rest seiner für zwei Tage benötigten Klamotten trägt er den ganzen Tag in seinem Rucksack herum. Nach 30 Kilometern will er auf den letzten zwei Kilometern nur noch da sein und lässt sich, als wir nach acht Stunden ankommen, einfach auf die Wiese fallen.

Da es sich bei dem Campingplatz eigentlich nur um eine Rasenfläche mit Sanitärwagen handelt, es gibt keine Anmeldung, keinen Kiosk und keine Gaststätte, bestellen wir bei Oliver, der noch nicht da ist, per Whats-App gleich mal ein paar kalte Erfrischungen. Der kommt dann auch wie gerufen keine fünfzehn Minuten nach uns an und wir beginnen den zweiten Abend nacheinander mit mehr Bier, als es gut ist für Marc und mich bei dem Verpflegungsstand des bisherigen Tages. Um dem Übel nicht allzu schnell seinen Lauf nehmen zu lassen, machen wir uns etwas später dann zum Abendessen auf. Wieder suchen wir vergeblich die Thüringer Bratwürste. Dafür haben wir nach mehreren weiteren Bieren und ein paar Schnäpsen zu dritt eine ausschweifende Party.

Meine einsame Tour ist für den Augenblick ganz weit weg und für jetzt und heute und für einmal zwischendurch ist das auch gut so.

Oliver schläft in seinem Auto und Marc und ich quetschen uns in mein kleines Zelt, in dem ich sonst alleine gut Platz habe, das zu zweit aber etwas kuschelig eng ist. Auf den größten Teil meiner Sachen passt in dieser Nacht Gina auf und Marcs Rucksack lehnt an einem Baum vor dem Zelt. Aufgrund des opulenten Bierkonsums drängt mich ein drückendes Bedürfnis in der Nacht aus dem Zelt in die Kälte hinaus. Erst als ich fertig bin und mich gerade wieder hinlegen möchte, bemerke ich, dass ich nur mit viel Dusel genau neben Marcs Rucksack an den Baum gepinkelt habe und nicht in den Rucksack hinein. Es ist stockdunkel und außer Olivers Auto und dem Baum steht im Umkreis von locker fünfzehn Metern nichts in der Nähe. Die nächsten Zelte sind sogar bestimmt dreißig Meter weit weg und ich hätte mich zum

Stillen meines Bedürfnisses nicht hinter einem Baum verstecken müssen. Aber komischerweise pinkelt Mann, ohne groß nachzudenken, irgendwie lieber an einen Baum als auf die offene Wiese.

Donnerstag 15.06.2017: Campingplatz Creuzburg bis Probstei Zella (20 km)

In dem engen Zelt sind wir wieder sehr früh wach, lassen uns aber viel Zeit, da wir uns für heute nur eine vergleichsweise kurze Strecke von 20 Kilometern vorgenommen haben. Oliver hat in seinem Auto ziemlich gefroren und ich erzähle Marc lieber nichts von meinem nächtlichen Baumabenteur.

Oliver stellt sich, mit dem Auto, noch als Kaffeebringservice vom nahegelegenen Supermarktbäcker zur Verfügung und macht sich dann, durchschnittlich verkatert, auf seinen restlichen Nachhauseweg.

Marcs Beine haben sich vernünftig regeneriert. Er ist aber trotzdem über die heutige kürzere Distanz froh. Er hat für sich organisiert, dass er heute Nachmittag am Landgasthof Probstei Zella vom Campingplatzbesitzer von Berka abgeholt und zu seinem Auto zurückgebracht wird.

Mit Marcs Kommentar: „Ich bin noch niemals in meinem Leben am Stück soweit gelaufen wie gestern. Nicht einmal beim Bund, da gab es maximal 25-Kilometer-Märsche", machen wir uns wieder auf den Weg.

Die Strecke ist wie gestern gleichbleibend idyllisch und weg von der Zivilisation, doch schon ab dem späten Vormittag sind deutlich mehr Fahrradfahrer unterwegs. In Thüringen ist zwar heute kein Feiertag, aber wir vermuten, dass viele Radler aus dem nahegelegenen, mit einem Feiertag gesegneten Hessen die Strecke entlang der Werra abfahren. Ohne längere Pause kommen wir schon am späten Mittag an unserem Ziel, dem Landgasthof an und entspannen nach einem schnellen Zeltaufbau drei Stunden in der Sonne und machen dabei einen ausgedehnten Mittagsschlaf.

Pünktlich wie vereinbart wird Marc um 17:00 Uhr abgeholt und ich bin wieder in meiner selbstgewählten Einsamkeit. Zum ersten Mal seit Tagen beginnt es am Abend zu regnen. Aber dass der Himmel für mich weint kann ich im Gegensatz zu meinem Abreisetag vor zweieinhalb Wochen so nicht mehr sehen. Es war schön, mit zwei Kumpels etwas Abwechslung bekommen zu haben, aber der weitere Weg wird alleine auch schön werden.

Als ich aus der Dusche komme gießt es derart, dass ich für eine gute halbe Stunde nicht vom Sanitärhäuschen zum Zelt zurücklaufen möchte. Ich bin nicht der einzige Gefangene und so ergibt sich mal wieder die Gelegenheit zu einem Austausch mit anderen Campern. Mit meinen inzwischen knapp 500 gelaufenen Kilometern kann ich fast schon ein wenig angeben.

Freitag 16.06.2017: Probstei Zella bis Campingplatz Mainhardsee (31 km)

4:30 Uhr, ich bin wach. Wie in den letzten Tagen auch bekommen wir naturnahen Camper ein morgendliches Vogelkonzert. Hier in Probstei Zella, absolut mitten im Nichts, unterhalten sich die Vögel intensiver, als ich es jemals vorher zu hören bekommen habe. Das Konzert hat mich geweckt, aber anders als in den Tagen zuvor kann ich zunächst nicht gleich wieder einschlafen. Ich lausche den vielfältigen Tönen, die aus allen Richtungen zu kommen scheinen. Gleichzeitig bin ich völlig entspannt und in keiner Weise verärgert über die Schlafstörung. Ich kann schlafen wann ich will, da muss es nicht unbedingt um 4:30 Uhr sein. Ich habe so viel Zeit für mich wie fast noch nie in meinem Erwachsenenleben und die Vögel haben ihr gutes Recht, sich angeregt zu unterhalten wann sie wollen. Schließlich schlafe ich hier in ihrem Revier. Nur das sonore Schnarchen aus dem Nachbarzelt passt nicht so richtig in die übrigen Tonlagen. Pünktlich um 5:30 Uhr ist die Gesangsstunde vorbei und ich schlafe nochmal ein.

Als ich um kurz vor 7:00 Uhr aus dem Zelt krieche, ist es auf der Zeltplatzwiese noch ziemlich ruhig, obwohl zum ersten Mal seit dem Pfingstwochenende ein Platz, an dem ich nächtige, mal wieder richtig gut besucht ist. Fast alle schlafen noch.

Im Landgasthof Probstei Zella und dem zugehörigen Campingplatz haben sich für ein verlängertes Wochenende Mitglieder aus einem Internetforum für Motoradfahrer, aus ganz Deutschland, verabredet. Es stehen mindestens 80 teilweise schwere Maschinen herum. Mein Zeltnachbar, mit dem ich am gestrigen Abend kurz ins Gespräch kam, fährt zum Beispiel eine 1200er BMW und kommt aus Hemmingen im Landkreis Ludwigsburg. So klein ist die Welt also doch.

Nach dem schweren Gewitter in der Nacht und dem heftigen, lang andauernden Regen ist die Zeltplatzwiese patschnass und an vielen Stellen haben sich große Pfützen gebildet. Klugerweise hatte ich, über die Wetter-App vorgewarnt, das Gewitter erwartet und mein Zelt am Rand der Wiese und nicht in der Mitte aufgebaut, welche eine kleine Senke ausbildet. So ist das Zelt zwar von außen natürlich nass, aber ich habe nicht in einer Pfütze übernachtet und innen im Zelt ist alles trocken geblieben.

Ich habe zum ersten Mal seit zwei Wochen nicht mit einem oder zwei Fleecepullovern und auch ohne lange Hose geschlafen. Nicht weil es diese Nacht wärmer gewesen wäre als zuvor, sondern weil ich mit Marc die Schlafsäcke getauscht hatte. Er hat meinen sehr handlich kleinen, aber enorm dünnen Sommerschlafsack mit nach Hause genommen und mir dafür seinen warmen, dicken Schlafsack, in dem man auch im Winter im Gebirge im Zelt nicht frieren würde, dagelassen. So konnte ich aus der beschichteten Decke, mit der ich mich bisher immer zusätzlich zugedeckt hatte, ein vernünftig großes Kopfkissen zusammenfalten und mein Schlafkomfort hat sich deutlich erhöht.

Um 8:00 Uhr mache ich mich auf den Weg. Es ist durchwachsenes Wetter angesagt und es ist wolkiger als die Tage zuvor, windig und auch etwas kühler. Der Regen hat sich glücklicherweise aber in der Nacht verausgabt und am Morgen ist es zunächst trocken. Der Weg, den ich mir für heute bis zu einem Campingplatz kurz vor Eschwege vorgenommen habe, ist nicht zu weit. Knapp 30 Kilometer werden das ungefähr sein, je nachdem, auf welcher Seite man zum Campingplatz um den See herum laufen kann, an dem der Platz liegt.

Über Treffurt bis nach Wanfried laufe ich den ganzen Vormittag zum Glück wieder abseits der Straßen auf extrem ruhigen Wegen. Hinter Treffurt passiere ich zum wiederholten Male die Landesgrenze und bin wieder in Hessen. Da fällt mir ein, dass ich am Abend zuvor vergessen habe, beim Campingplatz in Eschwege anzurufen. Solche Anrufe hatte ich mir eigentlich vorgenommen, um nicht irgendwann mal vor verschlossenen Toren zu stehen oder abgewiesen zu werden, weil kein Platz mehr frei ist. Eine Person mit einem kleinen Zelt war zwar bisher nirgends ein Problem und immer habe ich zu hören bekommen, dass ich mich nicht anmelden müsste, sondern einfach vorbei kommen soll und die Ankunftszeit hat dabei auch nie eine Rolle gespielt. Ich rufe also diesmal erst am Mittag beim Meinhardsee-Campingplatz an um, wie immer, sicher zu gehen und, wie immer, in der Erwartung zu hören, dass ich einfach kommen soll.

„So einfach ist das nicht" bekomme ich zu hören.

„Wir sind eigentlich ausgebucht".

Na herzlichen Glückwunsch. Ich versuche die Dame am Telefon zu bezirzen und möglichst harmlos darzustellen, wie klein mein Zelt und ich so sind, Gina erwähne ich vorsichtshalber nicht, um keine unnötige Verwirrung zu stiften und habe tatsächlich Erfolg. „Bei den Birken" werde ich noch mit dazwischen gequetscht, bekomme ich gesagt und muss mich noch belehren lassen, dass an einem langen Wochenende mit Feiertag normalerweise ohne rechtzeitige vorherige Anmeldung nichts geht. Ich bedanke mich artig für das Entgegenkommen und überlege gleichzeitig leise vor mich hin, von was für einem Feiertag die Telefondame wohl spricht. Ich weiß inzwischen nicht mal mehr, was für einen Wochentag wir überhaupt haben.

Na klar, ich bin wieder in Hessen und im Gegensatz zu Thüringen war hier gestern an Fronleichnam arbeitsfrei und ich kann mir bildlich vorstellen, wie am Campingbadesee seit gestern der Partybär steppt. Mal sehen, was mich da nachher erwartet.

In Wanfried läuft der Werratalradweg durch den Ort. Schon kurz vorher in Altenburschla bestand das ganze Dorf ausschließlich aus alten, teilweise sehr schön renovierten Fachwerkhäusern. Als ich in Wanfried ein antikes Schild „Post und Telegraphenstation" an einem Gebäude fotografiere spricht mich eine Frau an und fragt mich, ob sie mir zu dem Schild ein paar historische Dinge erklären soll. Angenehm überrascht von dem unerwarteten Angebot lerne ich, dass das Gebäude eine frühere Telegraphenstation des Adelgeschlechts Thurn und Taxis gewesen sei, und dass Wanfried schon vor seinem Erwerb der Stadtrechte im Jahr 1708 eine wichtige Poststation gewesen sei. Die Dame empfiehlt mir, den Hafen von Wanfried zu besuchen und die dort liegenden historischen Gebäude und die ehemalige Anlegestelle zu besichtigen. Etwas neckisch frage ich, wozu denn die an dieser Stelle maximal 15 bis 20 Meter breite Werra und Wanfried einen Hafen benötigen. Wanfried war neben der Bedeutung als Post- und Telegraphenstation auch eine wichtige Handelsstation und über die Werra seien im 18. Jahrhundert nicht unerhebliche Mengen an Waren transportiert worden. So komme ich in Wanfried zu einer kleinen kostenlosen Geschichtsstunde.

Ich mache dann tatsächlich meine Mittagspause an dem historischen Hafen. In einem Gebäude aus dem frühen 18. Jahrhundert befindet sich eine Gastwirtschaft. Obwohl es deutlich abgekühlt hat, setze ich mich an einen der Außentische. Sich irgendwo hinein zu setzen gehört sich schließlich nicht für so einen Outdoor-Menschen, für den ich mich inzwischen halte. Der Weg zur Anlegestelle besteht aus riesengroßen Pflastersteinen und

Gina hüpft regelrecht von Stein zu Stein. Ich halte sie gut fest und an dem Tisch, an dem ich mich niederlasse, klemme ich sie gut zwischen zwei Stühle. Direkt neben uns fließt die Werra und ein Geländer oder einen Bordstein gibt es als Begrenzung nicht. Wenn ich Gina auf dem abschüssigen Weg freien Lauf lassen würde, würde sie kurzerhand weiter Richtung Norden schwimmen.

Bei mir hat sich inzwischen ein seltsames Essverhalten eingestellt. Entweder esse ich den Tag über, außer meinen überschaubaren Vorräten, gar nichts oder ich lasse mich irgendwo nieder und bestelle dann immer nur Kaffee, Kuchen und Bier. Kaffee geht immer, Bier auch und mit Kuchen decke ich instinktiv meinen Zuckerbedarf, der seit Beginn meiner Reise exorbitant angestiegen ist. Warme Mahlzeiten gibt es von Anfang an fast nie und ich vermisse das auch nicht. Dafür haue ich mir jeden Tag mindestens vier oder fünf Snickers, Mars oder Twix rein. Zusammen mit dem Kuchen- und Bierkonsum wäre ich im normalen Leben inzwischen aufgegangen wie ein Hefeteig. Diesen Sommer ist aber nichts normal und ich fühle mich stattdessen drahtig und fit wie zu meinen besten Marathonlaufzeiten vor fünfzehn Jahren. Gewogen habe ich mich natürlich nicht mehr in den letzten zweieinhalb Wochen, aber ich bin bestimmt schon einige Pfunde losgeworden von meinen 83 Kilogramm Startgewicht. So schadet es auch nicht, dass ich mir hier gleich noch ein zweites Mittagsbier bestelle.

Am Nachmittag frischt der Wind auf und das nicht unerheblich. Von Wanfried aus muss ich die letzten zwölf Kilometer fast ausschließlich nach Westen bis Eschwege laufen. Der Wind, den ich auf Windstärke sechs schätzen würde, kommt streng aus Westen und ich laufe voll dagegen. Ich bekomme eine kleine Kostprobe von dem, was ich an der Küste erwarten kann, die ich nordwärts hochlaufen werde und an der der Wind vorzugsweise aus Nordwest kommt. Sechs und mehr Windstärken finden an der Nordsee keine besondere Erwähnung, da sowas eher die Regel als die Ausnahme darstellt.

Kurz vor Eschwege kann ich mich zwischen zwei annähernd

gleichen, im geringen Abstand zueinander laufenden Wegen entscheiden. Der eine Weg ist gut asphaltiert und steht am Waldrand des „Großen Leuchtbergs" voll im Wind. Der andere ist ein Schotterweg und geht den Berg hoch und auf der Rückseite wieder herunter, führt durch den Wald und liegt daher windgeschützt. Ich schätze beide Wege gleich anstrengend ein und bleibe auf dem Windweg. Damit kann ich mich schon mal ein bisschen auf die Küste vorbereiten.

Nach zweieinhalb Stunden seit Wanfried auf flachen Wegen, aber wegen des Windes, gefühlt steil einen Berg hoch, komme ich gegen 17:00 Uhr am Mainhardsee an. Der Campingplatz ist riesengroß und gut besucht. Aufgrund meiner Reservierung vom Mittag bin ich auf der sicheren Seite, muss allerdings feststellen, dass auf einer der mehreren Zeltplatzwiesen noch so viel Platz ist, dass man dort locker mehrere Tennisplätze anlegen könnte.

Wenn die Rezeptionsdame von heute Mittag das voll belegt nennt ist sie entweder keine gute Geschäftsfrau oder wollte nur auf den Prinzipien herumreiten, dass man gefälligst vorher zu buchen hat und nicht einfach kommen kann, wann und wie man will.

Auch der Badesee, nur einer von insgesamt vier einzelnen Seen ist zum Baden vorgesehen, hat eine ordentliche Größe. Für einen Sprung in den See ist es mir inzwischen deutlich zu kühl und der immer noch starke Wind lädt auch nicht zum Verweilen an der Wasserkante ein. Als es dann entgegen der Vorhersage des Regenradars auch noch anfängt zu tröpfeln, ziehe ich mich in mein, inzwischen unter den Birken aufgebautes Zelt zurück und plane anhand der Radwegkarten und Campingplatzführer die Stationen der nächsten Tage. Ursprünglich wollte ich hier am Badesee einen weiteren Ruhetag einlegen, aber da die Wettervorhersage erst wieder für übermorgen wärmere Temperaturen angekündigt hat, werde ich wohl doch morgen eine Station weiter ziehen.

Samstag 17.06.2017: Campingplatz Mainhardsee bis
Witzenhausen (38 km)

Zusätzlich zu dem üblichen Vogelkonzert bekomme ich am Mainhardsee eine ganz besondere Vorstellung der Tierunterhaltung. Mein Zelt steht unmittelbar neben dem See und ist nur durch hochwachsendes Gebüsch vom Wasser getrennt, und an der Wasserkante leben vermutlich eine Million Frösche und Kröten. So hört sich zumindest das Gequake an, das zum Sonnenuntergang begonnen hatte und erst mit dem Anbruch des Tages ein Ende findet. Immer in Abschnitten von vielleicht zehn bis fünfzehn Minuten scheinen sich keine der Frösche oder Kröten in ihrer Meinung einig zu sein, denn die Unterhaltungen klingen wie intensive Streitgespräche. Abrupt enden dann die viertelstündigen Diskussionen und es herrscht für drei oder vier Minuten Stille, nur um dann in gleicher oder gefühlt noch verstärkter Qualität wieder neu einzusetzen.

So bin ich in dieser Nacht bestimmt zwanzig Mal wach, ohne dem Inhalt der Krötengespräche folgen zu können.

Aber es sind nicht nur die kleinen Seebewohner, die mich immer wieder wecken. Nach inzwischen über 500 Kilometern Fußmarsch machen sich die ersten Verschleißerscheinungen bei mir bemerkbar. Meine linke Leiste tut inzwischen weh. Komischerweise oder zum Glück nur nachts oder besser gesagt, nur in bestimmten Ruhepositionen. So ist es zum Beispiel unangenehm, wenn ich mein linkes Bein, auf dem Rücken liegend, ganz gerade ausstrecke. Eine leicht angewinkelte Stellung ist kein Problem und eine starke Beugung ist wieder nicht so toll. In der Bewegung, während des Laufens tagsüber, habe ich „toitoitoi" bisher keine Probleme.

So ist meine Nacht also in viele kurze Schlafabschnitte unterteilt. Ich wache trotzdem, einigermaßen gut ausgeschlafen, erst um kurz vor 7:00 Uhr auf, als mein Zeltnachbar, der pensionierte Ostdeutsche Hans, sich laut lachend mit seiner Freundin über das Krötengequake amüsiert.

Um kurz nach halb neun Uhr verlasse ich den Mainhardsee-Campingplatz und muss feststellen, dass dieser nicht einfach groß ist, sondern eher einer ganzen Stadt gleich kommt. Am gestrigen Abend hatte ich nur den Teil vom östlichen Eingang bis zur Anmeldung und dann bis zu meinem Platz, den dazugehörigen Sanitäranlagen und den Badesee zu Gesicht bekommen. Nun verlasse ich das Gelände durch das Nordtor und komme dabei an mindestens fünf weiteren Teilbereichen des Areals vorbei, deren Verbindungswege sogar Straßennamen zur besseren Orientierung haben. Wenn alles voll belegt ist, wohnen hier bestimmt 5000 Menschen oder mehr.

Vom Mainhardsee aus geht es über ein paar kleinere hessische Dörfer nach Allendorf und kurz dahinter wieder nach Thüringen. Nach Allendorf, hinter der ehemaligen deutsch-deutschen Grenze, kommt das Örtchen Wahlhausen und dann Lindewerra. Mein Zeltnachbar Hans hatte mir heute Morgen erzählt, dass er ganz in der Nähe, keine zehn Kilometer hinter der Grenze, aufgewachsen ist und dass die Dörfer Wahlhausen, Lindewerra, Asbach-Sickenberg und andere direkt am Grenzstreifen liegende damals absolutes Sperrgebiet waren. Niemand durfte sich zu DDR-Zeiten dort unerlaubt aufhalten, außer die ganz Oberen der Führungsriege.

Heute ist zum Glück, außer in Form von Mahnmalen oder zum Beispiel dem Grenzmuseum Schifflersgrund zwischen Allendorf und Wahlhausen, nichts mehr von dieser traurigen Zeit zu sehen.

Der Werratalradweg verläuft auf thüringer und auf hessischer Seite, wie in den letzten Tagen auch schon, gleichwertig schön in der Natur zwischen Fluss, Wald und Wiesen eingebettet. Der Radweg macht zwar, den Flussschleifen folgend, viele Kurven, aber im Prinzip laufe ich den ganzen Tag Richtung Nordnordwest und damit weiterhin voll gegen den Wind. Nach 38 Kilometern in Witzenhausen auf dem dortigen Campingplatz angekommen, bin ich für heute massiv bedient. Da gingen mir die windstillen

Tagesetappen von teilweise 40 Kilometern und mehr, aus der letzten Woche, leichter von der Hand.

In den letzten fünf Tagen habe ich mehr als 170 Kilometer hinter mich gebracht und wahrscheinlich fordert auch diese Strecke ihren Tribut. Trotzdem entscheide ich mich, den wohlverdienten Ruhetag um einen weiteren Tag auf übermorgen zu verlegen und morgen den Werratalradweg in Hannoversch Münden zu beenden. Ursprünglich wollte ich die Werra schon auf dem Weg der heutigen Tagesetappe verlassen und bei Werleshausen nach Nordosten Richtung Nordhausen weiterziehen. Die Strecke hat mich jedoch durch ihre Naturnähe und ihren historischen Hintergrund so begeistert, dass ich der Werra nun bis zu ihrem Zusammentreffen mit der Fulda folgen werde. Übermorgen soll es wieder deutlich wärmer werden und dann werde ich einen Wasch- und Ruhetag in Hann. Münden einlegen.

Sonntag 18.06.2017: Witzenhausen bis Campingplatz Grüne Tanzwerder (23 km)

Ein weiteres Krötenkonzert gab es zum Glück nicht und auch meine Leiste habe ich kaum unangenehm gespürt. Aufgewacht bin ich eigentlich nur, als in der Nacht der Regen auf das Zelt geprasselt ist. Dafür spüre ich meine Beine. So schwer wie heute Morgen haben die sich nicht mehr seit dem zweiten Tag, nach der unfreiwillig überlangen ersten Etappe, angefühlt. Zum Glück stehen heute nur 23 Kilometer bis Hann. Münden auf dem Programm.

Dem insgesamt 290 Kilometer langen Werratalradweg bin ich seit Meiningen auf 220 Kilometern in den letzten acht Tagen flussabwärts gefolgt und nach nur viereinhalb Stunden stehe ich nun in Hann. Münden am Endpunkt des Fernradweges Werratal. Einen guten halben Kilometer weiter fließen die Werra und die Fulda zusammen und bilden den Beginn der Weser.

Der Campingplatz „Grüne Tanzwerder" liegt auf einer Insel direkt neben der Altstadt und wird rechts und links von der Fulda eingeschlossen. Nachdem ich mich auf der Zeltwiese des Platzes eingerichtet habe, mache ich erstmal einen kleinen Mittagsschlaf, um wieder etwas Kraft zu tanken und die Beine auszustrecken. Es ist wieder deutlich wärmer geworden und nur noch leicht bewölkt. Obwohl heute Sonntag ist, bin ich mal wieder der einzige Zeltbewohner auf der Wiese. Einige Wohnmobile und ziemlich viele Dauercamper haben sich auf der Insel niedergelassen. Am Nachmittag mache ich meinen Haushalt, das heißt Wäsche waschen, denn das ist inzwischen dringend nötig. In der Zeit, in der ich warten muss, um die Wäsche von der Waschmaschine in den Trockner zu verfrachten, lasse ich mich im Biergarten des Campingplatzes nieder und genehmige mir zwei kleine Biere am Nachmittag. Als die Wäsche im Trockner ist, mache ich gleich nochmal ein Nickerchen vor meinem Zelt.

Vogelgezwitscher gibt es hier, so innenstadtnah, nur vereinzelt. Dafür schwirren unzählige kleine fliegende Käfer umher und lassen sich überall nieder, wo man es nicht brauchen kann. Mein orangefarbener Müllbeutel, der immer an Gina baumelt und in dem ich meinen täglichen Müll sammle, bis ich diesen an den Campingplätzen entsorgen kann, ist bald mehr schwarz gepunktet als flächig orange.

Beim vorabendlichen Tagebuchschreiben sitzen, in dem Moment als ich es aufschlage, mindestens ein Dutzend dieser Käfer auf meinem DIN A5-Schreibbuch. An mir und meinem Körpergeruch kann diese starke Anziehungskraft eigentlich nicht liegen, denn ich bin inzwischen frisch geduscht und habe die heute Nachmittag frisch gewaschenen Klamotten an. Sich gegen die kleinen Plagegeister zu wehren ist eine Sisyphusaufgabe, denn ihre Überzahl ist so groß, dass ein Verscheuchen oder Erschlagen keinerlei Unterschied zum Ignorieren macht.

Ich lasse also der Besiedelung all meines Hab und Guts außerhalb des Zeltes seinen Lauf und nur wenn mir jemand in die Nase, Augen oder Ohren kriechen will, puste und wedele ich die fliegenden Krümel von mir weg. Der Eingang zum Zelt ist durch einen Insektenschutz verschlossen, sodass ich in der Nacht hoffentlich in Ruhe gelassen werde.

Als ich am frühen Abend vom Essen, das ausnahmsweise mal nicht aus Kuchen und Bier, sondern aus Salat und Bier bestand, aus Hann. Mündens Altstadt zurück auf die Zeltwiese komme, stehen auf einmal insgesamt zwölf Zelte dort, wo ich vorher noch alleine war. Die meisten Camper haben Kanus dabei. Der Zusammenfluss von Werra und Fulda in die Weser scheint ein sehr beliebtes Paddelrevier zu sein. Beim Abendessen und danach auf der Zeltwiese werde ich insgesamt vier Mal darauf angesprochen, wo denn mein Fahrrad sei oder wo denn das Kind sei, das ich in dem Wägelchen transportieren würde. Auf meine Ausführungen hin, dass ich zu Fuß unterwegs sei, in acht Wochen von Stuttgart nach Sylt, von „der Oststadt an den Weststrand", erhalte ich ausschließlich begeisterte Zustimmung und respektvolle Kommentare. Wenn ich dann erzähle, dass ich kürzlich 50 Jahre alt geworden bin und mir diese Auszeit zum Geburtstag geschenkt habe und dann noch dazu erwähne „wenn nicht jetzt, wann dann", dann habe ich alle meine Kurzbekanntschaften auf meiner Seite. Bisher habe ich noch niemanden getroffen, der mein Unterfangen als unnötige Zeitverschwendung betitelt hat.

Ganz falsch kann ich also mit meinem persönlichen Jakobsweg nicht liegen.

Montag 19.06.2017: Ruhetag Campingplatz Grüne Tanzwerder
(kurze Rundwanderung in Hann. Münden 10 km)

Ich krieche um 6:00 Uhr aus dem Zelt. Es hängt eine Dunstglocke aus Morgennebel über der Insel Grüne Tanzwerder. Auf dem Campingplatz rührt sich noch niemand. Es ist ein hochsommerlich heißer und wolkenloser Tag vorhergesagt und schon eine Stunde nach meinem Erwachen hat sich der Nebel verzogen.

Sobald die Geschäfte aufmachen, gehe ich in die Altstadt um

einzukaufen und mal wieder in einem Café ausgiebig zu frühstücken. Als ich zwei Stunden später wieder zurück bin, sind alle anderen elf Zelte außer meinem verschwunden. Die Ruderer und Radfahrer sind Wanderer wie ich, nur mit anderen Fortbewegungsmitteln und gönnen sich heute nicht wie ich eine Pause.

Ich verstaue meine Einkäufe und mache mich, solange es noch nicht zu heiß ist, wieder auf den Weg, um an meinem Ruhetag ein bisschen Kultur abzubekommen. Als ich gestern nach Hann. Münden reingelaufen bin, kam ich schon am Welfenschloss vorbei. Heute schaue ich es mir zusammen mit dem daneben liegenden Forstbotanischen Garten etwas genauer an. Ich lerne, dass das Welfenschloss 1571 von Herzog Erich II. im Stil der Weserrenaissance wieder aufgebaut wurde, nachdem es ab 1501 von Herzog Erich I. als Residenzschloss im gotischen Stil errichtet und 1560 durch einen Brand zerstört wurde.

Nach der Schlossbesichtigung ersteige ich die zirka 100 Meter hohe Anhöhe des Reinhardwaldes westlich der Fulda, auf der der Aussichtsturm Tillyschanze steht. Von dort oben hat man einem grandiosen Ausblick nach Osten auf Hann. Mündens Altstadt.

Anschließend gehe ich noch einige hundert Meter entlang der Fulda flussabwärts bis zum „Weserstein". Hier fließen von Osten kommend die Werra und von Süden kommend die Fulda zusammen und bilden damit den Beginn der Weser. Auf dem „Weserstein", ein steinernes Denkmal direkt an der Böschung des Zusammenflusses, steht geschrieben: „Wo Werra und Fulda sich küssen, sie ihre Namen büßen müssen. Und hier entsteht durch diesen Kuss deutsch bis zum Meer der Weserfluss. Hann. Münden den 31. Juli 1899".

Von so viel Kultur erschöpft, brauche ich erstmal wieder einen Mittagsschlaf in der Sonne auf der Zeltwiese. Gina hat gänzlich einen Ruhetag und wird von mir gar nicht bewegt, obwohl sie das vielleicht gerne hätte, denn durch ihre kräftige rote Farbe und insbesondere durch den knallorangenen Müllbeutel haben sich inzwischen wieder hunderte der Minikäfer anziehen lassen. Leider sind aber noch genügend Käfer übrig, die auch Interesse an mir haben. Ich schlafe trotzdem kurz ein und erwache aber gleich darauf wieder, als mir der Schweiß von der Schläfe ins Ohr zu rinnen beginnt. Gegen Nachmittag kommen die Wanderer wieder zurück. Es sind zwar andere, aber sie kommen wieder mit Ruderbooten und Fahrrädern. Neben mir laden sechs Herren, geschätzt im Rentenanfangsalter, eine Unmenge Taschen, Kisten und Beutel aus einem VW-Bus mit einem Viehtransportanhänger. Das kann annähernd eine Tonne Material sein, inklusive einem Kühlschrank.

Ich liege faul in der Sonne und sehe, wie die älteren Herren nach dem Ausladen und beim Aufbau ihrer Garnison gewaltig ins Schwitzen kommen. Zwei der sechs sind wohl nur die Fahrer des Transporters, denn diese werden lautstark verabschiedet und zu viert wird nun geschuftet, um ein temporäres Eigenheim mit diversen Luxusgegenständen, wie dem Kühlschrank und Feldbetten, entstehen zu lassen.

Eine gute halbe Stunde schaue ich mir das Treiben mitleidvoll an, dann gehe ich zu dem Campingplatzimbiss, der gerade seine Pforten öffnet, bestelle fünf kleine Bier und bringe diese zur Zeltwiese rüber. Die Männer, wie sich herausstellt aus Schaumburg-Lippe, sind erstaunt, begeistert und nennen das ein Novum. Noch nie in den gesamten 20 Jahren ihrer Kanutourgeschichte seien sie gleich am ersten Aufbautag nach nur 30 Minuten Schuften zum Bier eingeladen worden.

Als Jubiläumstour wollen sie eine Woche lang die Weser herunterschippern. Sie werden mit einem sieben bis acht Meter langen und knapp drei Meter breiten, aufblasbaren Gummipaddelboot aus der NVA-Zeit, mit Holzboden und Dach unterwegs sein, haben sogar eine eigene Bierzapfanlage dabei und fahren unter einer Flagge mit dem Namen „Störterebekka", ihrer Erfindung nach die Frau des Seeräubers Klaus Störtebeker aus dem 14. Jahrhundert.

Gegen Abend füllt sich die Zeltwiese weiter. Der Campingplatz liegt wegen seiner unmittelbaren Nähe zur Stadt und zu den Flüssen sehr günstig für den Einstieg in Kanu- oder sonstige

Paddeltouren und so erklärt sich wohl die hohe Fluktuation der Reisenden.

Als ich am frühen Abend aus dem Campingplatzbiergarten komme und mich vor meinem Zelt niederlassen möchte, um noch etwas zu lesen, winken mich die vier Störterebekkaner, Andreas, 58, Willi, 63, Walter, 73 und Kapitän Holger, 62 Jahre alt, zu sich in ihr hausgroßes Zelt, um sich für das Mittagsbier zu revanchieren. Jetzt erst erkenne ich das ganze Ausmaß der Materialschlacht. Zur Bierzapfanlage haben sie zwei, jeweils in doppelwandigen, isolierten Truhen verpackte, mit Eis gekühlte 30 Liter-Bierfässer dabei. Für ihr NVA-Schlauchboot haben sie eine hölzerne Galionsfigur gebastelt, mit Skelettkopf, Augenklappe und einem Ohrring. An dem Oberkörper werden später auf hoher See zwei mit Wasser gefüllte Luftballons als überdimensionale Busen befestigt. Die Holzrebekka bekommt dann noch ein T-Shirt mit „Störterebekka"-Aufschrift angezogen.

Willi, Walter und Holger sind Rentner. Andreas muss noch ein paar Jahre als Lastkraftwagenfahrer durchhalten. Holger ist der Kapitän, denn ihm gehört das monströse, noch aus DDR-Zeiten stammende Gummipaddelboot, mit dem die vier seit Jahren ihr verlängertes Männerwochenende und dieses Jahr eine ganze Woche verbringen.

Die vier Störterebekkaner sitzen in Campingstühlen, die bei ihrem Equipment natürlich nicht fehlen dürfen, im Kreis um die Bierzapfanlage herum, als handle es sich um ein gemütliches Lagerfeuer. Ich bekomme eine Holzkiste als Sitzgelegenheit, denn auf Gäste sind sie bei all ihrem Luxusmaterial dann doch nicht eingestellt.

Meine nachmittägliche Investition von fünf kleinen Bieren habe ich schnell wieder hereingeholt. Das war zwar nicht meine Absicht am Mittag, aber wehren tue ich mich auch nicht.

Andreas erzählt einige Geschichten aus ihrer langjährigen Tradition als Flusswanderer, die überwiegend, wie es sich für solche Touren gehört, von Frauenbegegnungen und Trinkgelagen handeln. Die vier haben sogar eine eigene Homepage „www. stoerterebekka.de", auf der sie ihre Touren und einige Fotos davon dokumentieren. Zu den Anekdoten gibt es immer wieder reichlich Bier und einige Likörchen und dazu angenehm sinnbefreite und vom Niveau her überschaubare, amüsante Männergespräche. Gegen halb elf Uhr haben alle genug gesprochen und getrunken und die illustre Runde löst sich auf.

Dienstag 20.06.2017: Campingplatz Grüne Tanzwerder bis Schierke (Bahnfahrt + 20km)

Es ist viertel nach acht Uhr und ich sitze in Hann. Münden auf dem Bahnsteig. Das Zugticket über Nordhausen und weiter bis Ellrich hatte ich mir schon gestern besorgt und hatte mir auch am Informationsschalter versichern lassen, dass Gina in das Zugabteil hineinpasst. Von Hann. Münden bis Nordhausen und auch bis Ellrich verkehrt ein kurzer, aber moderner Zug, mit ausgewiesenen Plätzen für eine Fahrradmitnahme.

Heute ist Dienstag. Vor genau drei Wochen um diese Zeit hatte ich die ersten paar Meter von der Haustür unseres Eigenheimes in Ludwigsburg aus zurückgelegt und hatte ein mulmiges Gefühl dabei. Heute beginnt die vierte Woche und nach dem gestrigen Ruhetag bin ich voller Tatendrang.

Schon bei der Planung meiner Route vor Reiseantritt hatte ich mich entschieden, von irgendeinem Punkt an der Werra mit der Bahn Richtung Unterharz überzusetzen, da es auf dieser Strecke weder eine Flussverbindung noch einen ausgewiesenen durchgängigen Fernradweg gibt.

So hatte ich erstmal also nur einen Kilometer Fußweg zum Bahnhof zurückzulegen und sitze nun eineinhalb Stunden, mit einmal umsteigen, im Zug nach Ellrich.

Von Mittwoch bis Freitag habe ich für zwei Nächte eine kleine Holzblockhütte auf dem Campingplatz „Schierker Stern" reserviert. Eigentlich hätte ich die Hütte gerne bis Samstag gehabt, um alle meine Klamotten dort lassen zu können und zwei volle Tage jeweils eine Rundwanderung von Schierke aus im Harz machen zu können. Aber leider ist die Hütte nur bis Freitag frei. Nach dem Umsteigen in Nordhausen kommt mir die Idee, auf dem Campingplatz nochmal nachzufragen, ob die Hütte nicht schon ab heute frei ist. Dann hätte ich die zwei vollen Tage, müsste aber einen Tag früher, nämlich schon heute Abend in Schierke sein. Zu Fuß ab Ellrich sind das über den Iron-Curtain-Fernradweg (Eiserner-Vorhang-Radweg) zirka 35 Kilometer. Das ist durch die bergige Landschaft des Harzes mit Gina, die sicher wieder nicht mithelfen wird, unmöglich zu schaffen, zumal es jetzt, in Ellrich angekommen, schon fast 11:00 Uhr ist. Um den Plan umsetzen zu können, müsste ich mich also etwas weiter nach Norden in den Harz hineinbringen lassen.

Zunächst einmal habe ich Glück, denn die Hütte ist tatsächlich schon ab heute frei und ich reserviere das dann auch gleich.

Um mit der Bahn weiter nach Norden zu kommen, bin ich aber bis Ellrich leider zwei Stationen zu weit gefahren, wie ich nun feststelle. Ich hätte in Niedersachswerfen in die Harzquerbahn umsteigen müssen. Noch an den Gleisen in Ellrich spreche ich den einzigen Menschen, der auf dem Bahnhofsgelände zu sehen ist, an, um nachzufragen, ob es vielleicht einen Bus nach Niedersachswerfen gäbe, der früher dort hinfährt als die Bahn, mit der ich gerade gekommen bin. Die kommt nämlich erst in einer Stunde wieder zurück.

Der Mann sieht wie ein Einheimischer aus und könnte sich auskennen, denke ich mir. Obwohl wir noch in Thüringen sind bekomme ich in, für meine Ohren, tiefstem sächsischen Dialekt die kompletten Nahverkehrsfahrpläne herunter gebetet, inklusive aller Möglichkeiten des Schienenersatzverkehrs, sprich Busse. Ja, es fährt ein Bus, höre ich, aber nur zwei Mal am Tag und auch nicht früher als der zurück kommende Zug. Also warte ich eben die eine Stunde auf dem Bahnhof und der Einheimische, ein

Rentner, wie sich im Laufe der Stunde herausstellt, wartet mit mir. Er ist mit einem Fotoapparat bewaffnet, weil er einen immer einmal dienstags und donnerstags vorbeikommenden Güterzug ablichten will.

Ich bin hier wieder im früheren Grenzgebiet und in der Wartestunde lerne ich viel über Ellrichs Geschichte, seine Sehenswürdigkeiten und wo ich überall hingehen sollte in der näheren Umgebung. Leider ist mein Zeitplan für heute aber noch sehr diffus und so bewege ich mich lieber nicht vom Bahnhof weg, um nicht eine weitere Stunde hier warten zu müssen.

Sein Güterzug kommt nicht. Überhaupt kommt hier eigentlich rein gar nichts. Ich sehe keinen Bus, kein Auto, das zum Bahnhof kommt und auch keinen weiteren Menschen. Ellrich scheint ein Ein-Mann-Dorf zu sein. Mein Zug kommt aber dann immerhin pünktlich nach einer Stunde zurück, woran ich schon ein wenig zu zweifeln begonnen habe. Der sächsisch sprechende, wandelnde Nahverkehrsfahrplanrentner versichert mir zum Schluss noch, dass die Harzquerbahn, mit der ich ab Niedersachswerfen über Ilfeld und Eisfelder Talmühle bis nach Schierke fahren kann, deutlich häufiger fährt als der Zug von und nach Ellrich, mindestens aber einmal in der Stunde. Es ist inzwischen 12:00 Uhr geworden und er ist sich sicher, dass ich bis heute Abend noch dreimal nach Schierke hin- und zurückfahren könnte, wenn ich wollte.

In Niedersachswerfen angekommen muss ich feststellen, dass das wandelnde Nahverkehrslexikon nicht ganz Recht hatte. Es gibt noch genau eine Verbindung für den heutigen Tag in meine Richtung und der Zug soll in etwas mehr als eineinhalb Stunden kommen. Als zehn Minuten später die Harzquerbahn aus der Richtung kommt in die ich fahren möchte, fährt mir der Schrecken in die Glieder. Zug ist hier das absolut falsche Wort. Die Harzquerbahn scheint ein Überbleibsel aus der Vorkriegszeit zu sein, ist keine 20 Meter lang und die einzige Tür, die man über vier extrem steile Stufen erklimmen muss, ist so schmal, dass ich größte Zweifel habe, dass Gina da durch passt. Schlagartig werde ich ziemlich nervös, ob der Plan für heute ein guter ist. Um nicht untätig weitere Zeit herumzusitzen und um mich etwas abzulenken, beschließe ich die fünf Kilometer bis zum nächsten Halt nach Ilfeld zu laufen. Schließlich habe ich die Zeit und ich bin ja eigentlich auch zu Fuß durch Deutschland unterwegs.

Ilfeld ist etwas größer als Niedersachswerfen und auf dem Weg dorthin feile ich an einem Plan B, falls Gina tatsächlich nicht durch die Tür passen sollte. Vielleicht könnte ich ein Großraumtaxi finden, in das Gina und ich hineinpassen. Aber ich habe bisher noch nicht mal ein normales Taxi gesehen. Vielleicht könnte ich einer Privatperson mit großem Auto Geld anbieten, um mich nach Schierke zu bringen. Aber ich habe auch keine Privatperson mit großem Auto gesehen. Überhaupt habe ich noch niemanden gesehen seit Niedersachswerfen. Kein guter Plan B bis hierher.

Als die Harzquerbahn in Ilfeld einfährt, stehen tatsächlich drei weitere Fahrgäste am Gleis. Zwei ältere Damen und ein junger Bursche.

Gina passt nicht durch die Tür. Sie ist um zwei bis drei Zentimeter zu breit und den Gefallen, die Luft anzuhalten und sich dadurch etwas schmaler zu machen, tut sie mir nicht. Ich wollte Gina rückwärts die steilen Stufen hochziehen und sie so durch die Tür bugsieren. Ich bin fast drin, Gina ist fast draußen und steckt fest. Zumindest fährt die Harzquerbahn nicht ohne uns los, denn ich hatte mich als erster zur Tür bewegt und die anderen drei Fahrgäste kommen so auch nicht in das antike Gefährt.

Da mein Plan B ein sehr bescheidener war, ist aufgeben keine Option. Es ist hier offensichtlich keiner in Hetze, denn es beschwert sich niemand, dass es nicht vorwärts geht. Ich bitte den jungen Burschen, mir zu helfen und wir schaffen es schließlich, Gina nach innen zu hieven, indem wir sie erst wieder lösen und dann die vier Stufen hoch und über den, an der nach innen geschwenkten Klapptür befestigten Flachstahlhandlauf, heben, an dem sie vorher festhing, und sie gleichzeitig leicht schräg in den Fahrgastraum einfädeln. Leider können wir mit der armen Gina dabei nicht sehr zimperlich umgehen, denn es ist schon ein ordentliches Gezerre und Gequetsche, bis wir zu dritt drin sind. Als ich an der Endstation, der Eisfelder Talmühle, umsteigen muss, bin ich der letzte verbliebene Fahrgast. Der Lokführer, der in diesem kleinen Gefährt natürlich die Einsteigeprozedur mitbekommen hat, weiß schon, was auf ihn zukommt, als er die Harzquerbahn zum Stehen gebracht hat. Er hat wieder überhaupt keine Eile und hilft mir ungefragt und sehr freundlich, wie selbstverständlich, Gina wieder aus dem Bähnchen zu quälen. Als er mir dann noch erzählt, dass die weiterfahrende Harzquerbahn, in die ich umsteigen muss, mit einer Dampflok betrieben ist und mit einem Packwagen, also einem Abteil nur für Gepäck, ausgestattet ist, nimmt er mir die Panik, Gina das Ganze nochmal antun zu müssen. Zum Glück ist sie bei der ganzen Aktion unbeschädigt geblieben, aber auf ein zweites Mal bin ich trotzdem nicht scharf.

Die Haltestelle Eisfelder Talmühle liegt mitten im Wald und außer einem antik wirkenden Gasthaus und einem Bahngleis mit einer Ausweichstelle gibt es hier nichts, außer Bäume.

Die Dampflok kommt eine dreiviertel Stunde später und ich fühle mich schlagartig wie in einen alten Wildwestfilm versetzt. Reichlich Wasserdampf von sich gebend, mit quietschenden Rädern und mit dem dazugehörenden Hupen und Pfeifen fährt sie ein.

Gina einzuladen geht diesmal problemlos von der Hand. Ein junger Zugbegleiter und ich müssen sie einfach in den Packwagen heben und ich muss meinem Helfer nur sagen, wo ich wieder raus will, dann wird er mir den Packwagen am entsprechenden Halt wieder öffnen.

Die Dampflok bekommt Wasser nachgefüllt und wird ans andere Ende des Zuges, der diesmal aus mehreren Waggons besteht, umgehängt. Zwanzig Minuten nach der Einfahrt geht es für die nostalgische Bahn wieder zurück in die Richtung, aus der sie kam.

Die Fahrt geht idyllisch durch tiefsten Wald und die Lok spuckt abwechselnd Wasserdampf und dicke, nach Kohlestaub riechende, Rauchschwaden aus.

Durch die fortgeschrittene Tageszeit und die Hektik der vergangenen Stunden entscheide ich mich, mit der Bahn so nah wie möglich an den Campingplatz zu fahren. Ich steige also bei dem Dörfchen Elend aus und muss nur noch knapp fünf Kilometer bis zum Campingplatz laufen. Auf den paar Kilometern geht es dafür aber mächtig steil bergauf. Da kein Weg, abseits der Straße, auf meiner Wanderkarte eingezeichnet ist, lasse ich das GPS-Gerät die Route vorgeben. Vom winzigen Bahnhof in Elend geht es zuerst einen Schotterweg entlang, der nach einigen hundert Metern zu einem Trampelpfad auf einer Wiese entlang des Waldes und schließlich zu einem ausgemachten Wanderweg im Wald wird. Nach 600 bis 700 Metern geht es mit Gina hier definitiv nicht weiter. Ich stecke im Prinzip steil bergan im Wald fest. Also alles rückwärts wieder herunter. Im zweiten Anlauf wähle ich dann doch die Straße. Der Weg ist zwar etwas weiter und fast genauso steil aber wenigstens, wie eine normale Straße eben ist, glatt.

Auf dem Campingplatz angekommen, beziehe ich meine Hütte, die mit reichlich Luxus ausgestattet ist, wie mehreren Betten, einem Tisch, Stühlen und Strom.

Da ich den überwiegenden Teil des Tages mit Bahnfahren und mit Warten auf die Züge verbracht habe, laufe ich, um mir die Füße ein wenig zu vertreten, ohne Gina, am Abend noch in den Ort Schierke rein. So komme ich auf dieser Überführungsetappe doch noch auf ein paar Wanderkilometer. Nach der Hitze des Tages ist es etwas wolkiger geworden, das angekündigte Gewitter ist aber ausgeblieben.

Die heute stark malträtierte Gina darf sich auf zwei Ruhetage freuen, denn morgen und übermorgen werde ich, nur mit dem kleinen Rucksack bepackt, einzelne Tagestouren mit Start und Ziel Campingplatz Schierker Stern machen.

Mittwoch 21.06.2017: Brocken und Rundwanderweg (30km)

Ich wache um kurz nach sechs Uhr auf und entscheide, mich nicht nochmal umzudrehen, sondern stehe auf. Es ist strahlend blauer Himmel und es sind heiße Tagestemperaturen zu erwarten. Ich möchte früh los, um noch in den kühleren Morgenstunden den Gipfel des Brocken zu erreichen. Um Punkt sieben Uhr starte ich. Die Campingplatzchefin hatte mir gestern die schönsten Wege hoch und wieder runter vom Brocken auf der Wanderkarte markiert. Nach einem kurzen Stück Straße bis zum Schierker Bahnhof, von dem nur die Brockenbahn abfährt, geht es auf einem Waldweg zunächst parallel zu den Gleisen, die auf den Gipfel hoch führen. Außer mir ist noch niemand unterwegs. Es ist wunderbar ruhig und riecht intensiv nach Nadelbäumen und, wie es sich für den Harz gehört, nach Harz.

Wie auch schon an vielen Tagen zuvor, lasse ich mich nur vom Vogelgezwitscher unterhalten. Der Weg geht über eine Stunde lang stetig bergan, ist aber nicht zu steil. In einem scharfen Rechtsknick biegt der Fußweg dann von dem Bahngleis ab und es beginnt für eine gute halbe Stunde ein steiler Wanderpfad über ausgetrocknete Wurzeln und große Steinbrocken. Erst hier, nach über eineinhalb Stunden, treffe ich den ersten Menschen. Ein älterer Herr kommt mir auf dem felsigen Weg entgegen. Er hat offensichtlich den Sonnenaufgang auf dem Brocken genossen und fast ärgere ich mich, dass ich nicht auch noch zwei oder drei Stunden früher aufgestanden bin.

Die letzte knapp halbe Stunde führt der Weg nach oben wieder entlang einer Straße. Hier laufe ich auf einen etwas langsameren Wanderer auf und zwei Mountainbike-Fahrer überholen mich. Um kurz nach 9:00 Uhr bin ich oben und mit mir sind gerade mal eine Hand voll Menschen da. Auf der Aussichtsplattform im achten und obersten Stockwerk der Brockenherberge, auf die ich gleich steige, bin ich sogar ganz alleine. Inzwischen ist der Himmel leider etwas von einer Wolkendecke überzogen und der Weitblick ist nicht ganz so ausgedehnt möglich, wie die 163 Kilometer Sichtweite, die als Maximalmaß an einer Informationstafel angegeben sind. Dafür ist es fast windstill und damit entschieden angenehmer als der höchste jemals auf dem Brocken gemessene Spitzenwert von 263 km/h Windgeschwindigkeit. Und einen der 170 Tage pro Jahr, an denen der Brocken laut der Informationstafel schneebedeckt ist, haben wir heute glücklicherweise auch nicht. Es ist ja auch Mitte Juni vorbei und wir hatten gestern Nachmittag am Fuße des Brockens annähernd 30 Grad. Schnee war also nicht unbedingt zu erwarten.

Um 10:00 Uhr bringt die Brockenbahn, die wie die Harzquerbahn von einer Dampflokomotive gezogen wird, die ersten paar dutzend meist ältere Männer und Frauen nach oben, die sich den anstrengenden Fuß- oder Radweg ersparen wollen oder diesen nicht mehr bewältigen können. Inzwischen kommen auch laufend weiter Radfahrer und Wanderer auf dem Gipfelplateau an. Als ich den drei Kilometer langen, um das Plateau herumlaufenden Rundwanderweg absolviert habe, spuckt die Brockenbahn, mit einem tieftönigen Hupen, mehr als hundert weitere Gipfelbesucher aus. Es wird dringend Zeit, den Rückweg anzutreten. An einem der Kioske muss ich inzwischen schon in einer Warteschlange anstehen, um mir für den Abstieg etwas zu trinken zu kaufen.

Auf dem Weg bergab kommen mir auf der gleichen Straße, die ich heute früh bergauf alleine für mich hatte, Scharen von Menschen entgegen. Darunter viele Jugendgruppen oder Schulklassen, voll von angestrengt und gequält schauenden Teenagergesichtern, die sicher zu ihrem Kulturglück gezwungen wurden.

Die Campingplatzchefin hatte mir empfohlen, für den weiteren Abstieg einen anderen Weg zu wählen und nach dem Stück Straße nach rechts abzubiegen und dem etwas längeren Weg entlang dem hier entspringenden Fluss, der „Kalten Bode" bis zurück nach Schierke zu folgen.

Oben auf dem Brocken müssen inzwischen über tausend Menschen angekommen sein, so schätze ich. Im Reiseführer lese ich später, dass über eine Million Besucher jährlich den höchsten Punkt des Harzes besuchen.

Ab dem Punkt, an dem ich vom Hauptweg abgebogen bin, bin ich wieder fast alleine. Kurz hinter dem Abzweig komme ich am „Bodesprung", der Quelle der „Kalten Bode" vorbei. Der Fluss ist am Anfang nur ein kleines Rinnsal, aber wunderbar anzusehen und himmlisch ruhig. Nach der oberen Straße kommt mir auf dem gesamten Abstieg niemand mehr entgegen, und nur ein einziger Fahrradfahrer überholt mich. Ich lasse mir sehr viel Zeit und drehe noch eine kleine Extraschleife. Im Hintergrund ist den ganzen Nachmittag lang und bis in den frühen Abend, leise und weit entfernt, das rhythmische Tuckern der Eisenbahnwagons und das Hupen und Pfeifen der alten Dampflok zu hören.

Ich denke, ich habe alles richtig gemacht, so früh aufzustehen, um den Brocken in Ruhe erleben zu können. Keinem der anderen tausenden von Besuchern kann man es verdenken, einmal dort oben sein zu wollen. Die Landschaft und die Wälder um den Berg herum sind malerisch schön und oben ist man im Umkreis von mehreren hundert Kilometern der höchste Punkt und hat einen atemberaubenden Rundblick. Aber spätestens ab jedem späten Vormittag ist der Brocken das, was der Brocken eben auch ist, ein Touristenmagnet.

Donnerstag 22.06.2017: Elbingerrode bis Thale (34km)

Die kürzeste Nacht des Jahres ist vorbei. Ich habe diese für mich besonders kurz gemacht und bin um 4:15 Uhr aufgestanden. Mit dem ersten Bus fahre ich direkt vom Campingplatz ab nach Elbingerrode. Für heute steht eine Tagestour durch das Bodetal bis nach Thale an. Da die Strecke bis zur Rosstrappe, dem spektakulären Ende des Bodetals ab Schierke knapp 50 Kilometer beträgt, überspringe ich die ersten fünfzehn Kilometer mit dem Bus.

Um kurz vor sechs Uhr laufe ich aus Elbingerrode heraus, Richtung Rappbodetalsperre. Leider führt der Weg auf den ersten paar Kilometern bis Rübeland entlang der Bundesstraße B27. In Rübeland nehme ich die erste sich bietende Möglichkeit, um weg von der Straße in den Wald abzubiegen. Auf meiner Radwanderkarte ist der Weg, den ich nehme, nicht verzeichnet und schon bald stecke ich wieder im Nirgendwo im Wald fest. Aus dem Schotterweg wird zunächst ein Waldweg, dann ein Trampelpfad über eine Wiese und dann gibt es nur noch leicht plattgetretene Grashalme im hochgewachsen Gras, bis man schließlich nicht mehr erkennen kann, ob und wenn ja, in welche Richtung, hier jemals jemand gegangen sein mag. Ich muss einsehen, dass ich offensichtlich vom Weg abgekommen bin. Meinen Trittspuren im Gras folgend drehe ich um, wieder zurück bis zu der Stelle, an der man einen erkennbaren anderen Weg einschlagen kann. Der Abzweig war deutlich besser, denn nach ungefähr eineinhalb Kilometern treffe ich auf den Harzer Hexensteig-Wanderweg, der zum Stausee der Rappbodetalsperre führt und auf einer Anhöhe oberhalb des Sees schließlich zur Talsperre selbst.

Nach zweieinhalb Stunden Fußweg endet der Waldweg direkt am Eingangspunkt zur erst kürzlich eröffneten längsten Seilhängegebrücke der Welt, die parallel zur Staumauer der Talsperre verläuft. Mit 458,5 Metern freischwebender Länge und 100 Metern Höhe über der Talsohle ist die, nur für Personen vorgesehene Brücke, eine beeindruckende Konstruktion.

Es ist noch früh am Vormittag und meine „der frühe Vogel fängt den Wurm"-Taktik macht sich, wie gestern am Brocken, wieder bezahlt. Die Brücke ist täglich ab acht Uhr morgens geöffnet und als ich um halb neun Uhr über diese gehe, sind außer mir nur zwei weitere Besucher schon da. Wenn sich hier, später am Tag, dutzende von Menschen oder mehr gleichzeitig über die vielleicht 1,50 Meter schmale Brücke schieben, machen die 458,5 Meter bestimmt deutlich weniger Spaß als jetzt.

Ganz Mutige können sich an einem frei gespannten Stahlseil, der „Megazipline", von dem oberen westlichen Ende der Hängebrücke zum gegenüberliegenden Fußpunkt der Talsperre schießen lassen. Mit dem Kopf voraus hängend geht es dann deutlich schneller als zu Fuß. Aber erstens hat die „Megazipline" noch nicht geöffnet und zweitens muss ich keine Zeit und keinen Weg sparen. Und zu den ganz Mutigen gehöre ich auch nicht. Ich laufe also über die Hängebrücke. Auf der östlichen Seite der Talsperre steige ich die rund 60 Höhenmeter der Staumauer ab. Kurz dahinter, ab Wendefurth, beginnt dann das Bodetal, nach einer zweiten Staustufe, von neuem.

Zuerst geht der Wanderweg rechts entlang der leise vor sich hinplätschernden Bode, immer leicht abfallend auf gut befestigtem Untergrund. Über Altenbrak geht es nach Tresenburg und dann wird das Bodetal Zug um Zug tiefer und der Wanderweg verläuft mehrfach stark ansteigend und dann wieder abfallend, mal direkt an der Bode und dann wieder 30, 40 oder 50 Meter oberhalb des Flussbettes. Die Strecke beinhaltet abschnittsweise hochalpinähnliche, gesicherte Passagen und zum ersten Mal auf meiner Tour könnte ich festeres Schuhwerk als meine Joggingschuhe gebrauchen.

Durch die vielen engen Flussschleifen zieht sich der Weg deutlich länger, als ich angenommen hatte. Ungefähr drei Kilometer vor Thale wollte ich den ersten möglichen Aufstieg zur Rosstrappe nehmen.

Die Rosstrappe ist ein 403 Meter hoher Granitfels oberhalb des linken Bodeufers, der als eine der großartigsten Felspartien nördlich der Alpen gilt. Auf dem Fels befindet sich eine Vertiefung, die einem riesigen Hufabdruck ähnelt.

Zahlreiche Sagen und Mythen ranken sich seit Jahrhunderten um den Abdruck, dem das Granitmassiv seinen Namen verdankt. Die bekannteste Sage erzählt, dass die Königstochter Brunhilde vom wilden Böhmenkönig Bodo verfolgt wurde, der sie gegen ihren Willen heiraten wollte. Auf ihrer Flucht wagte die Prinzessin, mitsamt ihrem Pferd, den tollkühnen Sprung vom Hexentanzplatz über die Felsenschlucht des tief darunter laufenden Gebirgsflusses. Dabei prägte sich der Huf ihres Rosses auf dem gegenüberliegenden Plateau in den Stein. Der Felsen erhielt später den Namen „Rosstrappe", wo noch heute der Hufeisenabdruck zu sehen ist. Bodo hingegen war mitsamt seinem Pferd in die Schlucht gestürzt. Der Fluss wird seitdem „Bode" genannt.

Wegen einer kürzlich abgegangenen Steinlawine ist der erste Aufstieg zur Rosstrappe gesperrt und ich muss bis kurz vor Thale weiterlaufen um dann die nächste Möglichkeit, wieder zirka zweieinhalb Kilometer zurück und steil nach oben, nehmen zu können.

Ich habe mich in meinem Zeitplan für heute empfindlich vertan und lege schon seit dem Mittag ein ordentliches Schritttempo vor. Um 16:00 Uhr muss ich vom Aussichtspunkt zurück in Thale sein, um meine Busverbindung über Wernigerrode zurück zum Campingplatz zu bekommen. Den steilen Fußweg hoch zur Rosstrappe und dann wieder zurück schaffe ich zeitlich auf keinen Fall mehr bis 16:00 Uhr. Ich könnte die letzte Busverbindung eine Stunde später nehmen, aber dann darf nichts mehr schief gehen, sonst komme ich nicht mehr zurück nach Schierke. So entscheide ich mich für die faule Rentnervariante und nehme für 6,50 Euro die Gondelbahn hoch zum Aussichtspunkt Hexentanzplatz und später auch wieder herunter. Nach bisher neun Stunden Fußmarsch kommt mir die Ausrede der fehlenden Zeit nicht ganz ungelegen und so werde ich in wenigen Minuten hoch an den spektakulären End- und Höhepunkt des Bodetals befördert. Die Aussicht über das Tal und den Nordrand des Harzes und der Blick zurück auf den Rosstrappenfelsen sind grandios.

Pünktlich kurz vor 16:00 Uhr bin ich am Busbahnhof von Thale. Von der Gondeltalstation waren es nur noch fünf Minuten zu gehen. Ich hatte mich entschieden, die vorletzte mögliche Busverbindung zu nehmen und dass diese Entscheidung goldrichtig war, merke ich nur wenige Minuten, nachdem der Bus losfährt. Den ganzen Tag über waren Temperaturen bis zu 32 Grad Celsius und jetzt geht schlagartig das zu erwartende und angekündigte Sommergewitter über Thale und die gesamte Umgebung nieder. Es gießt, als ob jemand einen Duschkopf über den Bus halten würde, und kurz darauf prasseln haselnussgroße Hagelkörner an die Fensterscheiben. Mit der Umsteigepause in

Wernigerrode dauert die Fahrt über zwei Stunden und am Campingplatz angekommen, hat es aufgehört zu regnen. Alles richtig gemacht.

Am Abend sitze ich in der für alle Camper zur Verfügung stehenden Gemeinschaftsküche und schaue zum ersten Mal seit dreieinhalb Wochen wieder Fernsehen. Es kommt ein Fußballländerspiel und über den Harz zieht bis spät in die Nacht hinein die zweite kräftige Gewitterfront des Tages.

In meiner Blockhütte schlafe ich wunderbar. Ich bin trotz der Wetterkapriolen mal wieder ungeschoren und trocken davon gekommen.

Tag 1: Kurz nach dem Start auf dem Neckarradweg

Tag 2: Am Anfang der Tour muss ich erst lernen, dass ich am besten auf dem Radweg bleibe. Hier wollte ich den Weg an der Landstraße umgehen und landete irgendwo im Acker.

Tag 3: Der Übergang zwischen dem Kochertal und dem Jagsttal über eine Hügelkette wird meiner Karre fast zum Verhängnis. In der Mitte des Bildes endet der Wanderweg abrupt an einem vier Meter tiefen Absatz.

Naturidylle an der Kocher

Tag 4: Theo und ich machen gegenseitig Abschiedsbilder von uns.

Weit noch ist mein Weg,
fern sein Ziel.
Doch am Ende eines langen
Tages erwartet mich ein Ort, an
dem ich ausruhen, Last ablegen,
„Ich" sein kann.
Morgen gehe ich weiter
Ein kleines Stück
auf meinem Weg,
ein Stück näher zum Ziel,
ein Stück näher zu mir.

Am Rand des Weges entdecke ich ein Schild, das mir den Eindruck vermittelt, es sei für mich aufgehängt worden.

Tag 5: Ich laufe bei Tauberbischofsheim unter der A81 durch. Ich „entschleunige", oben rasen die Menschen durch ihren Alltag.

Ich werde erstmals von einem Sommergewitter überholt und meine Sonnen-Regenschirm-Konstruktion kommt zum Einsatz.

Tag 7: Ruhe- und Waschtag auf dem Campingplatz Main-Spessart-Park. Meine Karre hat das Vorderrad verloren und bekommt zum Trost dafür einen Namen.

Tag 9: Übernachtungswiese für Bootswanderer bei Hammelburg

Tag 10: Ein wunderschön ruhiger Weg entlang der Fränkischen Saale. Den ganzen Tag treffe ich keinen Menschen.

Rastplatz an der Fränkischen Saale

Tag 15: Marc (rechts) und Oliver (links) besuchen mich auf meiner Tour. Marc läuft zwei Tage mit mir und Oliver bringt das Bier vorbei.

Tag 16: Der Werratalradweg kreuzt eine Nebenstrecke. Hier fährt so selten ein Zug, dass sich keine Schranke, keine Ampel und auch kein Warnschild lohnen.

Tag 17: Bei Probstei Zella in Thüringen bin ich in ein Motorrad-treffen geraten. Einer ist irgendwie anders als die anderen.

Tag 22: Die Harzquerbahn, in die ich Gina hineingequält habe

Tag 23: Die „Kalte Bode" in der Nähe ihrer Quelle im Harz

Tag 24: Blick zurück zum „Rosstrappenfelsen" vom „Hexentanz-platz" aus. Das Ende des Bodetals bei Thale im Harz

Tag 28: Die „Externsteine" bei Horn-Bad-Meinberg

Tag 30: Eine Verpflegungsstation am Weserradweg in der Nähe von Fischbeck

Tag 31: An der Weser habe ich mir mehrere Tage lang über jeweils viele Stunden den Blick in den Himmel wegen des Dauerregens versperrt.

Tag 32: Manchmal bin ich auf vielen Radwegen gleichzeitig unterwegs.

Die Stolzenauer Kirche mit der vom Teufel verdrehten Turmspitze

Tag 33: Abendstimmung am Steinhuder Meer

Tag 34: Kurze Pause meiner Tour bei Antje und Thommie in Didderse

Tag 37: Ab jetzt kommt nur noch flaches Land.

Tag 38: Allerradweg

Tag 41: Nochmal zu Gast bei Freunden. Mone und Jens aus Weyhe-Leeste bei Bremen

Tag 43: Die vielleicht coolste Übernachtungshütte auf dem Campingplatz in Nordenham

Tag 44: Begleitung durch ein paar Jungbullen. Sie waren offenbar an Gina interessiert, wurden aber zum Glück durch den kaum zu erkennenden Drahtzaun von uns fern gehalten.

Tag 45: Das Niedersächsische Wattenmeer bei Duhnen

Tag 47: Windparkanlage bei Brunsbüttel

Tag 48: Bei St. Michaelisdonn verläuft der Nordseeküstenradweg nochmals kurz durch das Landesinnere.

Tag 49: Auf dem Weg nach St.Peter-Ording gibt es endlich einen Weg hinter dem Deich direkt an der Wasserkante

Tag 49: Hier treffe ich den ganzen Tag genau einen Menschen

Tag 51: Bei Ebbe wirkt dieser Hinweis etwas seltsam.

Tag 52: Die einzige Verbindung zur Hallig Nordstrandischmoor ist die Schienenspur für die Lorenbahn.

Tag 54: Der Hindenburgdamm nach Sylt. Hier geht es zu Fuß nicht mehr weiter.

Tag 54: Der letzte Wegweiser auf meiner Reise, wenngleich ich diesen nicht mehr gebraucht hätte. Die Wege und Ziele auf Sylt kenne und finde ich auch ohne Hilfe.

Tag 54: Das Rantumer Becken auf der Wattseite der Insel

Tag 55: Meine letzte Übernachtungsstelle sind zwei zusammen geschobene Strandkörbe.
Morgenstimmung mit herannahendem Gewitter

Tag 55: Ankunft nach 1.615 Kilometern am Weststrand von Hörnum. Meine Tochter Maja nimmt mich in Empfang, meine Eltern halten sich diskret zurück...

...aber mein Vater fotografiert uns aus einiger Entfernung.

Daniel im Jahr 1970 auf dem Holzsteg zum Strand. Hinter dem flachen weißen Gebäude im Hintergrund liegt das Fotogeschäft meiner Mutter...

...und Anfang der 70er Jahre auf den damals noch riesigen Dünen am Hörnumer Strand.

Freitag 23.06.2017: Campingplatz „Schierker Stern" bis Göttingerrode (35km)

Den Weg vom Campingplatz „Schierker Stern" bis zum Bahnhof Schierke kenne ich schon. Es ist der gleiche Weg, den ich vorgestern früh zum Brocken hinauf genommen habe. Ich weiß also was auf mich zukommt. Es ist eine einspurige asphaltierte Straße und sehr steil. Da kann ich nur hoffen, dass Gina in ihren zwei Ruhetagen nicht zu viel Speck auf den Rippen angesetzt hat.

Den weiteren Weg ab dem Bahnhof, quer durch den Wald, hatte mir der Campingplatzbesitzer empfohlen und beschrieben, damit ich nicht entlang der Straße bis Drei Annen Hohne laufen muss, sondern idyllischer und, etwas weiter oben, wieder auf den Iron-Curtain-Radweg treffe.

Der Campingplatzchef vom „Schierker Stern" hatte mir bestätigt, dass der Weg quer durch den Wald auch mit meiner dreirädrigen Begleiterin zu absolvieren ist und nicht an irgendeiner Stelle in einen zerfurchten Stein- und Wurzelpfad übergeht. Er hatte mir aber auch vorgestern ungefähr sechs Stunden Fußweg vorausgesagt für meine Bodetal-Tagestour, für die ich tags zuvor 9,5 Stunden gebraucht habe und das, obwohl ich mich am Ende sogar beeilen musste. Ich kann mich also nur überraschen lassen, was auf den sechs bis sieben Kilometern bis zum Fernradweg auf mich zukommt. Ich muss zunächst hoch auf den „Erdbeerkopf". Das klingt schon mal verdächtig nach Hügel.

Ab dem Bahnhof wird die Straße zu einem groben Schotterweg und als Ausgleich dafür noch steiler. Es ist erst acht Uhr früh und das nächtliche Gewitter hat die tropische Hitze von gestern auf 14 Grad Celsius heruntergekühlt. Nach zehn Minuten bin ich trotz der geringen Außentemperatur schweißgebadet, obwohl ich gleich nach dem Bahnhof die lange Hose und das langärmelige T-Shirt gegen kurze Sachen getauscht habe. Der Weg knickt nach rechts ab und es geht auf einmal steil bergab, nur um keine 500 Meter weiter wieder abzuknicken und steiler als zuvor wieder aufwärts zu führen. Auf dem Bergabweg war mein Funktions-T-Shirt vorbildlich abgetrocknet, um jetzt nach weiteren 500 Metern wieder vor Schweiß zu triefen. Der Schotterweg ist so steil, dass ich mit den Fersen schon gar nicht mehr aufsetzen kann. Ich trete mich nur noch mit den Fußballen ab und mehrfach rutscht mir dabei der Fuß auf kleinen, auf dem Weg ausgetretenen Steinchen weg. Auf einem besonders steilen Stück versuche ich das Elend zu lindern, indem ich Gina den Weg im Zick-Zack-Kurs hoch schiebe. Das ist aber eigentlich ziemlich idiotisch und nicht sehr zielführend bei dieser gerademal zweieinhalb Meter breiten Himmelsleiter. Gina ist einen guten Meter lang und so muss ich alle eineinhalb Meter die Richtung um annähernd 180 Grad wechseln. Ich überlege, ob ich es mit ziehen versuchen soll, verwerfe den Gedanken aber gleich wieder, denn sollte Gina mir dabei aus der Hand rutschen, wäre zumindest für sie die Reise hier mit ziemlicher Sicherheit beendet. Wenn mir jetzt jemand begegnen würde, wäre sein einziger logischer Gedanke:

„Hier schiebt einer in Allerherrgottsfrühe eine dreirädrige, rote Karre im Harz einen steilen Berg hoch. Der Typ hat doch nicht mehr alle Latten am Zaun".

Und damit hätte er sogar noch recht. Aber es kommt mir niemand entgegen und überholen tut mich auch niemand, obwohl jede Schnecke im Spaziergang schneller wäre als ich. Ich bin offensichtlich alleine im Wald.

An der Himmelsleiter oben angekommen, geht es gleich wieder runter Richtung Hölle und mein T-Shirt darf wieder trocknen. Das schöne Spiel wiederholt sich noch zwei oder drei Mal. Ich fühle mich, als wäre ich auf einer Bergetappe der Tour de France, nur bin ich alleine, langsam und laufe über Schotterwege. Das hier ist die Königsetappe in den Alpen oder in den Pyrenäen oder beides zusammen.

Welcher Schwachkopf hat gesagt, dass mein Weg durch Deutschland über den Harz gehen muss? Außerdem hat Gina in ihren Ruhetagen auf jeden Fall mächtig zugenommen. Ich würde schätzen, sie wiegt jetzt 150 Kilogramm anstatt, wie sonst üblich, 50 Kilogramm.

So vor mich hin fluchend registriere ich erst gar nicht, dass Gina auf einmal fast von alleine vor mir her rollt. Nach zweieinhalb Stunden bin ich auf den Hauptradweg gestoßen und der Spuk hat für die nächsten fünfzehn Kilometer ein Ende. Bis Plessenburg läuft der Weg nun angenehm moderat abwärts, um dann auf zwei Kilometern so steil abzufallen, dass es schon fast wieder anstrengend ist. Aber beschweren möchte ich mich darüber nicht. Diesen steilen Abwärtsweg würde ich aufwärts heute jedenfalls nicht mehr schaffen.

Aber es muss ja jetzt abwärts gehen, denn bei Ilsenburg spuckt mich der Radweg an der Nordgrenze des Harzes im Flachland wieder aus. Dachte ich zumindest, aber zu früh gefreut. Der Weg ab Ilsenburg Richtung Westen nach Bad Harzburg ist jetzt der Fernradweg „Harzrundweg" und führt gleich mal wieder über eine Erhebung. Es ist nicht so steil wie heute Vormittag, dafür geht es auf einigen Kilometern annähernd kurvenfrei schnurgeradeaus, was psychologisch besonders interessant ist, da man sehr schön und lange sehen kann, dass es nicht besser werden wird.

Es geht nach Bad Harzburg wieder runter, um dann an den ersten Häusern wieder hinauf zu gehen und zur Stadtmitte hin wieder hinunter. Der Campingplatz Göttingerode hinter Bad Harzburg liegt an einem Waldrand südlich des Ortes und, damit es nicht langweilig wird, natürlich etliche Höhenmeter oberhalb des Ortes.

10,5 Stunden nach dem Aufbruch heute früh ist mein Zelt aufgestellt, ich bin hinreichend bedient und mein Bewegungsdrang ist für heute zum Erliegen gekommen. Die letzten drei Tage waren doch ziemlich auf der sportlichen Seite angelegt, und vor allem der gestrige Tag mit dem begrenzten Zeitfenster wegen der zu erreichenden Busverbindung hat mich ein wenig die Ruhe und die angenehme Langsamkeit meiner Reise verlieren lassen.

Übermorgen wird schon die erste Hälfte der Zeit vorüber sein, die ich für meinen Weg vorgesehen habe, und ich werde mir wieder für alles, was noch kommt, die Zeit nehmen, die es benötigt. Wann immer es möglich ist, soll der Weg das Ziel sein und nicht das Ziel einen möglichst kurzen Weg vorgeben. Manchmal muss ich vielleicht von dieser Maxime abweichen, denn ich möchte gerne weiterhin von Campingplatz zu Campingplatz kommen und dann muss ich es eben nehmen wie es kommt, aber hetzen möchte ich nicht mehr. Lieber bin ich lange, aber langsam auf den Beinen.

Samstag 24.06.2017: Göttingerode bis Seesen (38km)

Vom Radweg zum Campingplatz Göttingerode ging es gestern nochmal steil bergab und damit ich nicht aus der Übung komme, muss ich heute Morgen das Stück gleich mal wieder hoch.

Nach fünf Minuten ist das frisch ausgepackte T-Shirt schon wieder reif für die Wäsche. Ich schwitze, was das Zeug hält und hier im Wald finden die Mücken und die kleinen Käfer, die es auch schon in Hann. Münden im Überfluss gab, wieder einen guten Freund in mir.

Bis Goslar geht es mit vielen Richtungswechseln entlang des nördlichen Randes der Harzer Berge durch den Wald. Ich spüre meine Beine von der gestrigen Anstrengung, und besonders gut geschlafen habe ich auch nicht. Die Zeltwiese war etwas abschüssig und ich hatte das Zelt so dämlich aufgebaut, dass ich in einem leichten Quergefälle lag. Gemerkt habe ich das erst, als ich mich hingelegt hatte und so bin ich nachts im Schlaf immer Richtung Kleiderabteil im Zelt gerutscht. Zudem hat mich meine Leiste mehrfach geweckt, um sich über die Anstrengungen des Tages zu beschweren. Ich bin also heute von Beginn an etwas träge und auch sonst irgendwie schlecht drauf.

Auf der Höhe von Goslar habe ich die Nase voll von dem permanenten Auf und Ab und beschließe, den Fernradweg zu verlassen und in die Stadt abzubiegen. Goslars Altstadt soll sehr schön sein, sagt der Reiseführer, und außerdem muss ich meinen Essensvorrat auffüllen und Geld holen ist auch dringend fällig.

Goslars Altstadt ist tatsächlich sehr schön, aber auch sehr verwinkelt. Ohne GPS-Gerät hätte ich den Weg, raus aus den engen Gassen auf den richtigen weiteren Weg, nicht wieder gefunden.

Hier kreuzen sich der Weser-Harz-Heide-Radweg und der Harzrundweg, um sich nach zehn Kilometern bei Langelsheim nochmal zu treffen.

Da ich von den Bergen die Nase voll habe, wähle ich den wesentlich weniger welligen, nördlich verlaufenden Weser-Harz-Heide-Radweg. Um ein paar weitere Zacken und Höhen zu umgehen, verlasse ich vor Langelsheim den Weg zu Gunsten eines Nebenradweges, der ebenfalls kurz hinter Langelsheim wieder auf den Harzrundweg trifft. Leider registriere ich viel zu spät, dass der kleinere Radweg gar nicht wieder auf den Harzrundweg trifft, sondern nur parallel daneben verläuft, um später nach Norden in die falsche Richtung abzubiegen. Zwischen den beiden Wegen verläuft die Bundesstraße B82 und dazu noch zwei Bahngleise. Die Bundesstraße ist weitgehend mit Leitplanken versehen und ich muss ein ganzes Stück weiterlaufen, um eine Möglichkeit zum Überqueren der Straße zu finden, nur um die gleiche Strecke dann auf der anderen Straßenseite wieder zurückzulaufen zu der einzigen Bahnunterführung weit und breit. Wieder auf dem Harzrundweg geht es erneut auf und ab und diese sechs Kilometer bestehen zudem auch noch ausschließlich aus Kopfsteinpflaster, sodass Gina permanent durchgeschüttelt wird und gar nicht so richtig rollen will.

Seit Goslar heute Vormittag bin ich an keiner wirklich schönen Stelle vorbei gekommen, an der es sich gelohnt hätte, eine Pause einzulegen. Es lag kein Biergarten, kein Gasthaus und auch keiner der sonst ausreichend häufig und schön angelegten Rastplätze zur Selbstversorgung auf dem Weg. So bin ich nun schon über sechs Stunden ohne Pause unterwegs und habe abgesehen von einer Banane und einem Schokoriegel noch nichts gegessen. Das bekomme ich jetzt zu spüren. Ich werde zusehends platter. Es sind noch knapp zehn Kilometer bis zu meinem für heute gewählten Ziel, dem Campingplatz Brillteich in Seesen. Also mache ich, angelehnt an einem Weidezaum, eine nur ganz kurze, qualitätsfreie Essenspause.

Etwas nördlich von Seesen geht es ein ganzes Stück und für heute ein letztes Mal hoch und dann wieder herunter und jetzt habe ich die Berge endgültig satt. Der Campingplatz macht dann auch noch einen eher maroden Eindruck. Aber heute kann kommen was will, es passt mir alles nicht so richtig. Nach vier wirklich ereignisreichen und tollen Tagen im Harz ist der fünfte eher ein gebrauchter Tag.

Als ich mein Zelt aufgebaut habe und mich auf die Wiese legen möchte, um etwas auszuruhen, fängt es an zu regnen. Das passt zu heute. Immerhin gibt es ein Gasthaus, das zum Campingplatz gehört. Es stehen drei Gerichte zur Auswahl, und weil Schnitzel mit Pommes immer geht, wird mich das wieder auf die Sonnenseite bringen.

Dafür, dass auf dem Campingplatz mal wieder so gut wie nichts los ist, sitzt die erstaunliche Anzahl von vier hungrigen Gästen in der kleinen Gaststube. Der Gastwirt und der Campingplatzbetreiber sitzen am Tresen und haben die Ruhe weg. Das Essen ist einfach aber reichlich, lecker und günstig und nach zwei Bieren und einem Schnaps, zu dem mich der Wirt einlädt, sehe ich dem morgigen Tag positiv entgegen.

Sonntag 25.06.2017: Camping Brillteich bis Höxter (37km)

Ich war am Abend früh schlafen gegangen und habe vergleichsweise viel und fast ohne Unterbrechung geschlafen. Als ich aufwache, packe ich zügig meine Sachen zusammen solange es noch trocken ist, denn die Wolkendecke ist ziemlich dunkel und es ist für den ganzen Tag Regen angesagt. Vor dem Schlafengehen musste ich gestern Abend noch mit Erschrecken feststellen, das auf den nächsten 100 Kilometern nach Westen auf dem Europaradweg, den ich mir als Strecke vorgenommen habe, genau ein Campingplatz liegt und der auch schon nur fünfzehn Kilometer hinter Seesen. So hatte ich mich am Abend etwas widerwillig dazu durchgerungen nochmal, eine Teilstrecke mit der Bahn zu überbrücken. Von Seesen aus werde ich bis Stadtoldendorf 65 Kilometer Radweg auslassen, um dann ab dort Richtung Westen wieder zu laufen.

Da ich früh losgelaufen bin, habe ich viel Zeit bis der Zug abfährt. Ich bin zwar schon wieder an einen Fahrplan gebunden, aber nach einem Sonntagsfrühstück mit Kaffee und Croissant in einer Bäckerei in Sessen bin ich deutlich besser gelaunt als gestern und finde mich mit dem Gedanken an eine erneute Bahnfahrt ab.

Der Radweg von Seesen nach Westen geht an keinem Fluss entlang und besondere Sehenswürdigkeiten oder besondere Landstriche sind auf der Radwegekarte nicht explizit erwähnt. Es wird schon einen Grund haben, dass ab hier bis an die Weser bei Holzminden die Anzahl der Campingplätze nahe bei null liegt. Vermutlich zieht die Strecke zu Recht kaum Reisende an und so braucht es auch keine Übernachtungsmöglichkeiten.

Ich werde also ab Stadtoldendorf bis Holzminden laufen und dann spontan entscheiden, ob ich fünfzehn Kilometer nach Süden bis Höxter laufen will oder lieber die Weser runter nach Norden. Im Prinzip will ich weiter nach Westen in den Teutoburger Wald, aber mir fehlt immer noch die dazugehörige Radwegekarte und deshalb habe ich keine richtige Übersicht, ob der interessantere Weg ab Höxter nach Westen oder zirka 60 Radwegekilometer weiter nördlich entlang der Weser ab Hameln Richtung Teutoburger Wald führt. Die Entscheidung werde ich in Holzminden aus dem Bauch heraus treffen.

Als ich in Stadtoldendorf aussteige, hat es leicht angefangen zu regnen und der Wind hat stark aufgefrischt. Der ganze Weg bis Holzminden ist permanent leicht abfallend. Es geht runter an den Flusslauf der Weser. Trotz des starken und mir direkt von vorne ins Gesicht wehenden Windes rollt Gina angenehm leicht vor sich hin. Was für eine Wohltat nach den letzten Tagen im Deutschen Mittelgebirge.

Der Nieselregen setzt sich auf meiner Brille fest und meine Fahne flattert neben meinem Gesicht kräftig vor sich hin. Die durchgängig dunkle Wolkendecke zieht zügig über mich hinweg und in Richtung Wesertal zeigt sich ein hellerer Streifen am Himmel. Es ist dieses Bild aus Wind, Nieselregen, dichter Wolkendecke und einem Sonnenstreifen am Horizont, bei dem ich zu meiner Frau am Strand von Hörnum immer sage „gleich bricht das Azorenhoch durch", um sie aufzuhalten, wenn sie resignierend vom Warten auf besseres Wetter zusammenpacken und den Strand verlassen möchte.

Heute ist Halbzeit auf meiner Reise, ich habe zum ersten Mal seit drei Wochen wieder die Regenhose an und die Regenjacke griffbereit und trotzdem bin ich ausgelassen und entspannt wie selten zuvor. Was für ein Unterschied zu meiner gestrigen Stimmung. Erklären kann ich es nicht, aber im Augenblick könnte fast nichts besser sein.

Der Weg geht über Arholzen nach Bevern, wo ich mich vor dem Schloss Bevern zu einer Mittagsbrotzeit niederlasse. Wieder fällt mir auf, dass immer und überall die Vögel aufgeregt oder fröhlich oder einfach nur so vor sich hin trällern. In der Vielzahl der unterschiedlichen Pfeif-, Träller- und Singtöne sticht eine Vogelstimme heraus, die ich jeden einzelnen Tag und zu annähernd jeder beliebigen Tageszeit zu hören bekomme. Dieser Ton, ungefähr „gru-hu-huhu" hat sich mir inzwischen wie ein Ohrwurm im Kopf festgesetzt. Als biologische Null habe ich keine Ahnung, welcher Vogel scheinbar überall in Deutschland wohnt und so gut wie immer den Schnabel offen hat. Interessiert bin ich daran aber irgendwie doch und so suche und finde ich über „www.vogelstimmen.de" den Übeltäter. Man hätte auch so darauf kommen können, es ist die Ringeltaube. Naja, kann ja nicht schaden so ein Wissen.

In Holzminden angekommen, laufe ich weiter Richtung Höxter. Die Entscheidung war schon unterwegs gefallen. Auf einer am Wegesrand stehenden Übersichtstafel für Wanderer und Radfahrer konnte ich sehen, dass der Europaradweg von Höxter aus westwärts in den Teutoburger Wald und ziemlich nah an den „Externsteinen" vorbei führt. Die „Externsteine" sind eins der Ziele, die ich auf meinem Weg als Fixpunkte vorher festgelegt hatte.

Sollte weiter nördlich von Hameln ebenfalls ein Fernradweg dort hinführen, dann könnte dieser ein guter Rückweg wieder Richtung Nordost für mich sein. Es geht also die Weser flussaufwärts und für fünfzehn Kilometer laufe ich nach Süden in die vermeintlich „falsche" Richtung auf meinem Weg an die Nordsee.

Vor dem heutigen Tagesziel, dem direkt an der Weser liegenden Campingplatz in Höxter, besichtige ich noch das Weltkulturerbe Kloster Corvey. Im Kloster gibt es in einem Seitenflügel eine Bike-und-Bett-Herberge. Kurz überlege ich mir, ob es schon wieder an der Zeit ist, mir für eine weitere Nacht eine bequemere Unterlage als meine schmale Isomatte zu gönnen. Bis zum Campingplatz in Höxter sind es aber nur noch wenige Kilometer und ich verwerfe den Gedanken gleich wieder. Eigentlich wäre es eher an der Zeit, endlich mal eine Nacht irgendwo „wild" zu verbringen, anstatt nach mehr Komfort zu suchen. Aber ich kann mich noch nicht überwinden, auf Dusche und WC zu verzichten, und so bleibt es auch heute Nacht bei behütetem Zelten.

Auf dem Campingplatz angekommen, kann ich die mir fehlende Radwegekarte für den Teutoburger Wald kaufen und am Abend mache ich mich an eine grobe Einteilung für den Weg der nächsten acht Tage.

Am Montag in einer Woche komme ich bei Thommie und seiner Familie in Didderse bei Gifhorn unter. Thommie ist ein guter Freund aus meiner Sylter Clique. Der Termin ist fix, denn ich werde für einen Tag mit der Bahn nach Hause zurück fahren, um bei den Feierlichkeiten zur Überreichung des Abiturzeugnisses meiner großen Tochter Maja dabei zu sein. Bei Thommie kann ich die Nacht davor und die Nacht danach bleiben und kann alle meine Sachen dort lassen.

Didderse liegt von der Luftlinie her gar nicht so weit weg von Höxter. Die „Externsteine" liegen aber von hier aus in der anderen Richtung, und am Steinhuder Meer, westlich von Hannover, möchte ich vorher auch noch vorbei kommen. Es war von vornherein geplant, vom Steinhuder Meer aus zu Thommie mit der Bahn zu fahren, denn das wären sonst zwei bis drei Tagesmärsche. Das an sich ist nicht das Problem. Ich könnte mir die Zeit ja so einteilen, dass das klappt. Aber der Großteil dieser Strecke führt quer durch das Ballungsgebiet von Hannover und zwei oder drei Tage nur durch die Großstadt zu laufen, darauf habe ich einfach keine Lust.

Mit nun vollständigem Kartenmaterial stelle ich aber zu meinem Erstaunen fest, dass auch der Weg von Höxter zu den „Externsteinen", dann wieder zurück nach Hameln und die Weser entlang, um auf der Höhe des Steinhuder Meeres nach Osten abzubiegen, für die verbleibende Zeit bis zum Heimaturlaub eigentlich zu lang ist. Und gerade vorgestern hatte ich mich ja nochmal daran erinnert und ermahnt, mich nicht mehr hetzen zu wollen.

Das Steinhuder Meer steht, wie die „Externsteine" auch, auf der Wunschliste von Fixpunkten der Reise und ich möchte keins von beidem auslassen. Als Ausweg aus dem Dilemma beschließe ich, aus der Not eine Tugend zu machen und mir, meiner Hüfte, die wieder ein bisschen schmerzt, und Gina einen weiteren Wanderruhetag zu gönnen und morgen einen Sight-Seeing-Tag in Höxter zu verbringen, inklusive einer Bahnfahrt zu den 50 Kilometer entfernten „Externsteinen" und wieder zurück. So tue ich also etwas in Sachen Kultur, hetze mich nicht, gönne Mensch und Maschine eine Pause und sehe mir trotzdem mein Wunschzwischenziel an.

Montag 26.06.2017: Höxter und Rundwanderung bei den Externsteinen (15km)

Ich habe mit Unterbrechungen geschlafen. Zuerst bin ich nicht richtig eingeschlafen, weil mein Zeltnachbar auf seinem Tablet einen Film oder sowas ähnliches angeschaut hat und ich den Ton gut mitverfolgen konnte. Das konnte mein Zeltnachbar bald darauf nicht mehr, denn er begann zu schnarchen und der Film lief trotzdem weiter.

Meine zwickende Leiste findet in der Nacht an einigen meiner Schlafstellungen nicht so richtig Gefallen und dann werde ich auch noch einmal zusätzlich wach, weil irgendwas oder irgendjemand an meinem Zelt, direkt neben meinem Kopf, scharrt und kratzt. Es ist mitten in der Nacht, einen Hund kann ich nicht hören und eine Katze würde sowas glaube ich nicht machen. Der Zeltplatz liegt keine 50 Meter von der Weser weg und direkt hinter der Hecke neben meinem Zelt läuft die Zufahrtsstraße zum Platz. So will ich nicht hoffen, dass sich hier irgendwelche Raubtiere aufhalten und mich anfallen und auffressen wollen. Ich bin dann wieder eingeschlafen.

Im Morgengrauen kratzt es wieder. Ich habe das also offensichtlich in der Nacht nicht nur geträumt, denn jetzt bin ich definitiv hell wach und stehe auf. Vom Übeltäter rings um das Zelt herum keine Spur. Das Scharren bleibt also zunächst ein Rätsel.

Um ungefähr acht Uhr fängt es ordentlich an zu regnen. Also frühstücke ich erstmal auf dem Campingplatz und lasse mir viel Zeit damit. Der Zug, den ich nehmen muss, geht alle Stunde und so gibt es also genügend Auswahlmöglichkeiten, wann ich los will.

Ich hatte am Abend für heute früh beim Campingplatzkiosk zwei Brötchen bestellt und kaufe mir dazu mal wieder Emmentaler Käse. Ich verteile die gesamte 250g-Käsepackung auf die beiden Brötchen, die damit etwas überladen wirken. Trotzdem sehr lecker. Ich könnte ein halbes Pfund Käse auch problemlos als Hauptmahlzeit ohne Brötchen essen.

Um kurz nach zehn Uhr nehme ich den Zug 50 Kilometer nach Westen. In Horn-Bad-Meinberg angekommen, sind es nur etwa fünf Kilometer vom Bahnhof zu den „Externsteinen". Das Wetter bessert sich nach und nach und die bizarren Felsformationen geben ein beeindruckendes Bild ab.

Spuren an den grottenartigen Rücksprüngen der Sandsteinfelsen belegen, dass schon Menschen aus der Altsteinzeit vor 12.000 Jahren hier Schutz vor der Natur gesucht haben. Immer wieder in der Geschichte haben Menschen diesen Ort mit Mythen belegt oder ihn für ihre Zwecke genutzt. Heute sind die 40 Meter hoch aufragenden Steintürme ein touristischer Anziehungspunkt.

Am Nachmittag bin ich zurück in Höxter und schaue mir die Altstadt an. Das Wetter ist inzwischen so gut, dass ich mich danach noch zwei Stunden auf der Zeltplatzwiese in die Sonne legen kann. Leider gibt es auch hier wieder die kleinen, schwarzen Käferchen und die mögen meine farbenfrohe Decke genauso gerne wie ich, sodass ich das Vergnügen des Sonnenbades dutzendfach teilen darf.

Heute war der erste Tag der zweiten Hälfte meiner Reise. Ich habe schon seit über einem Monat Urlaub, bin seit zwei Wochen blasenpflasterfrei, an meinen Tinnitus werde ich nur ganz selten erinnert und die Zeit vergeht leider wie im Flug.

Dienstag 27.06.2017: Höxter bis Hameln (68km)

Um ungefähr fünf Uhr in der Frühe kratzt es wieder an meinem Zelt. Ich bin schlagartig hellwach, aber niemand macht den Zeltreißverschluss auf und ich werde auch nicht durch die Zeltwand hindurch attackiert. Es hört sich so an, als wäre das Scharren direkt unter meinem Kopf. Dann ist alles wieder ruhig.

Da ich nun mal wach bin, stehe ich auch auf und packe zusammen. Als ich das Zelt zusammengefaltet habe, sehe ich des

Rätsels Lösung. Unter dem Zelt, genau an der Stelle, an der mein Kopf beim Schlafen lag, ist ein Loch im Boden und am Zeltrand noch ein zweites. Die Löcher haben den Durchmesser einer 2-Euro-Münze oder vielleicht ein bisschen größer. Dann erst fällt mir auf, dass am Rand des Gebüsches, das die Zeltwiese von der Zufahrtstraße trennt, weitere Löcher im Boden sind, mindestens ein halbes Dutzend. Es gibt dagegen auf der ganzen Wiese keine Maulwurfshügel.

Nach kurzer Befragung des allwissenden Handys steht für mich fest: Wühlmäuse haben unter mir gewohnt und sich wohl ab und an gewundert, warum der Ausgang aus Hausnummer soundso verschlossen war. Das Handy sagt mir: Wühlmäuse sind tag- und nachtaktiv. Na, zum Glück haben sie in den letzten zwei Nächten nur kurz mal bei mir vorbeigeschaut und nicht die ganze Nacht eine Party veranstaltet. Erst die Ringeltaube und nun noch der Wissenszuwachs über die Wühlmäuse. Wenn das so weiter geht, werde ich auf dieser Reise noch zum Biologieexperten.

Mein Weg wird mich die nächsten Tage ein Stück weit die Weser herunterführen. Das heißt für den heutigen Anfang, dass ich erstmal die fünfzehn Kilometer bis Holzminden zurücklaufe, die ich vorgestern gekommen bin. Um nicht exakt den gleichen Weg zu haben, was mir irgendwie blöd vorkommt, wähle ich die andere Weserseite. Die Radkarte zeigt, dass einige Abschnitte der Weser beidseitig mit Wegen versehen sind.

Während meines gestrigen Tagesausfluges hatte Gina einen weiteren Ruhetag und stand artig und regungslos neben meinem Zelt. Weg konnte sie auch nicht, da ich sie immer vorsichtshalber mit einem Schloss an das Zeltgestänge anschließe, wenn wir an einem Platz angekommen sind. Falls jemand Gina klauen wollte, müsste er das ganze Zelt auch gleich mitnehmen und das scheint mir eher unwahrscheinlich.

Ich hoffe nur, dass Gina bei so vielem Rumstehen nicht noch mehr Speck angesetzt hat, als im Harz. Vielleicht könnte ich sie zu Abnehmzwecken auch mal alleine losschicken, wenn ich

Tagesausflüge mache oder nachts. Da Gina seit Beginn unserer Reise ohne Lenkeinwirkung immer noch leicht nach rechts rollt, würde sie wie ein Bumerang wieder zum Ausgangspunkt zurückkommen. Den Kreis, den sie dabei machen würde, schätze ich auf 100 bis 200 Meter im Durchmesser.

Gleich zu Beginn des Tagesweges sehe ich, dass meine Befürchtungen bezüglich Ginas Gewichts völlig unbegründet sind. Der Weserradweg führt fast ausnahmslos direkt entlang des Flusses, ist somit topfeben und hier durchgehend glatt asphaltiert. Zudem laufe ich flussabwärts, also in der Summe leicht bergab. Gina scheint extrem abgenommen zu haben, so leicht rollt sie vor mir her. Meistens muss ich sie nur mit einem Finger antippen oder es genügt der eine Finger, um sie etwas einzubremsen, wenn sie Abstand von mir nehmen will.

Bei Reileifzen taucht wie aus dem Nichts direkt an der Weser ein Grillwagen auf und drum herum ein toll angelegtes offenes Rasengelände. Es stehen Liegen, Hollywood-Schaukeln und Strandkörbe zum Relaxen bereit. Es ist zwar erst 11:00 Uhr und ich habe erst vor einer Stunde gefrühstückt, aber dieser Platz schreit geradezu nach einer Kaffee-, Kuchen- und Bierpause.

Das Wetter ist deutlich besser als angesagt, leicht bewölkt und nicht zu warm, um angenehm zu wandern. Es sind ideale Bedingungen, um sich den ganzen Tag zu bewegen.

Seit Holzminden laufe ich auf der „Deutschen Märchenstraße" und komme alsbald durch Bodenwerder, der Baron-Münchhausen-Stadt. Ich schaue mir das Münchhausen-Museum an und mache in Bodenwerder eine ganz kurze Mittagspause.

Da es noch recht früh am Nachmittag ist beschließe ich, weiter bis nach Hameln zu laufen. Und da der Weg so schön glatt ist, benutze ich zum ersten Mal auch über eine längere Strecke hinweg das Skateboard.

Von den am Ende des Tages zurückgelegten 68 Kilometern, die mit Abstand längste Etappe bisher, bin ich vielleicht 20 bis 25 Kilometer mit einem Bein auf dem Brett gestanden. Skateboard fahren ist deutlich anstrengender als Laufen und unerwarteter Weise ist dabei das Standbein auf dem Brett mehr beansprucht als das Schwungbein. Das Standbein ist die ganze Zeit über leicht gebeugt und ich kann mir gut vorstellen, dass morgen mein rechter Gesäßmuskel meckern wird.

In Hameln gibt es in kurzem Abstand zwei Campingplätze hintereinander. Zum ersten Mal seit den Anfängen meiner Reise habe ich mich nicht vorher telefonisch nach den Öffnungszeiten der Plätze erkundigt und nachgefragt, ob ich mich anmelden müsse. Bei zwei Plätzen zur Auswahl, lasse ich es einfach darauf ankommen.

Der erste Platz ist ein Kanu-Club und es gibt absolut nichts hier, außer einer Wiese und einer Telefonnummer in einem Schaukasten, über die man einen Code für die Tür zu den Toiletten und Duschen erfragen kann. Wie die Platzbetreiber die im Schaukasten aufgelisteten Gebühren eintreiben wollen, lässt sich nicht erkennen. Hier bleibe ich nicht. Ich habe mich an das Alleine sein gut gewöhnt und bin es ja auch fast die ganze Zeit. Aber das hier ist mir für heute doch zu trostlos und so nehme ich noch die letzten zwei Kilometer für diesen langen Tag in Angriff.

Der zweite Campingplatz hat einen nagelneu renovierten und sehr großen, noblen Sanitärbereich. Die Rezeption ist jedoch etwas improvisiert und der dazugehörige Kiosk ist leer geräumt. Am Campingplatzeingang hängt ein Schild „Neueröffnung des Gasthauses im Spätsommer 2017".

Na super, da machen die dann wahrscheinlich gerade auf, wenn die Saison zu Ende ist. Viel gibt es hier also auch nicht und nach der, zeitlich und von der Entfernung her, längsten Tagesetappe werde ich nicht einmal mit einem Feierabendbier belohnt, da es auch in der näheren Umgebung keine Kneipe oder irgendwas Ähnliches gibt. Die eineinhalb Kilometer zurück in die Altstadt von Hameln möchte ich auch nicht mehr auf mich nehmen, denn gelaufen bin ich heute wirklich genug, und außerdem hat es angefangen zu regnen.

Dafür kläfft die kompletten zwei Stunden, seitdem ich angekommen bin, in der Nachbarschaft ein Hund ohne Unterbrechung. Vielleicht kann sich mal irgendjemand erbarmen und den Köter abschalten.

Der Campingplatz ist insgesamt eine ziemliche Enttäuschung. Keine Verpflegung, kein Aufenthaltsraum, kein Unterstand und keine Sitzgelegenheit für einen Camper mit kleinem Equipment. Der Boden des Zeltbereichs verdient nicht den Namen Rasen, denn es ist eher ein Rübenacker und teilweise steinhart. Als Belohnung für das Ganze ist der Preis für eine Übernachtung für mich und mein kleines Zelt mit siebzehn Euro der zweithöchste, den ich bisher bezahlen musste. Nur auf dem Nobelcampingplatz am Breitenauer See, nach meinem ersten Tag, auf dem ich mir die Holzblockhütte in Fassform gemietet hatte, hätte ich für ein Zelt mit 23 Euro noch mehr bezahlen sollen. Die Preise lagen sonst teilweise unter zehn Euro und gingen bis maximal zwölf Euro. Ich baue mein Zelt unter zwei großen Bäumen auf.

Mittwoch 28.06.2017: Hameln bis Eisbergen (36km)

Der Regen hatte irgendwann in der Nacht aufgehört. Der kläffende Köter auch.

Als ich wie immer kurz nach Sonnenaufgang das erste Mal wach werde, platscht es das eine oder andere Mal noch auf mein Zelt. Der Wind schüttelt die Regentropfen von den Blättern der beiden großen Bäume herunter, denke ich mir und schlafe nochmal für eine knappe Stunde ein. Weit gefehlt, muss ich feststellen, als ich dann aufstehe. Mein Zelt ist an mindestens zehn Stellen voller blaubeerfarbener Vogelscheiße. Ich habe meine Behausung also erst über einer Wühlmausparty aufgebaut und nun unter einem Vogelklosett. Der Biologieexperte hätte sich vielleicht erst umgeschaut, bevor er diesen, im wahrsten Sinne des Wortes, Scheißplatz gewählt hätte.

Eigentlich hatte ich vor, mir noch Hamelns Altstadt anzusehen. Aber nachdem ich nun auf dem zweiten Campingplatz, schon wieder stadtauswärts, gelandet bin und dieser auch nicht unbedingt im Ranking in die Top Ten der schönsten Plätze aufgenommen wird, bin ich jetzt beleidigt mit Hameln und ziehe früh morgens gleich weiter flussabwärts. Es geht über Fischbeck und an Hessisch Oldendorf vorbei, weiterhin überwiegend direkt am Fluss entlang.

Den ganzen Vormittag denke ich heute viel an meine große Tochter Maja. Sie hat gerade ihr Abitur hinter sich gebracht und vorgestern ihre Prüfungsnoten und somit auch die Gesamtnote ihres Abiturs erhalten. Sie war immer eine sehr gute Schülerin trotz des, gelinde gesagt, geringen Aufwandes, den sie, stetig durchhaltend über die gesamte Schulzeit, betrieben hat. Ihre Abschlussnote ist deutlich besser als die ihrer Mutter und die ihres Vaters vor 30 Jahren. Gestern haben die Abiturienten ihren Abischerz in der Schule abgeliefert und am frühen Nachmittag hat sie mich, leicht angeschwipst von der vormittäglichen Feier, angerufen. Immer wenn Alkohol im Spiel ist, wird Maja lustig und sehr redselig. Wir telefonieren eine ganze Weile auf heiterem, niedrigem Niveau, ohne große Probleme wälzen zu müssen.

Als ich aufgelegt habe geht mir durch den Kopf, wo bloß die Zeit geblieben ist. Es war doch eben erst, als ich in ihrem ersten Kindergartenjahr mitgeholfen habe, auf dem Kindegartenspielplatz einem großen Sandkasten zu bauen. Nun hat der Staat seine Erziehungspflicht getan und abgesehen von der offiziellen Zeugnisverleihung in einer Woche, wird sie wahrscheinlich das Schulgelände nie wieder betreten.

Nach dem Sommer wird sie ein freiwilliges soziales Jahr bei den Rettungssanitätern des Roten Kreuzes in Ludwigsburg machen. Sie bleibt uns in unserem Haus also glücklicherweise noch eine Weile erhalten, bevor sie dann vor hat, für ein Medizinstudium in eine andere Stadt zu ziehen. Wenn sie dann weg sein wird, wird es die Aufgabe ihrer dreieinhalb Jahre jüngeren Schwester Nina bleiben, meine Frau Sonja und mich zu „betreuen" und zu erfreuen. Zu einem späten Frühstückskaffee komme ich in einem sehr netten und etwas noblen Hotel und Gasthof in Grossenwieden unter. Zunächst setze ich mich in den Biergarten, ziehe aber kurze Zeit später nach innen um, denn es fängt massiv an zu regnen. Das Regenradar sagt mir, dass ich bis um 12:00 Uhr bleiben soll, wenn ich trocken bleiben möchte, bevor mir dann wieder eine kurze niederschlagsfreie Zeit versprochen wird. Ich breche um kurz vor 12:00 Uhr auf und es regnet weiterhin. Das tut es auch den gesamten Rest des Tages. Aber beschweren kann ich mich nicht. In über vier Wochen hatte ich bisher nur gelegentliche Schauer über mich ergehen zu lassen, sodass ich heute meinen ersten längeren Regenspaziergang mache. Es ist nur leicht windig und meine Sonnen-Regenschirm-Konstruktion bewährt sich. Gina wird zwar auf der vorderen Hälfte nass und ich an den Waden und Füßen, aber das Meiste ist einigermaßen regengeschützt.

Es ist nicht kalt und ich bin problemlos immer noch in kurzen Hosen unterwegs. Mit den tiefhängenden dicken Wolken und den unentwegt prasselnden Regentropfen, auf der neben mir fließenden Weser, bietet sich nun ein ganz neues Bild im Vergleich zu den letzten Wochen. Zumal mir knapp über Augenhöhe der Rand des Sonnenregenschirms baumelt und mir die Sicht auf den Himmel nimmt.

So laufe ich über mehrere Stunden im Regen weiter bis nach Rinteln. Auf einer Strecke von weniger als zehn Kilometern liegen hinter Rinteln drei verschiede Campingplätze zur Auswahl. Den ersten schaue ich mir an. Er liegt direkt am Doktorsee, ist sehr groß und auch sehr schön, hat aber im Bereich der Zeltwiese keine Unterstellmöglichkeit, sodass alle meine Sachen während des Zeltaufbaus ziemlich nass werden würden. Um den See zu benutzen ist es heute auch nicht ganz das richtige Wetter. Also gehe ich weiter. Auf dem Weg zum zweiten Campingplatz komme ich an einem Schild vorbei „Pension Eisbergen. Übernachtung ab 20,- Euro". Durch den Sprühregen und die umherwirbelnde Gischt der vorbeifahren Autos – ich laufe seit der letzten Stunde auf einer Straße - sind Gina und ich inzwischen von oben bis unten nass. Ich kann der Versuchung nicht widerstehen und buche ein Zimmer in der Pension. Der Wetterbericht sagt, dass ich noch genug Zeit habe, mich in den nächsten Tagen an die neuen Naturbedingungen zu gewöhnen, und so entscheide ich, dies für diese Nacht trocken anzugehen. Nach fünf Stunden Regen haben Gina und ich uns das für heute verdient.

Donnerstag 29.06.2017: Eisbergen bis Lahde (34km)

Ich habe königlich komfortabel geschlafen. Ich denke, Gina ist guter Dinge wie ich, denn sie durfte sich im Vorzimmer meiner Ein-Zimmer-Einliegerwohnung im Trockenen ausruhen. Ich trödele ein bisschen und als ich erst nach 8:00 Uhr aufbreche, regnet es nicht mehr.

Gleich hinter Eisbergen entferne ich mich für einige Kilometer von der Weser, die hier eine große Schleife macht. Ich nehme den sogenannten Windmühlenradweg bis Porta Westfalica und werde dort wieder auf die Weser treffen. Kaum weg vom Flussbett, geht es wieder etwas bergauf und in einen Wald hinein. Immerhin befinde ich mich noch in den Ausläufern des Weserberglandes. Tatsächlich komme ich an zwei Windmühlen vorbei, bin aber nach gut zweieinhalb Stunden schon wieder an der Weser.

In Porta Westfalica muss ich die Flussseite wechseln. Es geht über eine bestimmt fünfhundert Meter lange Autobrücke, die man schon weit vor dem Flussbett betritt und auch erst weit dahinter wieder verlässt. Der Fußweg auf der Brücke hat einen leicht geriffelten Belag und weil es ab der Flussmitte lange und langsam abfallend dahingeht, stelle ich mich auf das Skateboard, in Erwartung einer schönen Fußmassage durch die Riffelung des Untergrundes. Nach wenigen Metern macht es ein einfaches „Klack" und ich stehe mit beiden Füßen wieder auf dem Boden.

Das Skateboard ist ohne Vorankündigung einfach in der Mitte durchgebrochen. Ich bin etwas überrascht, aber zum Glück nicht gestürzt. Ich schaue mir die zwei Teile an und überprüfe nochmal den unterseitigen Aufdruck, der mir damals beim Kauf schon wichtig war.

„Maximale Belastung 100kg" steht dort geschrieben. Ich wiege immer so zwischen 80 und 85 Kilogramm und habe in den letzten, sehr bewegten Wochen sicherlich nicht zugenommen.

Vielleicht hätte ich dem Brett auch einen Namen geben sollen, so wie ich Gina Gina getauft habe nach dem ersten Materialschaden, um sie mir gütlich zu stimmen. Aber so wichtig wie Gina, sie trägt immerhin seit viereinhalb Wochen das ganze Gepäck, war das Skateboard nun auch wiederum nicht und übertrieben häufig benutzt habe ich es auch nicht. So bleibt es also beim Laufen.

Das Wetter ist ähnlich wie gestern. Wolkig, aber relativ schön bis zum Mittag und dann fängt es an zu regnen und es hört für den Rest des Tages auch nicht mehr auf.

Gestern Nachmittag hatte ich kurz an einer kleinen Holz-Schutzhütte angehalten. Solche Plätze, um überdacht Rast zu machen, gibt es immer wieder entlang der meisten Fernradwege. In der Hütte saß ein älterer Mann ganz in seinen Regenponcho eingehüllt und ruhte sich aus. Heute Vormittag hatte mich derselbe Mann auf einem Fahrrad fahrend, an dem eine Vielzahl Satteltaschen befestigt sind, überholt. Er hatte angehalten und wir waren kurz ins Gespräch gekommen.

Etwas außerhalb von Petershagen, kurz vor meinem heutigen Ziel, dem Campingplatz Lahde, halte ich an einer Tafel am Wegesrand an, auf der mehrere Pensionen des Ortes für ihre Gastronomieangebote und ihre Übernachtungsmöglichkeiten werben. Da es heute Nacht so angenehm war und es inzwischen schon wieder so nass ist, ertappe ich mich erneut dabei, die Luxusvarianten zu überprüfen. In dem Moment kommt der alte Mann von gestern und heute Vormittag angeradelt, erkennt mich und hält erneut an. Er war die Weserschleife entlang gefahren und hatte eine lange Mittagspause eingelegt, so ist er trotz des Fahrrades wieder hinter mir gewesen.

Er heißt Peter, ist Rentner und kommt aus Bad Segeberg nahe der Ostsee. Er ist seit zwei Monaten mit dem Fahrrad unterwegs, übernachtet immer in der freien Natur und hat kein Zelt dabei. Da wild campen in den meisten deutschen Bundesländern verboten ist, schläft er immer ohne Zelt unter freiem Himmel oder sucht sich irgendwo einen so gut wie möglich geschützten Platz, falls es regnet, so wie gestern und heute. Somit campt er nicht wild, sondern biwakiert nur, da er nicht in einer geschlossenen Behausung mit Dach und Boden übernachtet. Solange er das nicht auf Privatgrundstücken, sondern auf öffentlichen Flächen tut, ist das nicht verboten.

Er erzählt mir, dass er dann oftmals auf einem faltbaren Stuhl sitzend, den er mit sich führt, in seinen Poncho eingewickelt, einige Stunden in der Nacht vor sich hindöst und schläft.

Fast sind mir meine Gedanken an eine weitere Nacht in einer Pension peinlich, wenn ich Peter so vor mir sehe. Immerhin habe ich, im Gegensatz zu ihm, ein Zelt dabei und es regnet nur und stürmt nicht und hagelt nicht und schneit nicht. Was bin ich nur für ein Weichei. Ich beschließe, die Nacht im Zelt zu verbringen, Regen hin oder her und auch die vor mir aufgelisteten Möglichkeiten auf erneuten Luxus hin oder her.

Gegen Abend wird der Regen immer heftiger. Es gießt dermaßen, dass die Wolken eigentlich bald leer sein müssten. Mal sehen, ob ich meine Entscheidung noch bereuen werde und hoffentlich ist Peter irgendwo gut untergekommen.

Freitag 30.06.2017: Lahde bis Stolzenau (34km)

Durch das monotone Prasseln des Regens auf das Zelt war ich gestern Abend schon vor neun Uhr eingeschlafen. Auf dem Campingplatz war mal wieder gar nichts los. Immerhin hatte ich eine kurze trockene Phase erwischt, um mein Zelt aufzubauen und unter einer Art Carport konnte ich am frühen Abend einige Zeit, während strömenden Regens, im Trockenen sitzen.

Um 5:00 Uhr wache ich auf. Ich habe unglaubliche neun Stunden geschlafen, wenngleich mit einigen Unterbrechungen. Die Entscheidung, für die Nacht das Zelt zu nehmen, musste ich nicht bereuen, denn es ist innen alles trocken geblieben. Einige Sachen fühlen sich etwas klamm an und die nun schon mehrere Tage klatschnassen Turnschuhe sind natürlich nicht getrocknet und stinken inzwischen ziemlich übel. Aber sonst ist alles in bester Ordnung.

Als ich aus dem Zelt krabbele, regnet es gerade nicht mehr und ich packe zügig zusammen, bevor von oben wieder was runterkommt und alles, was jetzt noch trocken ist, beim Einpacken nass wird, bevor es in Ginas Bauch verschwindet.

Wie überall und an jedem Tag meiner Reise, zu beliebiger Zeit, werde ich auch heute früh wieder von den Ringeltauben herzlich mit meinem Ohrwurm „Gruhu-hu-huhu" begrüßt. Bestimmt 1000 Mal habe ich die Ringeltaubenunterhaltung jetzt schon gehört, bewusst zu Gesicht bekommen habe ich ein Exemplar bisher noch nicht. Fast komme ich zu der Überzeugung, dass es sich vielleicht nur um eine einzelne Ringeltaube handelt, die mich die ganze Zeit verfolgt und testen möchte, ob irgendwann meine Nerven mit mir durchgehen.

Ich habe es geschafft, alles trocken in Gina zu verstauen und gehe erst anschließend zur morgendlichen Katzenwäsche ins Sanitärgebäude. Es ist noch keine sechs Uhr in der Frühe und trotzdem kommt ein Mann zur Tür heraus, als ich Gina gerade davor parke. Er stutzt kurz und ich höre die Frage, die ich schon einige Male gestellt bekommen habe.

„Wo ist das Fahrrad?"

Es ist keine besonders große Überraschung, dass der Mann Holländer und Rentner ist, und ich erzähle ihm meine Geschichte von der dreimonatigen Auszeit und meinem Geschenk zum 50. Geburtstag von mir an mich und meiner Wanderung durch Deutschland.

„Wenn man zu Fuß unterwegs ist, sieht man die Welt ganz anders", erwidert er.

Wie Recht er doch hat, denke ich mir und freue mich trotz des nur durchschnittlich angenehmen Wetters auf den neuen Tag. Der Holländer erzählt mir, dass er früher zusammen mit seiner Frau viel mit dem Fahrrad unterwegs war und dass das jetzt altersbedingt nicht mehr so gut geht und sie deswegen mit dem Camper Urlaub machen. Er bewundert nochmal Gina und streckt respektvoll den Daumen nach oben.

„Wenn man so unterwegs ist und sich die Zeit nimmt, ist man viel näher dran an der Natur", sagt er, „wenn es zum Beispiel regnet, dann regnet es eben".

„Das habe ich heute Nacht gemerkt", entgegne ich etwas ironisch, ohne dabei das Positive aus seiner Aussage nehmen zu wollen.

Um 6:30 Uhr bin ich wieder auf dem Weg, die Weser entlang weiter flussabwärts. Kurz hinter Petershagen kommen jedoch so viele Weserauen, Badeseen und Teiche als Vogelschutzgebiete, dass ich gar nicht mehr sagen kann, wo die Weser an sich eigentlich so richtig verläuft.

In dem Örtchen Ovenstädt treffe ich auf einen Mann, der mit seinem Hund spazieren geht, jedoch in dem Moment, in dem ich an ihm vorbeikomme, am Wegesrand steht und auf etwas zu warten scheint. Sein Hund kann es nicht sein, der sitzt nämlich neben ihm und wartet ebenfalls. Im Vorbeilaufen bemerke ich im Gebüsch auf der anderen Seite des Weges eine kleine getigerte Katze, die offensichtlich Angst vor Gina und mir hat. Mehr aus Spaß frage ich den Mann ob denn die Katze auch zu seinem Morgenspaziergang gehört. Tatsächlich bestätigt er, dass sein

Schäferhund und die kleine Tigerkatze immer gemeinsam Gassi gehen, beide natürlich ohne Leine. Und schon wieder die Frage, ob ich denn zu Fuß unterwegs sei, ob mein Fahrrad kaputt gegangen sei. Scheinbar bin ich ein ziemlicher Exot, so zu Fuß unterwegs ohne Fahrrad, und Rentner bin ich auch nicht und auch kein Holländer.

Seit gestern hinter Porta Westfalica, durch Minden hindurch und jetzt an Petershagen vorbei, bin ich nun endgültig im Flachland angekommen. Der Weg ist heute bisher sehr grobkörnig, sodass Gina zeitweise ziemlich zittert, aber flach und ohne besondere Anstrengungen zu laufen. Die einzige Schwierigkeit besteht darin, den hunderten von Nacktschnecken auszuweichen, die sich, vermutlich bedingt durch die starken Regenfälle von gestern, auf dem Weg aufhalten.

Gina hat drei rollende Füße und so ist der Slalomkurs durch die Schneckenschar nicht immer ganz einfach zu halten. Ich bemühe mich, den Weg so verlustfrei wie möglich zu gestalten. Ganz gelingt mir das leider nicht, wie ich später an Ginas Reifen sehen kann.

Es ist inzwischen etwas windig geworden und das Thermometer zeigt nur noch sechzehn Grad, aber der wieder angekündigte Regen hält sich bisher angenehm zurück.

In Buchholz genehmige ich mir im Biergarten einer Gaststätte direkt an der Weser zwei späte Frühstückskaffees und lasse mir entsprechend dem Kredo meiner Tour schön viel Zeit.

Kurz hinter Buchholz führt der Weg an mehreren Seen vorbei. An einem lagern viele Wildgänse und zum ersten Mal sehe ich auch Möwen. Ich als Biologieexperte kann diese Möwen natürlich nicht zuordnen, aber für mich sehen sie aus wie eine etwas kleinere Art der Silbermöwen, die es zur Genüge an der Nordsee gibt. Ihr Gekreische ist jedenfalls identisch mit dem der Möwen von Sylt. Ein weiterer Hinweis darauf, dass ich mich schon einigermaßen in nördlichen Gefilden bewege.

Um die Mittagszeit werde ich zum dritten Mal am heutigen Tag auf meine Fußläufigkeit und auf Gina angesprochen. Eine fünfköpfige Familie aus Leonberg, also gar nicht weit weg von meinem Heimatort Ludwigsburg, ist mit zwei Tandemfahrrädern und einem normalen Fahrrad unterwegs auf dem Weserradweg. An einem der beiden Tandemfahrräder haben sie noch einen einrädrigen Fahrradanhänger. Mit diesem insgesamt annähernd fünf Meter langen Gefährt, sehen sie ähnlich einmalig aus wie ich mit Gina. Nach einem kurzen Austausch über Start, Ziel und die bisherigen Erlebnisse wünschen wir uns gegenseitig eine gute Weiterreise und eine der beiden Frauen der Fünfergruppe lässt es sich nicht nehmen, zum Abschied ein Foto von Gina und mir zu machen. Kann gut sein, dass ich langsam berühmt werde.

In Stolzenau, dem Ende für heute, komme ich schon am frühen Nachmittag an. Ich nutze die Zeit, nachdem ich mich häuslich niedergelassen habe, um die St.-Jacobi-Kirche im Ort zu besuchen. Die Kirche ist noch nicht einmal 200 Jahre alt, aber wegen ihres gewendelten Turmhelms eine Berühmtheit in dieser Gegend. In norddeutscher Zimmermannshandwerkskunst wurde eine um 80 Grad in Richtung Sonne verdrehte Turmspitze in einer aufwendigen Holzkonstruktion hergestellt. Eine Legende erzählt jedoch, dass die Stolzenauer Bürger den Teufel, unter dem Vorwand, sie wollen ein Gasthaus bauen, zum Bau der Kirche überredeten. Als dieser bemerkte, was das Gebäude in Wahrheit werden sollte, wollte er es herausreißen und zog dafür kräftig an der Turmspitze, vermochte aber lediglich diese dabei zu verdrehen.

Trotz des, laut Wetter-App mit 99% Wahrscheinlichkeit, angekündigten Dauerregens war es heute den ganzen Tag trocken, wenngleich für Ende Juni ziemlich kühl. Morgen möchte ich weiter zum östlich gelegenen Steinhuder Meer und es ist wieder so viel Regen angesagt wie für heute. Wenn es bei der Niederschlagsmenge von heute bleiben würde, wäre ich mit dem Wetter einverstanden.

Aber wie sagte der holländische Rentner von heute früh so treffend: wenn es regnet, dann regnet es und so werde ich es nehmen, wie es kommt.

Samstag 01.07.2017: Stolzenau bis Steinhuder Meer (33km)

Gestern war ich am Nachmittag in Stolzenau im Touristeninformationsbüro um zu sehen, ob es irgendwelche interessanten Punkte auf meinem heutigen Weg zum Steinhuder Meer gibt. Ich könnte nach Osten über Leese laufen oder zuerst ein Stück nach Süden bis Schlüsselburg, den Weg, den ich gekommen bin, um dann nach ungefähr vier Kilometern nach Osten abzubiegen.

Der nette Herr im Informationsbüro duzt mich gleich, was mir immer sehr sympathisch ist und gibt mir zwei Landkarten aus der Region, auf denen einige Sehenswürdigkeiten verzeichnet sind.

Ich würde gerne den Weg über Leese nehmen, da es mir weiterhin widerstrebt, einen Weg doppelt zu laufen. Der duzende Herr erzählt mir, dass auf der Bahnstrecke in Leese, die ich auf dem Weg kreuzen würde, vor einer Stunde ein mit Gefahrgut beladener Güterzug entgleist ist und dass er in den Lokalnachrichten gehört hat, dass alle Wege um die Bahnstrecke herum im Moment weiträumig gesperrt sind. Er zeigt mir aber auch auf einer der Landkarten einige kleine Nebenwege über die Felder, auf denen ich zu einer Bahnunterführung ungefähr einen Kilometer südlich von Leese komme, falls der Unfallbereich morgen noch gesperrt sein sollte.

Ich habe mich trotz der Ungewissheit, wie ich genau durch Leese kommen werde, für den Weg nach Osten entschieden. Ich kann nur hoffen, dass die Feldwege, falls ich diese nehmen muss, einigermaßen befestigte Wege sind und nicht schlammig oder direkt durch irgendwelche Moore führen, die es in dieser Gegend reichlich gibt. Bei den heftigen Regenfällen der letzten Tage würde ich sonst wohlmöglich im Morast versinken, und man würde mich vielleicht in 2000 Jahren wieder ausgraben und als Moorleiche ausstellen. Dann wäre ich auf jeden Fall berühmt.

Ich breche um 7:45 Uhr auf. Es nieselt ganz leicht und das Regenradar auf meinem Handy sagt mir voraus, dass ich ab 8:45

Uhr für eine halbe Stunde kräftigen Regen zu erwarten habe und dass es danach dann erstmal wieder besser aussieht. Die ersten eineinhalb Stunden noch zu warten, um erst nach dem Regenguss los zu laufen, habe ich keine Lust. Keine fünf Minuten nachdem ich losgegangen bin, fängt es heftig an zu schütten. So werde ich heute, als Alternative zu den letzten Tagen, gleich mal von vornherein vernünftig nass. So ein Regenradar ist eben auch nur ein Mensch und kann sich mal irren. Und wenn es regnet, dann regnet es eben, habe ich ja inzwischen gelernt.

Dafür komme ich problemlos den normalen Hauptradweg durch Leese hindurch und muss mir keine Gedanken über meine Zukunft als Moorleiche machen. Der verunglückte Güterzug steht noch auf der Brücke, unter der mein Weg hindurch führt, und ein entgleister Waggon liegt auf die Seite umgekippt fünf Meter unterhalb der Gleise auf der Böschung. Einige Einsatzfahrzeuge und auch Männer des Technischen Hilfswerks sind noch vor Ort und haben den Bereich um den havarierten Waggon abgesperrt. Die Straße unter den Gleisen hindurch ist aber wieder für den Verkehr freigegeben.

Ich habe den Flusslauf der Weser verlassen und möchte die vorerst letzte Nacht im Zelt auf einem Campingplatz am Nordufer des Steinhuder Meeres verbringen, bevor ich danach für eine Nacht bei meinem Kumpel Thommie unterkomme und meine Reise für den Kurztrip nach Hause unterbrechen werde. Ich habe inzwischen entschieden, für zwei Nächte zu Hause zu sein. Ich freue mich auf Thommie, auf meine Familie aber natürlich noch mehr. Aber dass meine Tour danach noch weitergeht, gefällt mir auch sehr gut.

Wann ich im weiteren Verlauf meines Weges dann wieder auf die Weser treffen werde, habe ich noch nicht entschieden. Drei Möglichkeiten habe ich mir zur Wahl gestellt, um nach Bremen zu kommen. Entweder von Thommies Wohnort Didderse bei Gifhorn die Aller flussabwärts, bis diese kurz vor Bremen in die

Weser fließt oder von Didderse zurück zum Steinhuder Meer, um von dort aus die Leine flussabwärts zu begleiten, die wiederum nach einer gewissen Strecke in die Aller fließt. Die dritte Möglichkeit wäre, sich von Didderse aus gleich wieder nach Westen zu wenden, um den ganzen Weg bis nach Bremen der Weser zu folgen. Für die beiden ersten Möglichkeiten hat mir meine Frau zu Hause inzwischen die mir noch fehlenden Radwegekarten besorgt und so werde ich wohl erst in vier Tagen auf der Zugrückfahrt zu Thommie entscheiden, welchen Weg ich nehmen möchte.

Nach den Orten Leese und Loccum führt es mich heute dann offenbar doch nochmal über die Berge. Das behauptet zumindest die Karte. Um auf meinem gewählten Weg zum Steinhuder Meer zu kommen, muss ich über das Waldgebiet „Rehburger Berge". Mit unglaublichen 30 Metern Erhebung aus dem Flachland ist das Wort „Berge" jedoch ein wenig hochgegriffen.

Kurz bevor ich am Nachmittag auf das Steinhuder Meer treffe, kommt mir die fünfköpfige Familie aus Leonberg nochmal entgegen. Sie waren gestern noch bis ins 30 Kilometer weiter nördlich liegende Nienburg an der Weser entlang gefahren und sind nun schon wieder auf dem Rückweg zu ihrem Auto. Sie hatten nur wenige Tage Zeit für eine kleine Rundfahrt. Wie klein doch die Welt ist, dass man sich zwei Mal in zwei Tagen über den Weg läuft und wie groß doch in Wirklichkeit, dass ich in viereinhalb Wochen gerade mal halb durch Deutschland gekommen bin.

Ich muss noch knapp zehn Kilometer weiterlaufen, ungefähr ein Drittel um das Steinhuder Meer herum, da alle Campingplätze im Norden des großen Sees liegen. Das Wetter kann sich nicht so richtig entscheiden, ob es regnen soll oder nicht. Es wechselt immer wieder zwischen Nieselregen, richtigem Regen und gar keinem Regen. Als ich am Campingplatz ankomme und mein Zelt aufschlage, kommt gerade nichts von oben, sodass ich meine Sachen trocken in mein 2,5-Quadratmeter-Domizil bekomme.

Es ist erst später Nachmittag und ich mache noch einen Spaziergang entlang der Promenade von Mardorf. Für das durchschnittlich bescheidene Wetter und im Vergleich zu den Orten, an denen ich in den letzten Tagen war, ist hier ziemlich viel los. Auch auf dem Campingplatz bin ich nicht der einzige Zelturlauber und in der Nachbarschaft läuft Musik und es wird, dem Wetter zum Trotz, gegrillt und gefeiert.

Zum Abend hin reißt die Wolkendecke zunächst ein bisschen auf und die Sonne kommt heraus. Am Ende des Tages gibt es einen wolkenlosen Himmel über dem Steinhuder Meer mit wunderbarem, stimmungsvollen Licht und einem malerisch schönen Sonnenuntergang.

Es ist Anfang Juli und die Sonne verteilt auch spät am Abend noch eine angenehme, wohltuende Wärme. Ich lege mich auf einen weit ins Wasser hinausragenden Holzsteg und genieße den Anblick, wie der Horizont langsam den orangerot flimmernden Wärmespender verschluckt. Dieser Augenblick ist einer zum Festhalten und Einrahmen und man müsste ihn immer wieder herausholen können, wann immer man einen schlechten Moment im Leben hat.

Heute komme ich erst spät und im Dunkeln zurück in mein Zelt und kann trotzdem nicht einschlafen. Zu eindrucksvoll hat die Natur am Ende des heutigen Tages ein Bild in mir hinterlassen.

Sonntag 02.07.2017: Steinhuder Meer bis Didderse (Busfahrt, Zugfahrt und 15km Fußweg)

Auf dem Campingplatz habe ich für die Duschen und WCs eine Chipkarte bekommen und musste dafür Pfand bezahlen. Da die Campingplatzrezeption offiziell erst um halb neun Uhr öffnet und ich vor der Abreise noch die Chipkarte wieder loswerden muss, lasse ich mir nach dem Aufstehen viel Zeit.

Es ist über Nacht trocken geblieben und auch jetzt sieht es nicht so aus, als würde es gleich wieder zu regnen beginnen. Es besteht also auch aus der Sicht kein Grund zur Eile.

Ich möchte mir bei der direkt neben dem Campingplatz liegenden Bäckerei einen Kaffee holen und schiebe dazu Gina etwas aus dem Weg. Gina rollt schwer und irgendwas schleift. Da erkenne ich den nächsten Materialschaden. Der rechte Reifen ist platt. Flickzeug habe ich dabei, aber keine Luftpumpe. Bei genauerem Hinsehen bekomme ich einen Schreck. Flickzeug und Luftpumpe wäre hier beides fehl am Platz. Im Mantel des Reifens sind gleich zwei pfenniggroße Löcher. Dass an beiden Reifen das Profil inzwischen weg ist und dass am rechten schon einige Fasern des Mantelunterbaus erkennbar sind, war mir schon vor ein paar Tagen aufgefallen. Nur habe ich dieser Tatsache erstmal keine weitere Bedeutung beigemessen und auch nicht weiter darüber nachgedacht. Nun habe ich den Salat. Hier hilft kein Flicken und kein irgendwie Improvisieren. Es geht kein Weg an einem neuen Mantel vorbei oder besser vorsichtshalber gleich neue Mäntel für beide Hinterräder.

Heute Abend möchte ich bei Thommie in Didderse sein und eine Zugfahrt dorthin war sowieso geplant. Eigentlich wollte ich ungefähr 30 Kilometer von den knapp 100 Kilometern vom Steinhuder Meer aus laufen. Aber nun versuche ich, so weit wie möglich mit Bus und Bahn zu kommen, um Gina so wenig wie möglich durch die Gegend hinken zu lassen.

Zunächst telefoniere ich mit Thommie und wir besprechen, dass er mich zur Not auch irgendwo einsammeln kann, aber er muss heute erstmal arbeiten, obwohl Sonntag ist. Ich bin mir auch nicht sicher, ob Gina in sein Auto passt. Also will ich versuchen, ob ich irgendwie durchkomme und werde ihn nur zur Not später nochmal anrufen, falls ich irgendwo steckenbleibe und nicht weiterkomme.

Ich schiebe Gina ungefähr zwei Kilometer bis zur ersten Bushaltestelle. Dabei gehe ich so behutsam wie möglich vor, um den Schaden auf gar keinen Fall noch zu vergrößern, indem ich zum Beispiel die Felge ruiniere oder was ich sonst noch so alles hinbekommen würde.

Es ist Sonntag kurz nach neun Uhr in der Frühe und das hier ist alles andere als ein Ballungsgebiet. Gespannt nähere ich mich dem aushängenden Busfahrplan in der Erwartung, dass hier vermutlich maximal ein Bus am Tag anhält und sonntags vielleicht weniger. Zu meiner Überraschung fahren die Busse hier alle zwei Stunden und der nächste ist für 9:29 Uhr angekündigt. Das würde super passen, wenn ich nicht im nächsten Augenblick das kleine „b" als Fußnote wahrnehmen würde und lesen müsste, dass „b" heißt: der Bus ist ein Rufbus, der nur nach Aufforderung kommt und die muss mindestens 60 Minuten vor Fahrantritt erfolgen. So was habe ich ja noch nie gehört, und so einen Scheiß kann sich bestimmt nur irgendein unterbeschäftigter Beamter ausgedacht haben. Außer mir steht keiner an der Bushaltestelle und so wird vermutlich auch niemand den Bus gerufen haben.

Ich entscheide, die Straße entlang weiter zu laufen bis zur nächsten Haltestelle. Vielleicht gibt es doch noch jemanden in diesem ländlichen Gebiet, der am Sonntag früh, inzwischen im Nieselregen, Bus fahren möchte und daran gedacht hat, eine Stunde früher aufzustehen, um sich den Bus wie ein Taxi kommen zu lassen. Zugegebenermaßen ein sehr hypothetischer Gedanke.

Als ich ungefähr 500 Meter weiter um eine Kurve biege und vor mir die nächste Haltestelle zum Vorschein kommt, glaube ich es kaum. Es steht tatsächlich ein einzelner Mann im Wartehäuschen. Dort angekommen frage ich ihn, ob er denn weiß, ob hier gleich ein Bus kommt.

„Ja", sagt er, in etwas gebrochenem Deutsch. Es kommt ein Bus um 9:30 Uhr, ist er sich sicher.

Er ist Rumäne und es läuft laute persische Musik auf seinem Handy. Ich frage ihn, ob er „klein b" gelesen hat und er den Bus angefordert hat. Er schaut mich etwas verdutzt und ungläubig an und sagt sinngemäß: nein, er habe nicht telefoniert, er höre nur Musik auf seinem Handy und der Bus komme um 9:30 Uhr. Auf meine Erklärungsversuche hin, dass dies ein Rufbus sei, der entsprechend „klein b" nur kommt, wenn man ihn explizit und rechtzeitig ruft, sagt er, dass es Sonntag sei und er gläubiger Christ sei und in die Kirche wolle.

„Mit Gottes Hilfe kommt der Bus" ergänzt er noch.

Ob Gott genügend Zeit hat und sich dafür zuständig fühlt, sich um unseren Bus zu kümmern, bin ich mir nicht ganz sicher, aber da es inzwischen 9:20 Uhr ist, kann ich die zehn Minuten in seinen Glauben investieren und warte mit ihm zusammen bei persischer Musik.

Ich bin konfessionslos, an mir kann es also nicht liegen, aber um kurz nach halb zehn Uhr kommt tatsächlich ein Bus um die Ecke gefahren. Der Rumäne grinst und steigt vorne ein. Ich gehe ebenfalls zur Vordertür und bitte die Busfahrerin, für Gina hinten zu öffnen, wobei ich den Namen Gina nicht erwähne, damit sie mich nicht für bescheuert hält. Ich bin schon wieder auf dem Weg zur Hintertür, als die Busfahrerin mir nachruft, dass sie nicht glaubt, dass ich mit meinem Wagen da noch reinpasse. Die Tür macht sie aber wenigstens erstmal auf. In dem 80-Personen-Bus sitzen vier Leute und dazu steht ein Kinderwagen auf dem für Rollstuhlfahrer vorgesehenen Platz.

Ich habe Gina schon hineingewuchtet, als die junge, eifrige Fahrerin im Bus nach hinten gelaufen kommt und mit energischen Worten sagt, dass das so nicht gehe und dass nicht genügend Platz für meinen Wagen wäre, da der Platz ja schon mit dem Kinderwagen belegt sei und der Ausgang freigehalten werden müsse und mein Wagen im Weg stehen würde. Um ihr ein bisschen den Wind aus den Segeln zu nehmen, laufe ich ihr im Bus ein paar Schritte entgegen, mit den Worten, dass ich erstmal bezahlen möchte und dann meinen Wagen schon so platzieren würde, damit der Platz vor der Tür nicht versperrt sei. Etwas maulig lässt sie sich darauf ein. Ich bezahle und rangiere Gina anschließend so gut es geht neben die hintere Tür. Nun ragt jedoch Ginas Vorderrad in den Gang und die Busfahrerin mault beim Anfahren mit einem finsteren Blick in den Rückspiegel.

„Da kommt ja keiner mehr durch. So darf ich eigentlich nicht fahren".

Ich ignoriere sie betont ausdruckslos, als würde ich mich nicht angesprochen fühlen und denke mir dabei, dass da auch keiner durch muss, denn gerammelt voll ist der Bus nun wirklich nicht. Die vier bisherigen Passagiere und auch der gläubige, persisch-rumänische, christliche Neuankömmling sitzen allesamt vor Gina und mir und wir sitzen hinter der Tür. Da die Bus-Chefin bei mir nun ja auch schon abkassiert hat, sitzt sie wohl etwas in der Zwickmühle und fährt schlussendlich mürrisch blickend los.

Der persische Rumäne grinst wieder zu mir rüber. Ich glaube nicht, dass er glaubt, dass Gott uns den Bus geschickt hat. Wie auch immer. Jedenfalls kommt er rechtzeitig in die Kirche und Gina und ich ein Stück näher zu Thommie.

In Neustadt nehme ich die S-Bahn bis Hannover und in Hannover dann einen Regionalexpress bis Peine. Von Peine aus sind es noch gut zwanzig Kilometer Radwegstrecke bis Didderse. Das finde ich immer noch ein bisschen viel für die zweieinhalb-rädrig hinkende Gina und mich. Die Bahnlinie geht nicht näher an Didderse heran als bis hier und so suche ich also wieder nach einem Bus in unsere gewünschte Richtung.

Didderse hat gefühlt so viele Häuser wie ich Finger an einer Hand und so wundere ich mich auch nicht, dass ich für Sonntag keine Busverbindung bis dorthin finde. Als ich das Thommie später am Abend erzähle, erwähnt er mit seinem trockenen Humor, begleitet von seinem unverwechselbaren Lachen:

„Montags hättest du vermutlich auch keinen gefunden", was so viel heißt wie, dass er sich selbst gar nicht sicher ist, ob Didderse überhaupt eine Bushaltestelle hat.

Ich finde einen Bus bis Edemissen, ein Örtchen, das zwar etwas zu weit nördlich liegt, uns aber immerhin knapp zehn Kilometer näher an Didderse heranbringt. So müssen Gina und ich also am Ende noch gut zwölf Kilometer bewältigen. Ich schiebe wieder so vorsichtig wie möglich und in jeder Kurve hebe ich Ginas Hinterräder an, um ja nicht den platten rechten Mantel von der Felge rutschen zu lassen. Der Weg ist zuerst ein sandiger Nebenradweg, der mit vielen kleinen und großen Pfützen gespickt ist und so geht es beschwerlich und langsam voran, aber wir kommen unserem Ziel im Laufe des Nachmittags näher.

Auf dem halben Weg nach Didderse knacken Gina und ich die gemeinsam bewältigte 1.000 Kilometer-Fußmarsch-Marke und geben heute dabei ein traurigeres und angeschlageneres Bild ab, als mir in Wahrheit zu Mute ist. Den zermürbten Mantel und vorsichtshalber den zweiten des linken Hinterrades werde ich auf meinem Heimaturlaub zügig ersetzt bekommen, bin ich mir sicher und so trotte ich gut gelaunt durch den Regen. Gefeiert wird heute Abend.

Die letzten fünf Kilometer muss ich auf einer Straße laufen, aber Autos fahren in dieser dünn besiedelten Gegend, zumal an einem Sonntag, nicht sehr viele und so bin ich hier auch kaum jemandem im Weg.

Um 16:00 Uhr, nach Bus, Bahn, Bus und fünfzehn etwas mühseligen Kilometern begrüßen mich Thommie und seine Frau Antje herzlich und mit Kaffee, Kuchen und Bier, so als ob sie meine neuen Essgewohnheiten kennen würden. Zudem gibt es Flammkuchen und alles, was man sich als Wanderer nur so wünschen kann.

Es ist schön, mal wieder bei Freunden zu sein und dass ich mich mit bekannten Gesichtern über meine Erlebnisse unterhalten kann. Morgen geht es für eine zweitägige Pause meiner Reise mit der Bahn nach Hause.

Montag 03.07. bis Mittwoch 05.07.2017:
Didderse – Ludwigsburg – Didderse

Thommie ist Staatsanwalt, arbeitet in Braunschweig und so nimmt er mich am Morgen mit in die Stadt und schmeißt mich am Hauptbahnhof raus. In knapp fünf Stunden werde ich in Ludwigsburg sein, knapp fünf Wochen hatte ich mir für den Weg bis Didderse genommen.

Es ist Montag, Sonja arbeitet und deswegen holt mich Maja, die seit einigen Wochen achtzehn Jahre alt ist und inzwischen den Führerschein hat und auch ein eigenes Auto besitzt, vom Bahnhof in Ludwigsburg ab. Nach den 1.000 Kilometern bis Didderse könnte ich die paar Schritte nach Hause zwar auch laufen, aber Maja ist mit der Schule fertig, hat Zeit und wir freuen uns beide, dass sie nun endlich mal den Chauffeur abgeben kann.

Nina ist auch zu Hause. Beide sehen sie umwerfend toll aus und ich bin froh, meine beiden Töchter nach fast fünf Wochen wieder in den Arm nehmen zu können. Am Abend kommt Sonja von der Arbeit und ich genieße es, meine drei Frauen bei mir zu haben.

Als ich am Dienstag früh in meinem eigenen Bett aufwache, wir haben wegen des heißen Wetters bei offenem Dachfenster geschlafen, höre ich von draußen zur Begrüßung ein langgezogenes „Gruhu-hu-huhu". Ich schwöre bei allem was mir heilig ist, dass ich das zu Hause noch nie vorher gehört habe. Es ist also doch eine Spionage-Ringeltaube, die mich beobachtet, begleitet und überwacht und irgendwas mit meiner Psyche vorhat. Vielleicht bin ich aber auch nur wahrnehmungsfreudiger geworden durch meinen wochenlangen Aufenthalt in der Natur.

Mittwochnachmittag sitze ich wieder im Zug. Ich lasse mich im Expressverfahren zurück zu Antje und Thommie nach Braunschweig bringen.

Die zwei Tage mit der Familie waren kurz, aber sehr schön. Um halb zwei Uhr musste ich das Haus verlassen und den Rückweg zum Bahnhof laufen. Maja konnte mich nicht bringen, weil sie mit ihrer besten Schulfreundin zusammen auf dem Weg nach Sylt ist und selbst schon seit heute früh im Zug sitzt. Sonja hatte sich mit ihrer Schwester zum Shoppen verabredet und da hätte ich eine knappe Stunde früher gehen müssen, wenn ich mit ihr gefahren wäre. Das wollte ich aber nicht, denn ich hatte die Hoffnung, dass Nina rechtzeitig von ihrer Arbeit zurückkommt, sodass ich sie nochmal sehen und drücken könnte.

Nina macht diese Woche von der Schule aus ein Sozialpraktikum und arbeitet in einem Alten- und Pflegeheim, immer ungefähr von 8:00 bis 13:00 Uhr, und ist bisher immer kurz vor halb zwei Uhr zu Hause gewesen.

Ich wollte sie gerne nochmal sehen, bevor ich wieder abhaue, weil sie gestern auf mich ein bisschen einen traurigen Eindruck gemacht hat. Vielleicht weniger weil ich wieder gehe, sondern vielmehr weil ihre Schwester Maja jetzt schon nach Sylt fahren kann und sie noch drei Wochen warten muss, bis die Sommerferien beginnen.

Nina liebt Sylt. Wir alle lieben Sylt, aber Nina ein bisschen mehr als der Rest und vielleicht sogar mehr als ich. Wenn sie sechzehn Jahre alt ist, möchte sie sofort die gleiche Tätowierung haben, wie ich eine auf der rechten Schulter habe. Dort sind die geographischen Koordinaten 54° 45' 20,8" Nord 8° 16' 45,9" Ost zu lesen. Das ist exakt die Stelle am Hörnumer Weststrand, an der wir uns im Sylturlaub immer aufhalten.

Jetzt ist Maja in diesem Sommer schon das zweite Mal auf dem Weg dorthin, das erste Mal war direkt nach den schriftlichen Abiturprüfungen, und ich bin es mit ein bisschen Umweg auch schon bald. Nina gönnt uns das bestimmt, aber etwas neidisch ist sie trotzdem. Wobei sie auf meinen Fußmarsch bestimmt nicht neidisch ist.

Als Teenager hätte ich das auch bekloppt gefunden und in der Pubertät, in der sie voll drin steckt, ist eher chillen angesagt. In dieser Zeit müssen viele der jungen Menschen ihre Interessen erst noch finden oder sortieren und das ist bei Nina auch nicht anders. Ich denke, sie hängt viel einfach nur so herum, weil sie manchmal nicht weiß, was sie mit sich und ihrer Zeit anfangen soll.

Dabei hat sie in vielen Dingen Talent. Im Kindesalter hat sie wunderschön gemalt. Sie war unter anderem in einem Aquarell-Malkurs und hat grandiose Wasser-, Wellen-, Möwen- und Wolkenbilder gemalt. Im Teenageralter ist das Malen leider nicht mehr in.

Im Winter war sie fast jeden Tag zum Schlittschuhlaufen in der Eishalle, aber die hat jetzt im Sommer natürlich geschlossen und so fällt auch dieses Hobby weg.

Nina kann auch sehr schön singen. Wenn sie in der Badewanne liegt und sich ungestört fühlt, singt sie manchmal mit Kopfhörern in den Ohren ihre Lieblingslieder mit. Dann setze ich mich heimlich vor die verschlossene Badezimmertür und bin ganz gerührt von ihrer Stimme.

Nina ist definitiv die Kreativste von uns vieren. Vielleicht findet sie später im Leben ja irgendeine Beschäftigung, in der Kreativität gefragt ist. Aber bis dahin hat sie noch viel Zeit und so muss sie jetzt erstmal noch drei Wochen zur Schule gehen, während ihre Schwester und auch ich einfach unsere Freiheit genießen können.

Tatsächlich kommt Nina in der Minute, in der ich gehen will, zur Tür herein. Ich drücke sie kräftig, sage ihr, dass sie nicht traurig sein soll und dass drei Wochen wie im Flug vergehen werden und wir dann einen tollen Urlaub zusammen verbringen werden, mit super Wetter, Spitzenpartys und allem, was dazu gehört. Immerhin kann ich sie zum Lächeln bringen, küsse sie auf die Stirn und dann muss ich auch schon los.

Um 19:00 Uhr holt Thommie mich an der gleichen Stelle ab, an der er mich zwei Tage zuvor rausgeschmissen hat. Antje hat derweil mit ihren beiden Kindern Raclette als Abendessen vorbereitet. Das ist zwar eigentlich ein Winteressen, wie wir uns gegenseitig später aufklären wollen, aber irgendjemand aus Thommies

Familie hat sich das wohl zum Abend gewünscht. Und damit ich was Ordentliches in den Magen bekomme, bevor ich meine Tour wieder aufnehme, wie Antje sagt, soll ich kräftig zuschlagen. Das mache ich auch und Thommie versorgt mich dazu mit einigen kalten Bieren.

Donnerstag, 06.07.2017 : Didderse bis Winsen (66 km)

Nach ausführlichem Studium der neuen Radwegekarten hatte ich mich entschieden, den Allerradweg Richtung Bremen als den weiteren Verlauf des Weges zu nehmen.

Am Dienstag hatte ich zuhause schnell und problemlos die beiden fälligen Hinterreifen für Gina ersetzt bekommen, sodass sie nun wieder leicht und flüssig rollt und offensichtlich guten Mutes unserem weiteren bevorstehenden Weg entgegensieht.

Wir brechen um 7:00 Uhr von Didderse auf, Richtung Norden entlang des kleinen Flüsschens Oker bis nach Münden, wo wir auf die Aller beziehungsweise auf den Allerradweg treffen. Von der Aller selbst ist zunächst kaum etwas zu sehen.

Der Allerradweg verläuft ab Münden sehr naturnah, aber immer einige hundert Meter weit weg von der Aller. Der Weg knickt immer mal wieder im rechten Winkel ab, dem Verlauf parzellierter Felder folgend und kreuzt dabei ab und an die Aller. So richtig dem Flusslauf folgen tut der Radweg für heute aber nur einige Kilometer vor Celle und dann nochmal für ein kurzes Stück etwa zehn Kilometer hinter Celle.

Das Wetter ist zum Laufen ideal. Es ist sonnig mit nur ein paar vereinzelten Wolken und mit etwas über 20 Grad angenehm warm, aber nicht zu heiß. Der Weg ist sehr leicht zu laufen. Das Gelände ist topfeben und falls mich meine rudimentären Geographiekenntnisse nicht täuschen, habe ich auf meinem weiteren Weg bis an die Nordsee auch keine Berge mehr zu erwarten.

Nur eine Sache stört heute fast von Beginn an. Ich werde pausenlos von einer Horde Fliegen oder Bremsen oder sonstigem flugfähigen Getier verfolgt und umzingelt. Die Tierchen sind neugierig und wollen meine Nase und die Ohren von innen untersuchen. Auch meine Augen scheinen großes Interesse zu wecken und ein ganz mutiger Flieger wagt sich sogar in meinen Mund. Den verschlucke ich natürlich aus Versehen gleich mal und spüle schnell mit reichlich Wasser nach. Meine Magensäure wird hoffentlich kurzen Prozess mit dem Selbstmörder machen.

Mir als inzwischen gestandenem Biologieexperten fällt es leider schwer zu sagen, ob das Flugvolk mir nur auf den Keks gehen will oder ob einige davon mich auch aufessen wollen. Also sprühe ich mich vorsichtshalber von Kopf bis Fuß mit Autan ein, mit dem Erfolg, dass die Tierchen nun nicht mehr ganz so vielzählig auf mir landen, mich aber weiterhin permanent umkreisen. So macht das heute keinen Spaß. Da ich mir ein neues Skateboard gekauft hatte, kommt dieses nun auch zum Einsatz. Der Weg ist flach und glatt und mit dem neuen Skatboard versuche ich über mehrere Kilometer hinweg dem Schwarm mit etwas mehr Geschwindigkeit zu entkommen. Fast kann ich meine Begleiter lachen hören, denn problemlos schließen die Fliegen, Bremsen und Co immer wieder auf, wenn sie Lust dazu haben. Ich versuche es dennoch mehrmals und so komme ich mit vielleicht fünfzehn Kilometern auf den zweiten langen Skateboard-Einsatz auf meiner Reise.

Ursprünglich wollte ich heute bei Wienhausen kurz vor Celle den Tag beenden, doch durch das Skateboard und die auch sonst leichten Laufverhältnisse komme ich schon um die Mittagszeit an dem Zeltplatz vorbei. Nach drei Tagen Wanderpause bin ich voller Elan und verlege das Tagesziel auf den nächsten Campingplatz ungefähr sechzehn Kilometer hinter Celle bei Winsen.

So habe ich am Ende des Tages mit 66 Kilometern die zweitlängste Etappe absolviert und bin dann am Abend aber auch entsprechend platt.

Als Belohnung lande ich dafür in Winsen auf einem sehr gepflegten Campingplatz mit einer Zeltwiese direkt an der Aller.

Zehn Meter neben meinem Zelt ist eine kleine, nette Badebucht angelegt. Nach dem langen Tag mit zehneinhalb Stunden Marsch ohne Pause bevorzuge ich lieber eine warme Dusche, als in der Aller baden zu gehen und anschließend bekomme ich, wie üblich, die fast schon obligatorischen, zwei kalten Biere in der Campingplatzgaststätte.

Es gibt einen sehr schönen Sonnenuntergang über der Aller. Für die Nacht sind jedoch Gewitter angesagt und ich bin mit meiner Ausbildung zum Biologieexperten einen Schritt weiter gekommen, denn ich kann fünf neue Insektenstiche an mir zählen. Es waren also nicht nur Fliegen, die an mir interessiert waren. Die Stiche sind allesamt an der Wade, in der Kniekehle und an der Oberschenkelrückseite. Während ich mich nach vorne hin tapfer verteidigt habe, bin ich feige und unbemerkt von hinten angegriffen worden.

Freitag 07.07.2017: Winsen bis Campingplatz Frankenfeld (47 km)

Gewittert hat es in der Nacht nicht. Dafür fängt es pünktlich in dem Moment, als ich beginne zusammen zu packen, an zu regnen. Ich beeile mich und bekomme alles einigermaßen trocken in Ginas Bauch verstaut. Nur das Zelt muss ich schon wieder nass einpacken, aber das hat es in der letzten Woche auch schon häufiger überstanden.

Ich bin noch ziemlich schlapp von der gestrigen langen Etappe und zum ersten Mal ertappe ich mich bei dem Gedanken: „Wie viele Tage muss ich denn noch laufen?"

Gleich vom Start weg merke ich, dass ich heute nicht so gut drauf bin, weder körperlich noch mental.

Von Winsen aus geht es bis Wietze mehrere Kilometer durch einen schönen, dicht gewachsenen Nadelwald. Es riecht herrlich, es ist wieder wundervoll ruhig und die nervigen Fliegen von gestern sind irgendwie alle auf den Feldern geblieben. Trotzdem bekomme ich den Gedanken und das Gefühl, dass ich noch zweieinhalb Wochen unterwegs sein muss, nicht aus dem Kopf.

Der Weg hinter Jeversen ist in der Radwegkarte als asphaltiert ausgewiesen. In Wahrheit rolle ich über eine extrem grob geschotterte Piste, die mit einer Vielzahl faustgroßer Steine gespickt ist und ebenso viele knöcheltiefe Schlaglöcher aufweist. Ich versuche, Gina um die Hindernisse herum zu manövrieren. Sie zittert am ganzen Körper so heftig, dass mehrfach die Straßenkarte aus der Halterung rutscht und ich fluche leise vor mich hin über die Macher der Karte. Dass ich mich über eine solche Kleinigkeit aufrege zeigt mir, dass ich heute mit dem falschen Bein zuerst aufgestanden bin.

Das Wetter ist inzwischen wieder nahezu ideal und eigentlich gibt es nichts zu meckern.

Bei Buchholz kreuze ich zum wiederholten, aber auch zum letzten Mal auf meiner Reise die Autobahn A7. Über mir rasen die Menschen nach Norden und Süden. Wenn ich jetzt hier einen der Raser anhalten könnte und einsteigen würde, wäre ich in drei Stunden auf Sylt. Ein reizvoller Gedanke, zumal das gute Wetter inzwischen auch dort oben angekommen ist und Maja dort ihre Freizeit genießt.

Aber nicht nur der Ehrgeiz, den gegangenen Weg noch zu Ende zu gehen, sondern auch das Wissen, dass nach einem schlechten Tag wieder bessere kommen werden, lässt mich diesen Gedanken gleich wieder verwerfen.

In drei Tagen möchte ich in Bremen sein und gerade hat mir Mone, eine von Sonjas ältesten Sandkastenfreundinnen, die in der Nähe von Bremen wohnt, per Whats-App zurückgeschrieben, dass sie in der Zeit zu Hause sein werden und sich freuen, wenn ich sie besuche. Mone und ihr Mann Jens sind unglaublich gemütliche Zeitgenossen und so werde ich also, wenn alles nach Plan läuft, am Sonntagabend ein weiteres Mal eine schöne Abwechslung von meinem Einsiedlerleben bekommen.

Hier auf dem Allerradweg kann man das nicht so richtig erwarten. Gestern auf dem sehr großen Campingplatz standen nur zwei Zelte und auf dem Radweg selbst ist mir in den zwei Tagen seit Didderse genau eine Person mit Reisegepäck auf dem Fahrrad entgegen gekommen. Auf dem ganzen Weg gestern und heute bin ich an keinem Biergarten oder irgend sowas ähnlichem vorbei gekommen, außer der einen oder anderen Gaststätte in den kleinen Orten und die hatten allesamt geschlossen. So richtig auf Unterhaltung stößt man entlang des Allerweges also nicht. Nicht einmal die Aller selbst lässt sich häufig blicken, denn der Weg führt weiterhin überwiegend weit genug vom Fluss weg, als das man diesen sehen könnte.

Am Nachmittag komme ich dann im Örtchen Bosse immerhin an einem geöffneten Gasthaus vorbei, begnüge mich dort aber wieder mit Kaffee und Kuchen als frühes Abendessen, weil die warme Küche erst ab 18:00 Uhr in Betrieb ist. Macht nichts, warmes Essen ist nicht wichtig. Kaffee, Kuchen und Bier sind weiterhin meine Standardbestellung und ich kann mich davon, abgesehen von meinen mitgeführten Brot-, Wurst- und Schokoriegelvorräten, weiterhin gut über Wasser halten.

Wieder warnt die Wetter-App für die Nacht vor möglichen Gewittern und heute sieht es gegen Abend am Horizont danach aus, als könnte wirklich was runterkommen.

Als ich vorhin am Campingplatz „Ritterhof" in Frankenfeld ankam, hat mich ein netter, junger Mann, der ursprünglich aus Polen kommt, in Empfang genommen, mir gezeigt wo die Zeltwiese ist und mich dabei, mit starkem polnischen Akzent, auf Gina und das fehlende Fahrrad angesprochen. Ich habe ihm erzählt, dass ich seit gut fünf Wochen durch Deutschland laufe und bisher etwas über 1.100 Kilometer zurückgelegt habe und dass ich deshalb durstig sei und ihn gefragt, ob ich bei ihm später ein Bier kaufen könne. Kein Problem, er sei bis um 21:00 Uhr da, bekomme ich zur Antwort.

Jetzt habe ich mich häuslich niedergelassen, bin frisch geduscht und gehe zu dem jungen Polen an die Rezeption. Neben der Rezeption stehen ein paar Holztische und Bänke und wir setzen uns gemeinsam hin, da er nicht wirklich was zu tun hat. Er fragt mich, wie ich denn auf die Idee gekommen sei zu laufen und ist ganz begeistert von meinem Weg und meiner Leistung. In dem Moment kommen zwei Freunde von ihm mit dem Fahrrad angefahren und er ruft den beiden, noch bevor sie zum Stehen kommen, zu:

„Hey, ihr zwei faulen Arschlöcher, ihr glaubt nicht, wie weit der Typ hier durch Deutschland gelaufen ist".

Und dann, an mich gewandt: „komm schon, erzähl es ihnen", um gleich selbst in Richtung der beiden Fahrradfahrer zu ergänzen: „11.000 Kilometer in drei Wochen und ihr Arschlöcher kommt eure 500 Meter mit dem Fahrrad".

Schnell korrigiere ich ihn, dass es keine 11.000 Kilometer sondern 1.100 sind und das nicht in drei, sondern in etwas mehr als fünf Wochen, damit die beiden nicht sofort denken, was ich denn für ein Spinner bin. Vermutlich denken sie es trotzdem.

Unerwartet nach den bisherigen beiden Allertagen entsteht ein netter geselliger Abend mit drei fremden Männern, mit viel Gequatsche und ein paar Feierabendgetränken.

Der junge Pole, der übrigens auch Daniel heißt, lästert mit seinem lustigen polnischen Akzent viel über die Dauercamper, von denen er einige offenbar aufgrund ihrer Spießigkeit nicht besonders leiden kann. Dabei scheint das Wort „Arschloch" sein Lieblingswort zu sein, sowohl für Freunde als auch für Personen, die er nicht mag. Er verschluckt bei der Aussprache immer das „r" und das Wort „Aschloch" klingt eher niedlich und nicht wie eine Beleidigung.

Es fängt dann tatsächlich an zu regnen. Ein richtiges Gewitter zieht aber nicht auf. Pünktlich um 21:30 Uhr schließt Daniel die Rezeption, seine beiden Freunde radeln ihre 500 Meter zurück und ich lege mich in mein 2,5-Quadratmeter-Zuhause.

Samstag, 08.07.2017: Campingplatz Frankenfeld bis Eitzendorf (33 km)

Ich habe schlecht geschlafen. Zum ersten Mal spüre ich meine linke Leiste so, dass ich es nicht nur als unangenehmes Gefühl, sondern als Schmerzen bezeichnen würde. Da ich in der Nacht nicht so richtig weiß, wie ich mich hinlegen soll, liege ich nach einer kurzen Schlafphase lange wach. Von einem weit entfernt stehenden Campingwagen höre ich Stimmen. Mitten in der Nacht kann es also eigentlich noch nicht sein. Eine Uhr habe ich nicht, da ich nachts immer das Handy ausmache, um den Akku nicht unnötig zu leeren. Dann höre ich die Turmglocke des Ritterhofs einmal schlagen. Die Glocke zeigt jede volle Stunde mit der entsprechenden Anzahl von Schlägen an. Ein Uhr also. Auch die zwei Schläge bekomme ich mit und vier Schläge höre ich auch. Dazwischen muss ich wohl wieder eingeschlafen sein. Dann wache ich, für meine Campingverhältnisse erstaunlich spät, erst um 6:30 Uhr wieder auf.

Soweit ich das sagen kann, war es in der Nacht trocken geblieben, aber es beginnt tatsächlich just in dem Moment wieder zu regnen, als ich abbaue. Also das gleiche Spiel. Ich beeile mich, damit die Sachen wieder möglichst trocken bleiben. Angesagt war für heute Sonne.

Das Wetter und die geringe Übereinstimmung mit der Vorhersage sind ein deutliches Indiz dafür, dass ich weiter nach Norden vorstoße. Die Vorhersage gleicht oftmals eher einem Glücksspiel, und das trifft für die Nordsee und Sylt auch häufig zu.

Meine Hoffnung, dass sich meine linke Leiste beruhigt wenn ich loslaufe, wie in den Tagen zuvor auch, zerschlägt sich erst einmal. Ich kann es vor mir selbst nicht verleugnen. Ich habe Schmerzen und ich hinke ein bisschen, da der linke Schritt immer etwas kürzer ausfällt als der rechte. Ich werde die Tagesetappen erstmal mit mehr Pausen versehen und mir geringere Entfernungen vornehmen, in der Hoffnung, dass sich das dann wieder einläuft. Die Vorstellung, die letzten paar hundert Kilometer zu hinken, gefällt mir nicht besonders und zwischendurch Teilabschnitte nur auf dem rechten Bein zu hüpfen ist auch keine gemütliche Option. Am Vormittag kann ich mich über fehlende Beschäftigung, die mich von meiner Leiste ablenkt, nicht beklagen. Die Horde der kleinen Flugtiere ist wieder da und geht sofort und ununterbrochen zum Angriff über. Immer wieder, mich selbst mit der flachen Hand auf alle möglichen Körperstellen klatschend und mit reichlich Autan, bestreite ich erneut einen tapferen Kampf, den ich fast gewinne. Später glaube ich nur ein oder zwei neue Stiche feststellen zu können. Es ist aber inzwischen nicht mehr ganz einfach zu sagen, welche Stiche schon da waren und welche neu hinzugekommen sind.

Als ich nach der ersten vormittäglichen Pause weiterlaufe, knarrt Gina mit dem linken Hinterrad. Zu behaupten, dass sie das aus Solidarität zu mir und meiner Leiste tut, um mir zu signalisieren „geteiltes Leid ist halbes Leid", wäre ein wenig zu weit hergeholt. Gina hat schon öfter mit dem Hinterrad geknarrt. Zwar mit dem rechten, aber vermutlich habe ich die identischen Hinterräder nach dem Aufziehen der neuen Mäntel nur vertauscht wieder angebracht. Aber ich kann für mich ja mal so tun, als würde sie mir sagen wollen, ich solle mich nicht so anstellen, schließlich habe sie ja auch schon zwei Defekte überstanden.

Das Wetter ist heute sehr wechselhaft. Erst regnet es, dann ist über die Mittagszeit strahlend blauer Himmel und es ist viel wärmer als angesagt. Gegen später ziehen wieder dichte Wolken auf und ich werde wieder nass.

Ich laufe von Frankenfeld über Rethem bis zum Örtchen Westen und dort verlasse ich, nach heute ungefähr achtzehn Kilometern und nach insgesamt zweieinhalb Tagen, schon wieder den Allerradweg. Dass ich die Aller verlasse, kann man so nicht wirklich sagen, denn die habe ich insgesamt kaum zu Gesicht bekommen und ich habe nicht so richtig das Gefühl, überhaupt an der Aller gewesen zu sein. Die zweieinhalb Tage waren etwas eintönig ohne Berge. In Ordnung, das war im Flachland so zu erwarten, aber zusätzlich ohne Fluss und noch ohne Meer war es nicht übertrieben spannend. Im Prinzip habe ich nur Felder und Flugtiere gesehen.

Ein paar Kilometer weiter westlich, bei Dörverden, treffe ich nach acht Tagen wieder auf die Weser. Aber nur um diese hier zu überqueren, denn ich will ja morgen bei Mone und Jens in Weyhe-Leeste sein, was etwas südlich von Bremen und damit auch südlich der Weser liegt.

Das Weserwehr bei Dörverden ist die einzige Möglichkeit, auf einer Strecke von ungefähr zehn Kilometer nach Norden und zehn Kilometer nach Süden den Fluss zu überwinden und ist auch nur für den Fußgängerverkehr und für Fahrräder passierbar. 200 Meter vor dem Wehr komme ich an einem Schild vorbei, das die Richtung anzeigt, in die man gehen muss. Auf dem Schild steht neben dem Pfeil.

„Weserwehr mit Fahrradanhänger nicht befahrbar".

Mir fährt der Schrecken in alle Glieder. Zwanzig Kilometer Umweg möchte ich beim besten Willen nicht einbauen müssen, falls der Weg zu schmal für Gina sein sollte. Es sind dann aber zum Glück nur 32 Stufen, die ich Gina auf der einen Seite hochziehen und auf der anderen Seite vorsichtig herunterlassen muss.

Meine Tagesetappe war heute nicht zu lang und trotz dreier Pausen komme ich schon um 16:00 Uhr auf dem Campingplatz „Seerose" in Eitzendorf an. Ein sehr alter Mann nimmt mich an der Rezeption in Empfang und für sieben Euro inklusive einer Duschmarke und einer Rolle Toilettenpapier, die ich ungefragt ausgehändigt bekomme, darf ich mich niederlassen. Der Mann verkörpert in Vollkommenheit den Leitsatz meiner Reise. Langsamer als er kann man sich unmöglich bewegen. Er hat die absolute Ruhe weg und vermittelt dabei einen kaum zu schlagenden sympathischen Eindruck.

Am Abend kommt es mir tatsächlich so vor, als ob meine Leiste etwas weniger weh tut. Langsamer gehen und mehr Pausen einlegen kann also nicht der falsche Weg sein und sympathisch kann man bei Langsamkeit zudem auch noch rüberkommen, wie es mir heute Nachmittag gezeigt wurde.

Sonntag, 09.07.2017: Campingplatz „Seerose" bis Leeste
(32 km)

Kurz nach Sonnenaufgang schaue ich aus dem Zelt und sehe einen makellos blauen Himmel über mir. Es ist annähernd windstill und schon recht warm für die frühe Tageszeit. Solche frühen Morgenstunden sind es, die für mich die schönste Zeit am Strand von Hörnum sind. Dafür stehe ich in meinem normalen Sommerurlaub auf Sylt früh auf und lasse Kaffee, Frühstück und die Morgenzeitung sausen. Bei solch einem Wetter um sieben Uhr morgens nackt am Strand zu liegen, von nichts und niemandem gestört zu werden, dabei nicht zu frieren und in der prallen Sonne auch nicht zu schwitzen, nichts zu hören, außer das leichte Rauschen der Wellen und vielleicht das eine oder andere entfernte Möwengeschrei und nichts zu tun, außer auf das Meer zu schauen, das ist für mich unschlagbar und vollendete Erholung.

Das Wetter stimmt für heute also schon mal, es liegen nur noch ein paar hundert Kilometer Fußmarsch und zwei Wochen Zeit bis dahin dazwischen.

Als ich vom Campingplatz aufbreche, ist außer meinem Zeltnachbar, der mit seinen beiden Kindern eine Weserradtour macht, noch niemand wach. Eitzendorf ist noch wie ausgestorben und wie an einem solch frühen Morgen am Strand von Hörnum, herrscht auch hier fast vollkommene Stille. Leider fehlt das Rauschen des Meeres und anstelle von Möwengeschrei werde ich mit dem allgegenwärtigen „Gruhu-hu-huhu" in den Tag begrüßt.

Weyhe-Leeste liegt nicht in der direkten Nähe von irgendeinem Fern- oder Hauptradweg und so führt mich mein Weg heute viel über Landstraßen. Das ist hier aber nicht weiter störend, denn es ist Sonntag und ich werde von einem zum nächsten winzigen Dorf laufen. Auf den ersten fünf Kilometern bis Martfeld überholt mich auf der Straße genau ein Auto. Eins kommt mir ungefähr eine halbe Stunde später entgegen und das ist auch noch dasselbe Auto, nämlich ein häuslicher Pflegedienstwagen, der vermutlich einen Patienten frühmorgens besucht hat und dann wieder den Rückweg angetreten hat. Sonst haben Gina und ich die Straße für uns alleine.

Dafür komme ich an einigen U-Höfen vorbei. Das sind ehemalige oder teilweise sich noch im Betrieb befindende Bauernhöfe, bei denen die Gebäude Wohnhaus, Scheune und Stallungen in U-Form zusammen gebaut sind. Zu dem von drei Seiten umschlossenen Innenhof sind meistens die Hauptzugänge orientiert. So leben Mensch und Tier, hier sind das meistens Pferde und nur manchmal Kühe, nah beieinander. Sonja und Maja haben mir als Aufgabe mit auf den Weg gegeben, ich solle nach einem schönen U-Hof auf meinem Weg Ausschau halten, weil sie ein bisschen davon träumen, vielleicht so leben zu wollen. Aber richtig ernst ist das nicht gemeint. Hier kann man sehr entspannt entlang laufen und es sich dabei gut gehen lassen. Aber hier zu wohnen, zu arbeiten und sein ganzes Leben zu verbringen, stelle ich mir auf Dauer dann doch etwas langweilig vor.

Ich mache schon nach eineinhalb Stunden eine ausgedehnte Frühstückspause und hoffe, dass es meine Leiste mir danken wird. Geschlafen habe ich immerhin gut und auf den ersten paar Kilometern spüre ich zwar ein leichtes Ziehen, aber nicht mehr den Schmerz von gestern.

Als ich von der Bäckerei, in der ich meine Pause gemacht habe, aufbrechen will, spricht mich die Verkäuferin an, wohl weil gerade kein anderer Kunde da ist und fragt mich, wohin es denn noch gehen soll.

„Sylt", sage ich. „Aber nicht mehr heute. Heute nur noch bis Weyhe-Leeste. Aber Sylt ist am Ende das Ziel".

Sie kommt sofort ins Schwärmen und erzählt mir, dass sie Sylt wahnsinnig toll findet, schon häufiger dort war und dass ihr Schwager ein Haus in Tinnum hat und ihr Bruder gerade heute früh nach Sylt gefahren ist, um als Schreiner dort im Haus etwas zu reparieren.

Ich erzähle von meiner diesjährigen Sommertour und warum gerade Sylt meine Lieblingsinsel und das Ziel dieser Tour ist. Sie bekommt feuchte Augen, so glaube ich es zu sehen, so begeistert ist sie von meiner Geschichte oder von Sylt oder vielleicht von beidem. Sie wünscht mir noch eine tolle Zeit und vor allem tolle Tage auf unserer Lieblingsinsel.

Solche netten unerwarteten kleinen Begegnungen mit fremden Menschen sind es, die aus einem schönen Tag einen sehr schönen machen.

Dabei ist eine Sache an diesem sehr schönen Tag, durch mich selbst verschuldet, nicht so schön. Heute ist mein Hochzeitstag und ich bin nicht bei meiner Frau Sonja. Mir ist das Zusammensein an solchen besonderen Tagen, wie Geburtstage, Silvester oder eben dem Hochzeitstag gar nicht so wichtig. Ich lege keinen besonderen Wert auf die Symbolkraft solcher Tage. Aber ich weiß, dass Sonja diese Tage sehr wichtig sind und dass sie diese Tage sehr gerne im Kreise der Familie verbringt, beziehungsweise den Hochzeitstag eben mit ihrem Ehemann.

Vor einigen Jahren bin ich mal mit unseren beiden Kindern über Silvester nach Sylt gefahren und Sonja konnte berufsbedingt nicht mit, wollte uns aber keine Steine in den Weg legen und hat uns also ziehen lassen. Sie war in den Tagen und Wochen zuvor schon nicht besonders gut gelaunt, weil ihr Arbeitsplatz sich örtlich deutlich verschlechterte und sie ab Jahresbeginn einen viel weiteren und unangenehm zeitintensiven Weg zur Arbeit auf sich nehmen musste.

Als ich dann nach unserer Rückkehr im neuen Jahr danach fragte, wie ihr Silvester denn so war, bekam ich tränenreich zur Antwort, dass sie den Jahreswechsel alleine und annähernd depressiv auf der Couch verbracht hat. Ich hatte in meiner Ignoranz und bezogen auf meine Gleichgültigkeit gegenüber Silvester oder anderen, persönlichen, Feiertagen nicht damit gerechnet, dass ihr das Alleinsein über den Jahreswechsel so nahegehen würde. Und weil sich zu entschuldigen nicht zu meinen Stärken gehört, hat es einige Zeit gebraucht, bis die aus der Situation entstandene schlechte Stimmung wieder verflogen war.

Maja ist inzwischen achtzehn Jahre alt, und als wir geheiratet haben, lag sie als sechs Wochen altes, kleines Bündel als Zugabe neben den Hochzeitsgeschenken in ihrem Babybett. So ist heute also unser 18. Hochzeitstag. Vergessen habe ich diesen immerhin nicht und ich habe heute früh Sonja geschrieben und ihr symbolisch achtzehn rote Rosen geschickt und anrufen werde ich sie nachher auch noch.

Ganz ohne Feier muss Sonja heute nicht auskommen, denn der Tag unserer Hochzeit vor achtzehn Jahren war gleichzeitig der 30. Geburtstag unserer Trauzeugin Susi. So können wir jedes Jahr, wenn wir nicht alleine feiern wollen, unseren Jubeltag zusammen mit Freunden aus Anlass zu Susis Geburtstag feiern und das tut Sonja heute auch bei einem sonntäglichen Brunch.

Verheiratet sind wir nun also seit achtzehn Jahren, ein Paar sind wir an Weihnachten dieses Jahr dann seit inzwischen 30 Jahren. Für den Vorsatz: „Drum prüfe wer sich ewig bindet“ hatten wir uns viel Zeit genommen.

Fast wäre unsere Beziehung damals gar nicht zustande gekommen. Ich musste Sonja schon ein wenig überreden. Es war kurz vor Weihnachten 1987 und Sonja hatte gerade damit begonnen, für ihr im Frühjahr anstehendes Abitur zu lernen. Wie sie mir Jahre später erzählt hat, hatte sie vor meinen Annäherungsversuchen schon einen anderen Interessenten mit der Begründung zurückgewiesen, sie wolle und müsse sich erstmal voll auf das Abitur konzentrieren und frühestens danach würde eine Beziehung in Frage kommen.

Ich hatte ein Jahr zuvor mein Abitur gemacht und war dabei in meinem Leistungskurs Mathematik recht gut. Sonja hatte mir in den Tagen, bevor wir zusammen kamen, erzählt, dass Mathe bei ihr nicht gerade die Sahne auf der Torte ist, und ich hatte mich daraufhin ganz uneigennützig zur Nachhilfe angeboten.

Kurz vor Weihnachten, genauer gesagt am 20. Dezember habe ich ihr dann gestanden, dass meine Interessen über Mathematik hinausgehen und bei unserer Nachhilfestunde zwei Tage später hat sie mich dann nicht mehr abgewiesen.

Ich hoffe, dass die Mathematiknachhilfe ihre Abiturnote mindestens so weit angehoben hat, wie die Zeit, die sie mit mir verbracht hat anstatt zu lernen, ihre Noten wieder gedrückt haben. So erhebe ich den Anspruch, wenigstens einen neutralen Einfluss auf ihr Zeugnis gehabt zu haben. Immerhin war das Endergebnis gut und sie konnte ohne Probleme ihr 3-jähriges Studium der Diplom-Betriebswirtschaft an der Berufsakademie in Stuttgart beginnen.

Das ist nun fast 30 Jahre her und ich bin mir sicher, dass Sonja mit mir übereinstimmt, wenn ich sage, wir führen eine überwiegend glückliche Ehe.

Natürlich ist eine Beziehung, vor allem eine so lange, immer mit Kompromissen von beiden Seiten verbunden und wir hatten auch Krisen zu überstehen und zwei schwere Tiefpunkte in den Anfangsjahren. Aber die meiste Zeit würde ich als lang anhaltende Höhe und gute Zeit bezeichnen.

Ich kann mich nicht erinnern, dass wir jemals gestritten haben. Wenn mal schlechte Stimmung herrscht, weil einer von uns beiden unzufrieden mit dem anderen ist oder beleidigt, dann ignorieren wir für ein paar Tage diesen Zustand oder uns gegenseitig und danach ist es wieder gut. Lautstark streiten, dass die Fetzen fliegen, das können wir nicht.

In dieser deutlich überwiegenden und fast durchgängigen guten Zeit stechen drei Tage als Spitzen alles überragend heraus. Der 27. Mai 1999, Majas Geburt, der 09.Juli 1999, unsere Hochzeit und der 26. September 2002, Ninas Geburt. Diese Tage gehören alljährlich gebührend gefeiert und ich hoffe, dass Sonja mir meine Abwesenheit heute nicht zu sehr krumm nimmt, und ich bin mir gleichzeitig sicher, dass wir das bisschen, was sie es mir krumm nimmt, schnell wieder gerade biegen, so wie wir es in fast 30 Jahren immer hinbekommen haben.

Der Weg ist heute unspektakulär und führt über mehrere kleine Dörfer immer neben oder auf den Landstraßen. Abwechslung bietet weiterhin der Kampf gegen die allgegenwärtigen Bremsen. Inzwischen habe ich mir eine gute Verteidigungstaktik zurechtgelegt, indem ich die Viecher nicht versuche im Flug zu verscheuchen, sondern warte, bis sie sich auf mir niedergelassen haben und sie dann totklatsche. Die Gegner sind recht träge und zwischen Landung und dem Zubeißen vergehen immer ein oder zwei Sekunden, sodass ich von weiteren Stichen fast verschont bleibe. Die letzten drei Tage könnten mit dem Untertitel „Leichen pflasterten seinen Weg" versehen werden. Aber weniger werden die Flieger irgendwie trotzdem nicht.

Am späten Nachmittag treffe ich bei Mone und Jens in Leeste, ungefähr zehn Kilometer südlich von Bremen ein. Jens hat opulent gekocht, es gibt Lamm und Tafelspitz mit Kartoffeln und Mone hat einen leckeren Salat, Gemüse und einen Käsekuchen als Nachtisch gemacht.

Wieder werde ich, wie schon bei Antje und Thommie auch, besser als in einem 5-Sterne-Hotel versorgt und aufgefordert, reichlich zuzuschlagen, weil ich für meinen Fußmarsch ausreichend Energie benötigen würde. Wenn ich jeden Tag so weitermache, komme ich auf Sylt mit Übergewicht an.

Montag, 10.07.2017: Leeste bis Campingplatz Juliusplate (28 km)

Ich habe im Gästezimmer hervorragend geschlafen, meine Leiste in der Nacht überhaupt nicht gespürt und wache erst um 7:30 Uhr auf.

Für den Nachmittag ist eine Wetterverschlechterung mit viel Regen angesagt. Der nächste Campingplatz liegt mit ungefähr zwanzig Kilometern Entfernung sehr nah, etwas nördlich vom Bremer Zentrum. Der übernächste ist mit über 40 Kilometern recht weit weg für mein Vorhaben, die Tagesetappen nicht mehr so lang gestalten zu wollen. Mit der Aussicht auf schlechtes Wetter und weil es bei meinen Gastgebern so gemütlich ist, entscheide ich mich für die kurze Variante und beginne den Tag dementsprechend langsam mit Kaffee und Tagebuchschreiben.

Bisher habe ich versucht, die größeren Stadtzentren zu meiden, aber Bremens Innenstadt möchte ich mir heute doch ansehen, und so kommt mir der kurze Weg bis zum Campingplatz am Stadtwaldsee sehr gelegen.

Jens ist um halb acht Uhr zur Arbeit gegangen, und weil sein Büro nur zwei Häuser weiter liegt, kommt er zum Frühstück zurück. Das machen Mone und Jens fast immer so und Jens ist um halb zehn Uhr schon wieder da. Obwohl heute Montag ist und die Arbeitswoche beginnt und Jens regelmäßig eine 50 bis 60-Stunden Arbeitswoche bewältigen muss, hat er beim gemeinsamen Frühstück die Ruhe weg, und wir reden noch eine ganze Stunde über meinen Weg, die Kinder und alles Mögliche.

Von Jens könnte ich in Sachen Gelassenheit und Gemütlichkeit noch eine ganze Menge lernen. Wenn für mich ein Arbeitstag beginnt, muss immer alles schnell gehen, und ich habe nicht die Ruhe für ein Frühstück, eine Zeitung oder ausführliche Gespräche mit wem auch immer.

Erst um 11:00 Uhr gehe ich heute los. Es regnet leicht und das wird auch bis zum Nachmittag so bleiben. Der Weg geht auf den ersten Kilometern bis zum Stadtrand von Bremen entlang von Feldern und Äckern. Das Regenwetter hat den Vorteil, dass sich die Fliegen und Bremsen nicht aus ihren Löchern trauen und ich nicht belästigt werde. Oder habe ich sie doch alle erschlagen?

Nachdem ich die Autobahn A1 quere, laufe ich auf dem Deich der Weser und des Wesersees entlang, bis direkt ins Zentrum von Bremen, zum Dom und den Bremer Stadtmusikanten. Ich setze mich unter einen großen Regenschirm vor eines der zahlreichen Cafés auf dem Domplatz und schaue mir das rege Treiben vor Bremens Touristenattraktionen an.

Bis zum Campingplatz am Stadtwaldsee in der Nähe der Universität sind es nur noch sechs oder sieben Kilometer und deswegen lasse ich mir trotz des miesen Wetters heute besonders viel Zeit. Der Stadtwaldsee liegt leicht nordöstlich vom Zentrum, mein eigentlicher Weg, nämlich die Weser flussabwärts, führt nach Nordwesten aus Bremen heraus. Immer noch kann ich ein leicht ökonomisches Streckenverhalten nicht ablegen und bin mit meiner Entscheidung für den Stadtwaldsee nicht ganz glücklich.

Es ist schon halb vier Uhr vorbei und die 35 Kilometer bis zum weiter entfernten, aber in der richtigen Richtung liegenden Campingplatz „Juliusplate" schaffe ich auf keinen Fall mehr.

Auf dem Weg Richtung Stadtwaldsee komme ich am Hauptbahnhof vorbei und ich entscheide spontan, die 35 Kilometer in die richtige Richtung in Angriff zu nehmen und in gut zwanzig Kilometer Bahnfahrt bis Bremen-Vegesack und knapp fünfzehn Kilometer Fußweg aufzuteilen. In Bremen-Vegesack muss ich mit einer Fähre die Elbe überqueren und schlussendlich lande ich um kurz vor halb sieben Uhr am Abend dann doch auf dem Campingplatz „Juliusplate", direkt an der Weser nordwestlich von Bremen.

Am späteren Abend kommt ein bisschen die Sonne heraus, der Campingplatz ist sehr naturnah angelegt und hat sogar einen eigenen Badestrand, unterteilt in einen Textilbereich und einen FKK-Bereich. Ich belasse es dabei, mir den Weserstrandabschnitt als Abendspaziergang anzuschauen. Zum Baden ist es mir heute dann doch nicht warm genug.

Kurz nach mir kommt eine einzelne Radfahrerin auf dem Campingplatz an und baut ihr Minizelt neben meinem auf. Auf dem ganzen Gelände stehen überall Holzsitzgruppen verteilt, und da wir beide keine andere Sitzgelegenheit haben, essen wir unser jeweiliges Abendbrot an einem gemeinsamen Tisch. Bei mir gibt es nach der üppigen Mahlzeit von gestern nur Brot.

Wir stellen uns gegenseitig vor, und ich lerne die mitfünfzigjährige Engländerin Rachel kennen. Sie spricht sehr gut Deutsch und kommt nur hin und wieder mal ins Stocken, um nach den richtigen Worten zu suchen. Sie ist alleine mit dem Fahrrad unterwegs, von England nach Holland mit dem Schiff gekommen und möchte in zwei bis drei Wochen bis an den nördlichsten Zipfel von Dänemark kommen.

Wie sich in unserer längeren, bis zum Dunkelwerden andauernden Unterhaltung herausstellt, geht sie dabei fast vollkommen planlos vor. Gestartet ist sie nur mit einer DIN A4-Kopie, einer vermutlich aus einem Weltatlas herauskopierten Übersichtskarte, auf der mit der englischen Küste, den Benelux-Staaten und Norddeutschland annähernd halb Nordeuropa abgebildet ist und auf der selbst die Großstädte nur als einzelne kleine Punkte erkennbar sind. Gestern hat sie sich dann ergänzend dazu eine Gesamtkarte von Dänemark im Maßstab 1:250.000 gekauft, auf der keine Radwege explizit dargestellt, aber immerhin einige Campingplätze eingezeichnet sind.

Von irgendjemandem hat sie erst heute erfahren, dass sie nicht unbedingt Hamburg durchfahren muss auf dem Weg nach Norden, was sie auch nicht möchte, und wie sie über die Elbe kommt, weiß sie auch noch nicht.

Ich kläre sie auf, dass wir beide Glück haben, denn erst seit Ende Mai ist die Fährverbindung von Cuxhaven nach Brunsbüttel wieder in Betrieb, der Weg, den auch ich nehmen möchte. Wer sich entlang der Küste bewegen möchte, muss nicht mehr 50 Kilometer die Elbe flussabwärts bis Glücksstadt fahren oder laufen, wie das noch zuvor der Fall war.

„Ja, ich mache viele Fehler" sagt Rachel charmant hilflos, kommt aber offensichtlich gut klar damit.

Ich zeige ihr meine detaillierten Radwegekarten und sie ist begeistert, dass es sowas gibt, möchte aber lieber Gepäck sparen und wird sich nur mit dem Handy und der Dänemarkkarte durchschlagen.

Ich deute auf Gina, die neben meinem Zelt parkt und sage ihr, dass ich durch die Hilfe meiner Weggefährtin keine Gepäckprobleme habe.

„Anfangs dachte ich, du hättest ein Baby dabei", lacht sie aus sich heraus. Ich zeige ihr einige Fotos auf meinem Handy von meiner Familie und sie sieht ein, dass meine Kinder wohl nicht mehr in Gina hineinpassen würden.

Als wir unser Abendbrot zusammenpacken, wünschen wir uns gegenseitig eine angenehme Weiterreise mit hoffentlich tollen Erlebnissen, denn sie outet sich als Langschläferin und ich sage ihr, dass ich in aller Regel sehr früh weg bin, sodass wir uns vermutlich nicht mehr sehen werden.

Für morgen kann ich mich entscheiden, ob ich rechts oder links an der Weser entlang laufen möchte. Flussabwärts links führt der Weserradweg und rechts die Radroute Region Unterweser.

Dienstag, 11.07.2017: Campingplatz Juliusplate bis Nordenham (37 km)

Als ich am Morgen den Campingplatz verlasse, spreche ich den Inhaber an der Rezeption auf die zu wählende Weserseite an. Seine Antwort, dass die linke Seite auf der Karte die schönere sei, passt mir gut in den Kram, denn das Ziel für heute, der Ort Nordenham, liegt ebenfalls links.

Auf der Karte zeigt er mir den genauen Weg, den er wählen würde und der entspricht im Wesentlichen dem Weserradweg. Einmal die Karte in der Hand, weist er mich noch auf einige Sehenswürdigkeiten und schöne Aussichtsstellen hin und erläutert mir, was alles Überschwemmungsgebiete der Weser sind und wo der Weserdeich genau verläuft.

Sein Campingplatz liegt zum Beispiel in einem Überschwemmungsgebiet und sie müssen deswegen jedes Jahr im Oktober alles Transportable abbauen und öffnen dann erst im März wieder.

Er fragt mich, ob ich an ihrem Strand gewesen sei und überlegt kurz, ob jetzt wohl Ebbe oder Flut sein könnte. Der Tidenhub, also der Höhenunterschied der Weser zwischen Ebbe und Flut, beträgt hier drei Meter.

Der Campingplatzinhaber ist ein angenehmer, norddeutscher Zeitgenosse und entgegen dessen, was man den Nordlichtern so nachsagt, sehr unterhaltsam und mitteilungsfreudig. Er klärt mich noch auf, dass mein Weg in ungefähr acht Kilometern über das Huntesperrwerk führt. Um die Schifffahrt, aus Oldenburg kommend, zur Weser hin zu ermöglichen, ist die Rollklappbrücke, über die Fußgänger und Radfahrer das Sperrwerk passieren können, immer nach oben geklappt. Nur zu jeder vollen Stunde wird die Brücke bei Bedarf für fünf Minuten heruntergelassen und dann haben die Fußgänger und die Radfahrer Durchfahrt und ankommende Schiffe müssen kurz warten. Durch seine ausführlichen Erläuterungen ist es inzwischen kurz vor neun Uhr geworden. Bis um 11:00 Uhr möchte ich nicht vor dem Sperrwerk warten und die acht Kilometer sind im Schritttempo in einer Stunde nicht zu schaffen. Also entscheide ich mich für eine Sportstunde. Da ich Joggen der lädierten Leiste nicht zumuten möchte und sich inzwischen auch das linke Knie meckernd zu Wort meldet, vermutlich durch die etwas schräge Laufhaltung der letzten Tage, lege ich eine schnelle Skateboardeinheit hin.

Der Radweg ist asphaltiert und, wie man es von einem Weg am Flusslauf im Flachland erwarten kann, annähernd eben. Eine gute halbe Stunde lang rollen Gina und ich sportlich zügig vor uns hin, wobei ich trotz des kühlen Wetters gut ins Schwitzen komme. Als ich die nach oben stehenden beiden Enden der Klappbrücke in zirka zwei Kilometern Entfernung sehen kann, verlangsame ich unser Tempo und gehe zum Spaziergang über, damit ich nicht unnötig lange vor der Brücke warten muss. Am Sperrwerk angekommen steht die Brücke immer noch, für Fußgänger verschlossen, nach oben. Aber um Punkt 10:00 Uhr drückt wohl irgendjemand im Kontrollturm auf einen Knopf und wie von Geisterhand schließt sich die schmale Straße mit den Straßenmarkierungen als Trennung zwischen Fußgängern und Fahrradfahrern. Ich entscheide mich trotz Gina, die ja eigentlich ein Fahrradanhänger ist, für die Fußgängerseite. Aber auch die Fahrradfahrerseite wäre sicher in Ordnung gewesen, denn außer mir überquert um 10:00 Uhr niemand das Huntesperrwerk.

Danach führt der Weg auf den nächsten zehn Kilometern bis Brake leider nicht auf, sondern hinter dem Deich, sodass ich die Weser erst wieder in Brake zu Gesicht bekomme.

Immerhin zeigt sich das Wetter, mal wieder entgegen der Vorhersage, mit abwechselnd Sonne und Wolken aber ohne Regen, von seiner angenehmen Seite.

Kurz hinter Brake werde ich gleich wieder vom Deich heruntergeleitet, da auf weiteren zehn Kilometern die Deichkrone erhöht wird und der Radweg auf diesem Streckenabschnitt gesperrt ist. Ich muss also knapp zwei Stunden auf einer Landstraße bis Rodenkirchen laufen. Das konnte der Campingplatzchef von heute früh vielleicht nicht wissen, aber bisher war nur das erste Drittel des Weges schön. Vielleicht wäre die rechte Seite doch die bessere Variante gewesen.

Heute ist der 43. Tag meiner Reise und damit bin ich schon am Beginn der 7. Woche. Es ist schon wieder eine Woche her, dass ich zu Hause bei meiner Familie war. Die Zeit vergeht wie im Flug, obwohl mir in den Tagen seit meinem „Heimaturlaub" ein wenig die Höhepunkte fehlen. Natürlich waren die Besuche bei Antje und Thommie und bei Mone und Jens sehr schön und persönliche Höhepunkte. Was mir aber fehlt sind die Besonderheiten der Natur.

Dass der Weg spätestens seit dem Steinhuder Meer im Flachland liegt und dadurch etwas eintöniger wird, war klar. Aber dass ich entlang der Aller diese kaum sehe und dass ich nun auf dem Weserradweg mindestens die Hälfte hinter dem mehrere Meter hohen Deich laufe und die Weser nur ab und zu sehe, enttäuscht mich schon etwas. Die tausende von Schafen, die ich dafür auf den Deichwiesen ihr gemütliches Leben fristen sehe, bestehend aus fressen, blöken und schlafen, können die fehlenden Besonderheiten auch nicht ersetzen.

Es wird Zeit, dass ich zu dem wahren Höhepunkt meiner Reise komme, dem Meer. Morgen komme ich an Bremerhaven vorbei und in zwei Tagen möchte ich in Cuxhaven sein. Spätestens auf dem Weg dorthin habe ich dann links von mir immerhin schon mal das Niedersächsische Wattenmeer.

Mittwoch, 12.07.2017: Nordenham bis Dorumer Neufeld (40 km)

Gestern Abend war über Nordenham ein mächtiges Gewitter mit fast einer ganzen Stunde heftigstem Starkregen herunter gegangen und soweit ich es mitbekommen habe, hat es die ganze Nacht hindurch geregnet. Auch als ich aufwache, höre ich den Regen draußen noch herunterprasseln.

In Anbetracht des sich ankündigenden Unwetters hatte ich mir für die Nacht eine spartanische, aber super zweckmäßige Holzhütte von zwei Mal zwei Metern Größe gemietet. Es gibt für zehn Euro pro Nacht kein Licht und keine Steckdose, aber dafür zwei Feldbetten, und meine Sachen waren im Trockenen. Sogar Gina fand unter dem kleinen Holzvordach ein geschütztes Plätzchen und für schönes Wetter hätte ich sogar einen Plastikcampingtisch und zwei Plastikstühle für den Vorgarten gehabt. Ich finde diese Minihütte absolute Extraklasse und wenn gutes Wetter wäre, würde ich glatt einen spontanen Ruhetag in Nordenham und am Weserstrand des Campingplatzes machen. Es soll aber erst zum Nachmittag hin etwas besser werden und deshalb packe ich meine Sachen und ziehe um kurz nach acht Uhr los.

Bis zum Campingplatz Dorumer-Neufeld liegt mit knapp 40 Kilometern heute eine nicht zu kurze Strecke vor mir.

Im Prinzip besteht mein heutiges Tagwerk aus vier gänzlich verschiedenen Teilabschnitten. Zunächst geht es beschaulich aber unspektakulär, wie gestern auch, links entlang der Weser, wieder ohne dass ich viel sehe.

Der zweite Abschnitt ist die Fahrt über die Weser mit der Fähre von Blexen nach Bremerhaven und der anschließende Weg durch die wirklich attraktive Hafenzeile von Bremerhaven. In die Innenstadt gehe ich zwar nicht hinein, aber wenn es nach dem „Alten Hafen" und dem „Neuen Hafen" geht, dann ist Bremerhaven eine tolle Stadt.

Der dritte Abschnitt ist dann der komplette Gegensatz zum Zweiten. Es geht über mindestens sechs oder sieben Kilometer im Zick-Zack-Kurs durch den Containerhafen. Hier stehen hunderte, wenn nicht tausende von Autos bereit zur Verschiffung. Ich komme an Traktoren, Landmaschinen, Autokränen und allen möglichen gigantischen Fahrzeugen vorbei, jeweils in dutzendfacher Ausführung oder oftmals viel mehr. Alles Material wartet darauf, in die riesigen Frachtschiffe verladen zu werden oder wurde gerade ausgeladen. Ich schätze, hier stehen Export- und Importwaren im Wert von hunderten von Millionen Euro herum. Im Minutentakt rauschen Lastkraftwagen an mir vorbei und besprühen mich mit der Gischt des aufgewirbelten Regenwassers von der Straße. Es ist laut und hektisch und ich bin froh, nach eineinhalb Stunden wieder aus dieser Wirtschaftsmühle draußen zu sein.

Der vierte Abschnitt des Tages beginnt hinter dem Dorf Weddewarden mit einem Ausblick vom Deich auf das Wattenmeer. Es regnet weiterhin, aber ich bilde mir ein, dass ich zwischen den Regentropfen schon den Geruch der Nordsee wahrnehmen kann.

Und jetzt bekomme ich das, was ich mir gestern noch gewünscht habe. Eine Besonderheit der Natur und zwar eine, die die Nordsee gut kann. Der Wind beginnt nämlich aufzufrischen. Erst ein bisschen, aber schon eine halbe Stunde später biegt sich mein aufgespannter Sonnen-Regenschirm bis an die Grenzen seiner Belastbarkeit. Eine weitere halbe Stunde später, ich habe den Schirm inzwischen zusammengeklappt und unter Ginas Griffstange geschoben, wo er sonst auch immer steckt, wenn kein Regen gegen meine Brillengläser prasselt, hole ich auch die Fahne ein, da zu befürchten steht, dass sie sonst davon fliegt.

Fast kann ich mitzählen, wie sich die Windstärken im Halbstundentakt nach oben schaukeln. Noch ein bisschen und mein an Ginas Griffstange festgeschraubtes Klemmbrett, das mein Kartenhalter ist, klappt nach oben. Ich laufe seit einigen Kilometern wieder hinter dem Deich. Die Windstärke interessiert das aber nicht, denn noch windiger kann es oben auf dem Deich auch kaum mehr sein. Zu sehen gibt es sowieso nichts, ich müsste dafür permanent meine Brillengläser abwischen.

So gegen 15:00 Uhr hat der Wind seinen Zenit erreicht. Ich schätze, ich laufe direkt gegen acht Windstärken, in Böen vielleicht etwas mehr, und habe maximal noch drei Stundenkilometer an Geschwindigkeit drauf.

Zwei Fahrradfahrer überholen mich. Wegen der Lautstärke des Windes bemerke ich sie erst, als sie direkt neben mir sind. Die Beiden tragen zum Schutz vor dem Regen große, weit aufgeblähte Regenponchos, die wie Segel wirken. Nur blähen die Segel leider in die falsche Richtung und die beiden müssen voll dagegen antreten. Sie sind auf ihren Rädern so langsam, dass ich befürchte, sie fallen gleich um. Nach fünfzehn Minuten kann ich sie in einer Entfernung von nur 100 bis 150 Metern vor mir immer noch sehen und das liegt nicht an meiner Schnelligkeit.

Der Weg ist durchgängig flach und ich habe seit dem Containerhafen exakt Null Höhenmeter überwunden. Ich müsste mich aber inzwischen irgendwo oberhalb der Zugspitze befinden, so sehr habe ich das Gefühl, Gina einen Berg hochzuschieben. Sie will heute definitiv lieber nach Süden. Da ich aber seit gut 1.200 Kilometern die Richtung vorgebe, bleibe ich dabei und wuchte sie weiter gegen den Wind.

Wenn das zum Abend hin nicht besser wird, brauche ich erst gar nicht daran zu denken, mein Zelt aufzubauen, falls es auf dem Campingplatz keine windgeschützten Ecken gibt.

Um 16:00 Uhr hört es wenigstens schon mal auf zu regnen, was aber eigentlich egal ist, denn nasser kann ich ohnehin nicht mehr werden. Eine weitere Stunde später stelle ich im Örtchen

Dorumer-Neufeld fest, dass es dort zwei Campingplätze gibt. Ich wähle den Platz ohne Blick auf das Wattenmeer, denn dieser liegt etwa 300 Meter landeinwärts und damit weniger windexponiert. Als ich mein Zelt aufgeschlagen habe, kommt tatsächlich ein wenig die Sonne heraus und ich schaue mir noch den Campingplatz am Wasser an. Der Wind hat etwas nachgelassen, aber die Entscheidung, mein kleines Wurfzelt nicht in der ersten Reihe zu platzieren, lieber auf den schönen Ausblick zu verzichten und dafür etwas sicherer zu stehen, war auf jeden Fall die richtige. Hier an der Wasserkante kann man sich immer noch schräg gegen den Wind lehnen.

Dorumer-Neufeld hat einen hübschen kleinen Hafen, in dem einige Fischkutter liegen. Für diesen kleinen Ort ist hier erstaunlich viel los. Zusätzlich zu den Campingplatzkosten musste ich Kurtaxe bezahlen und die erhaltene Kurkarte muss ich sogar vorzeigen, als ich mich zu einem Abendspaziergang zum Dorumer Badestrand und zum Leuchtturm aufmache.

Donnerstag, 13.07.2017: Dorumer-Neufeld bis Duhnen
(28 km)

So wie ich gestern über den Wind und das Wetter geschimpft habe, so bin ich heute begeistert davon. Der Wind hat etwas nachgelassen und von Nord auf West gedreht. Die Wolkendecke ist löchrig geworden und gelegentlich kommt die Sonne durch. Das Thermometer zeigt fünfzehn Grad, aber es fühlt sich nach mehr an. Für mich ist das fast perfektes Nordseewetter. Als ich loslaufe, bekomme ich eine Gänsehaut vor Begeisterung und meine Augen werden feucht bei dem Gedanken, wie weit ich es zu Fuß geschafft habe. Ich bin an der Nordseeluft und im Nordseewetter unterwegs.

Ich laufe wieder hinter dem Deich, aber im Gegensatz zu den

letzten Tagen stört mich das heute nicht. Es ist eher wie eine Wundertüte, weil ich jeden Kilometer einmal auf den Deich hochlaufe und gespannt darauf bin, was ich zu sehen bekomme. Meist kommt hinter dem Deich noch etwas Grünland, das Richtung Horizont dann in das Wattenmeer übergeht. Bei den Dörfern ist oft ein kleiner Hafen angelegt, der fast immer nur aus einer ausgebauten Fahrrinne im Watt besteht. Es gibt auch einen Weg auf der Deichkrone, doch der ist nur ein Trampelpfad in der Wiese. Solange ich noch schräg gegen den kräftigen Wind anlaufen muss, erspare ich mir das deutlich schlechtere Rollen Ginas auf dem Deich.

Ich werde noch genügend Tage an der Küste haben, an denen ich auf das Meer beziehungsweise auf das Wattenmeer blicken kann, und vielleicht lässt der Wind ja auch mal wieder nach.

Wenige Kilometer weiter treffe ich auf einen weiteren guten Grund, nicht auf der Deichkrone zu laufen. Wie in den letzten Tagen grasen auch hier wieder etliche Schafe auf dem Deich. Oftmals ist der Weg auf der Deichkrone rechts und links von einem Zaun begrenzt, der die Weideflächen in zwei Hälften trennt. Manchmal geht der Weg auch über eine durchgängige Weidefläche und man muss alle paar hundert Meter durch ein Eisentor gehen, das die Flächen in der Länge unterteilt.

Nun grasen inzwischen auch Kühe und Rinder auf den Deichen, und als ich an einer Herde Jungbullen vorbeikomme, erweckt Gina offensichtlich das Interesse der Tiere. Der Weg unterhalb des Deiches ist mit einem einzigen Stacheldrahtkabel in Hüfthöhe von der Weidefläche abgegrenzt. Gina und ich werden von einem guten Dutzend dieser laufenden Hamburger über fast einen Kilometer verfolgt und ich hoffe inständig, dass der dünne Draht die Tiere wirklich zurückhält. Ich weiß nicht, wer sonst zuerst zu Burgern verarbeitet wird. Der Weg auf der Deichkrone wäre durch das Revier der Schwergewichte hindurchgegangen.

Nach drei Stunden führt der Weg ganz unerwartet etwas weg von der Küste durch einen Wald. Ich muss die gewaltige Erhebung des Wolfsberges, immerhin zwanzig Höhenmeter, überwinden. Im Wald ist der Wind komplett eingeschlafen und es ist totenstill. Nicht einmal Vögel höre ich hier zwitschern, und auch kein „Gruhu-hu-huhu" begleitet mich in diesem Moment.

Nach nur drei Kilometern endet der Wald wieder und geht direkt in den Ort Sahlenburg über. Schlagartig ist es vorbei mit der Ruhe. Sahlenburg ist eine Touristenhochburg mit hässlichen Appartementhochhäusern wie an der Strandpromenade von Westerland auf Sylt.

Der Küstenradweg ist ab hier bis Duhnen kurz vor Cuxhaven eine Autobahn für Fahrradfahrer und Fußgänger. Sogar eine kleine Eisenbahn, ohne Schienen, dafür auf Rädern, fährt die bequemeren Urlauber am Wattenmeer entlang.

Habe ich bisher heute und in den vergangenen Tagen noch jeden, der an mir vorbeigekommen ist, gegrüßt, so ist dies hier unmöglich. Und erwünscht scheint es auch nicht zu sein. Ich werde wieder so ungläubig und finster angeschaut wie damals auf dem Dorffest in Bayern, als Gina nur auf zwei Rädern unterwegs war. Alternativ blicken die Menschen durch ihre Sonnenbrillen hindurch stur vor sich hin, als hätten sie gar keine Lust auf ihren Kururlaub und als hätte sie jemand gezwungen, hier zu sein. Nur ganz selten ein Lächeln oder ein netter Spruch über Gina.

Vielleicht denken alle Urlauber „was wollen nur die vielen Touristen hier" und alle wären lieber für sich und wollen ihre Ruhe haben. Verdenken könnte ich es niemandem, mir geht es nämlich genauso. Die Einsamkeit noch wenige Stunden zuvor war mir deutlich lieber.

Völlig verschätzt habe ich mich bei der Auswahl einer Übernachtungsmöglichkeit. Es gibt fünf Campingplätze in Duhnen, wenige Kilometer vor Cuxhaven und daher habe ich mich nicht im Voraus um einen bestimmten Platz bemüht.

Als ich mich vor Ort umschaue, stellt sich ein Platz als reiner Wohnmobilstellplatz heraus, zwei sind restlos belegt und bei einem weiteren baut eine Radfahrerin gerade ein Zelt auf einem begrünten Vorplatz, fast unmittelbar neben der Straße, auf. Ich spreche sie an und sie sagt mir, dass der Mann an der Rezeption ihr diesen Platz als einzige Möglichkeit angeboten hat, alle anderen seien belegt oder reserviert.

Schnell gehe ich zurück zu dem ersten Campingplatz, den ich mir angeschaut hatte. Dort hatte der immerhin sehr nette Platzwart sich fast entschuldigt, dass alle regulären Parzellen belegt seien und mir einen ungefähr vier Meter schmalen Grünstreifen neben dem Waschhaus als Aufstellmöglichkeit für mein Zelt angeboten. Den Platz nehme ich jetzt also ganz schnell, bevor diese einzige Option auch noch flöten geht.

Hier neben dem Waschhaus herrscht reges Treiben, denn der Campingplatz ist sehr groß und permanent hat jemand seinen Abwasch zu machen oder irgendwelche Klamotten zu waschen. Aber direkt angrenzend an meinen Grünstreifen gibt es einen überdachten Freibereich mit einer Sitzgelegenheit und auf dem Grün steht nochmal eine Bierbankgarnitur. Dazu liegt der Grünstreifen durch das Waschhaus und den angrenzenden Holzzaun, der die nächste Parzelle abtrennt, gut geschützt, falls wieder mehr Wind aufkommen sollte.

In meiner ursprünglichen Planung für meine Reise hatte ich mir überlegt, dass es witzig wäre, die Elbemündung zu überqueren, indem ich von Cuxhaven nach Helgoland übersetze und von Helgoland dann auf die andere Seite nach Büsum.

Es ist noch früh am Nachmittag und ich gehe, nachdem ich mich auf dem schmalen Campingplatzstreifen breit gemacht habe, in das Tourismusbüro in Duhnen, um mir die Möglichkeiten der Helgolandfahrten erklären zu lassen.

Als ich mir das hektische Treiben entlang der Flaniermeile des Dorfes so anschaue, kann ich mir bildlich vorstellen, wie mich alle Helgolandtouristen entgeistert anschauen werden, wenn ich morgen versuche, Gina die Gangway zum Schiff hoch zu bugsieren. Irgendwie habe ich darauf bei dem vielen Trubel hier keine Lust mehr.

Kurzentschlossen plane ich um und buche einen Tagesausflug für morgen, nur für mich ohne Gina, nach Helgoland und zurück.

Gina bekommt einen Ruhetag, wir bleiben zwei Nächte auf dem Grünstreifen und ich bekomme morgen trotzdem endlich das offene Meer zu sehen.

Danach lege ich mich für zwei Stunden an den Strand. Immerhin habe ich mit der Campingplatzunterkunft auch wieder eine Kurkarte erworben und diese kommt nun zum Einsatz. Der Wind ist nur noch ein laues Lüftchen und die Sonne hat die meisten Wolken vertrieben. Diesen Nachmittag könnte man fast schon als halben Strandtag bezeichnen. Ich gönne mir ein Fischbrötchen und ein großes Bier zu Touristenpreisen und schlafe in der Sonne in einem Liegestuhl liegend, keine zehn Meter von der Wasserkante entfernt, ein. Die Wasserkante ist aber nur deswegen so nah, weil gerade Flut ist. Bei Ebbe zieht sich das Wasser des Wattenmeeres weit bis zum Horizont zurück.

Das hier ist zwar schon ein Strand, und der liegt auch an der Nordsee, aber mein Weststrand von Hörnum auf Sylt ist es eben doch noch nicht.

Freitag, 14.07.2017: Tagesausflug nach Helgoland, Ruhetag in Duhnen (14 km)

Ich stehe an der Reling. Es ist strahlend blauer Himmel und nahezu windstill. Das Schiff, die „Helgoland", ist auf dem Weg nach Helgoland gerade ausgelaufen.

Ich wende mich nach Nordwesten, schließe die Augen, atme tief ein, nehme den Geruch auf und mache nach einer Weile die Augen wieder auf.

Das ist es, das Meer. Das offene Meer. Mein Meer, an dem ich einen Großteil meiner Kindheit verbracht habe. Mir kommen Tränen in die Augen. Der Wind kann es nicht sein, der unter meine Sonnenbrille pfeift und meine Augen wässrig macht. Dazu ist er zu schwach.

Ich bin ergriffen, gerührt, stolz auf mich hier zu sein. Mit mehr als 1.300 Kilometer Anlauf bin ich auf die große weiße „Helgoland" gestiegen und werde über das Meer Richtung Horizont gebracht. Meine Gedanken fallen mehrere Jahrzehnte zurück.

Ich stehe mit meinen kleinen Turnschuhen vor einer weißen Linie. Neben mir zwanzig weitere Paar Füße in kleinen Schuhen. Ich bin mit meinen Mitschülern der ersten Klasse der Hörnumer Grundschule in der Schulsporthalle. Unser Lehrer prellt einen schweren Gummiball direkt auf die weiße Linie. Wer von uns Lausbuben nicht artig in der Reihe hinter der Linie steht, bekommt den Ball auf die Füße und einen ordentlichen Anschiss dazu.

Herr Pahl, unser Sportlehrer, ist in meiner Erinnerung ein strenger Lehrer mit Erziehungsmethoden der alten Schule. Geschlagen werden wir Schüler nicht, aber in Reihe und Glied stehen, aufrecht auf den Stühlen sitzen, nicht rumzappeln und nur reden, wenn man gefragt wird, sind Dinge, die tunlichst einzuhalten sind.

Weitere Erinnerungen an meine Schulzeit in Hörnum habe ich kaum. Vielmehr kommen mir Bilder in den Kopf, wie ich im Alter von vielleicht fünf Jahren von riesig hohen Dünen in den schräg zum Strand hin abfallenden Sand springe. Oder wie mein Bruder Martin und ich zusammen mit unserem gemeinsamen Freund Detlef in der Dünenlandschaft an der Südspitze halb zerfallene Bunker aus dem zweiten Weltkrieg erforschen.

In unserer Kinderzeit war es noch selbstverständlich, dass man durch die Dünen spazierte oder sich auf dem Heidegras irgendwo in der Insellandschaft niederließ.

Heute ist das Betreten der Dünen zu Recht, zum Schutz der Insel, verboten. Vor vierzig Jahren hatte man noch nicht viel Sinn für den Inselschutz.

Ich sehe mich, wie ich am Strand auf den Tetrapoden herumklettere, von einer zur nächsten Tetrapode springe oder Sandburgen an sie heranbaue.

Tetrapoden sind sechs Tonnen schwere Betonvierfüßler, die

Ende der 60-er Jahre an den Hörnumer Weststrand, zum Küstenschutz, entlang der Dünenkette abgelegt und in zwei bis drei Schichten, auf gut eineinhalb Kilometer Länge, übereinander gestapelt wurden. Zusätzlich zu der langen Tetrapodenreihe gab es vier sogenannte Querwerke, die im 90-Grad Winkel zu der Reihe ins Meer verlegt wurden. Drei dieser vier Querwerke sind im Laufe der Zeit im Sand versackt. Das vierte und südlichste Querwerk war massiver und höher aufgebaut als die anderen und auch deutlich weiter ins Meer hinein angelegt. Es hält sich bis heute teilweise oberhalb des Strandes beziehungsweise oberhalb des Meeresbodens.

In den Jahren ab 2012 wurde die Tetrapodenreihe weiter nach Süden verlegt und verlängert und drei zusätzliche Querwerke südlich des letzten verbliebenen hinzugefügt.

Das damals südlichste Querwerk hatten Detlef, mein Bruder und ich für uns als Kletterplatz auserkoren. Jedoch mussten wir dort vorsichtiger zu Werke gehen als auf den Tetrapoden entlang der Dünenkette. Richtig sicher konnte man nur die Betonteile betreten, die auch bei Flut nicht unter Wasser lagen. Alle über längere Zeit mit Wasser bedeckten Tetrapoden sind mit glitschigen Algen überzogen und teilweise mit messerscharfen Miesmuscheln bewachsen. Auf den Algen auszurutschen und zwischen die Tetrapoden zu stürzen oder sich auch nur so an den Miesmuscheln zu schneiden ist nicht besonders ratsam.

Ich als Jüngster von uns Dreien hatte bei der Kletterei immer am meisten Schiss und bekam von Detlef deswegen den Spitznamen „Fussel", was wohl in der norddeutschen Jugendsprache so etwas wie „Angsthase" bedeuten sollte.

In meinen Erinnerungen hatten wir Monate lang gutes Wetter und sind immer den ganzen Tag durch Hörnum gezogen oder haben uns von früh bis spät am Strand herumgetrieben.

48 Jahre ist es nun her, dass ich das erste Mal mit meinen Eltern nach Hörnum kam. Dieses Jahr ist es mit Abstand die ausgedehnteste Anreise.

Auf dem Oberdeck der „Helgoland" lege ich mich in einen der zahlreichen, bereitstehenden Liegestühle und genieße die angenehm warme Seeluft. Ich kann problemlos, mit kurzer Hose und T-Shirt bekleidet, in der Sonne liegen und mich dabei rundum wohlfühlen.

Vom Meer her höre ich vereinzeltes Gekreische von Möwen. Endlich mal nicht „Gruhu-hu-huhu", schießt es mir durch den Kopf. Der Ringeltaubenspion traut sich offensichtlich nicht, mir auf das Meer zu folgen. Die Möwen haben ihn aus ihrem Revier vertrieben. Oder machen sie gemeinsame Sache? Beides kann mir heute egal sein. Ich fühle mich einfach nur wohl. Um den Genuss abzurunden, hole ich mir vom Kiosk unter Deck einen Kaffee und, obwohl es erst kurz vor 11:00 Uhr ist, dazu ein Bier. Ich denke, das habe ich mir verdient. Immerhin lasse ich den Kuchen weg.

Ich bitte meine auffallend gut aussehende Liegestuhlnachbarin, kurz ein Auge auf meine Sachen zu haben. Als ich wieder auf dem Oberdeck ankomme, entschuldige ich mich fast ein wenig bei ihr, sie nicht gefragt zu haben, ob ich für sie etwas mitbringen soll und so komme ich mit der 43-jährigen Christina ins Gespräch.

Christina kommt aus Wilhelmshaven, macht einen Wochenendurlaub auf Helgoland und trifft sich dort nachher mit ihrem Vater, der mit der Fähre aus Büsum auf Deutschlands einzige Hochseeinsel kommt.

Ich erzähle ihr von meinem heutigen Tagestrip als Ruhetag und natürlich von meiner gesamten Reise, die diesen einzelnen Tag umgibt. Wie schon so oft muss ich erklären, wie man denn auf die Idee kommt, zu Fuß durch Deutschland zu laufen. Aber wie die meisten anderen Gesprächspartner auch, findet Christina meine Tour interessant und kann meinen Wunsch nach Ruhe und Langsamkeit nachvollziehen.

Ich erzähle ihr auch, warum gerade Sylt das Ziel ist, von meiner Kindheit dort und von dem ehemaligen Fotogeschäft meiner Eltern und wie es jetzt zu dem modernen Reihenendhaus geworden ist.

Christina lebt an der Nordsee, hat schon viele Orte an der Nord- und Ostsee besucht, aber auf Sylt war sie noch nie. Kurz muss ich an die Vorbehalte des Rentners aus Wilhelmshaven denken, den ich in Thüringen getroffen hatte und befürchte schon, auch Christina von den Vorzügen Sylts überzeugen zu müssen. Doch bei ihr hat sich ein Besuch der Insel wohl einfach nie ergeben.

„Diese Lücke in deinem Leben musst du auf jeden Fall schließen", fordere ich sie auf und biete ihr an, Fotos von Deutschlands schönster Nordseeinsel zu schicken, sobald ich mein Ziel erreicht haben werde.

Durch dieses angenehme Gespräch geht die knapp dreistündige Schifffahrt viel zu schnell vorüber. Als wir von Bord gehen, verabschieden wir uns zügig. Christina muss auf ihren Koffer warten und ich möchte mir gleich den Helgolandrundweg auf dem Oberland, mit der berühmten „Langen Anna" anschauen, solange das Wetter noch so gut ist. Am Horizont ziehen nämlich schon einige Wolken auf, und für den Nachmittag ist Regen angesagt.

Es geht mir durch den Kopf, wie viele sympathische Menschen ich schon auf meinem Weg kennengelernt habe, obwohl ich doch eigentlich einsam durch Deutschland unterwegs bin. Oder ist es vielleicht gerade deswegen? Und dabei ist es ein komisches Gefühl zu wissen, dass ich vermutlich keinen dieser Menschen jemals wieder sehen werde.

Im Vergleich zu dem regen Treiben an der Hafenpromenade ist auf dem Oberland der Insel erfreulich wenig los. Obwohl ich mir viel Zeit lasse und auf der Nordseite von Helgoland noch am Strand entlang schlendere, bin ich nach knapp zwei Stunden wieder im Hafenbereich angekommen.

Die „Helgoland" legt erst dreieinhalb Stunden nach unserer Ankunft wieder ab. Inzwischen hat es angefangen zu regnen, und ich weiß ganz ehrlich nicht, was ich mit der restlichen Zeit anfangen soll. Außer dem kleinen Stück Natur, das die Insel zu bieten hat, ist der ganze Rest ein auf Kommerz angelegter Touristenort, mit unzähligen Souvenirshops, Duty-Free-Läden, Cafés, Imbiss-Ständen und Restaurants. Zu anderer Gelegenheit vielleicht ganz nett, ist das für mich und für diesen Sommer nicht das richtige Umfeld. Christina laufe ich auch nicht mehr über den Weg. Sonst hätten wir unsere nette Unterhaltung vielleicht noch fortführen können.

Ich bin schon eine dreiviertel Stunde vor der Abfahrt wieder an Bord, diesmal wetterbedingt unter Deck und nutze die Zeit, um Tagebuch zu schreiben.

Zurück in Cuxhaven hat der Regen aufgehört und im Gegensatz zu heute Vormittag, als ich die sechs Kilometer mit dem Bus gefahren bin, mache ich den Rückweg zu einem Abendspaziergang. Auf halber Strecke setzt der Regen wieder ein und ich werde zum Tagesabschluss nochmal richtig nass.

Es ist ungefähr 40 Jahre her, dass ich das letzte Mal auf Helgoland war und dafür war der Besuch heute in Ordnung. Viel öfter muss ich das aber auch nicht machen. Das Wiedersehen mit der offenen Nordsee hat jedoch aus diesem Tag einen besonderen Tag gemacht.

Samstag, 15.07.2017: Duhnen bis Campingplatz Hohencamp (29 km)

Um halb neun Uhr breche ich auf und husche um kurz vor neun Uhr gerade noch so am Kurkartenkontrolleur vorbei, bevor er sein Kassenhäuschen öffnet. Meine Kurkarte vom Campingplatz galt nur für vorgestern und gestern und, wie es in einem Nordseekurort üblich ist, muss man Kurtaxe bezahlen, wenn man an den Strand oder, wie hier, an die Strandpromenade möchte.

Die ersten zwei Drittel des Weges zum Fährhafen nach Cuxhaven kann man auf der Strandpromenade laufen und das möchte ich auch machen, bei dem jetzt wieder schönen Wetter. Die Kurtaxe spare ich mir durch meine rechtzeitige Anwesenheit.

Als ich mich gestern Abend in das Zelt verkrochen hatte, hatte es geregnet und als ich heute Morgen das erste Mal aufgewacht war, hatte es wieder oder immer noch geregnet. Ich hatte mich daraufhin nochmal umgedreht und als ich eine halbe Stunde später den Kopf durch den Zelteingang nach draußen steckte, musste ich gegen die Morgensonne anblinzeln und der Himmel war fast wolkenlos.

Es ist nicht ungewöhnlich für Nordseewetter, dass man binnen einer halben Stunde dreimal zwischen Friesennerz und Sonnenbrille hin und her wechselt.

So laufe ich heute bei bestem Wetter los und werde eineinhalb Stunden später kurz vor Cuxhaven vom nächsten Regenschauer eingeholt. Da ich noch reichlich Zeit habe, bis die Fähre zur Überquerung der Elbemündung nach Brunsbüttel geht, flüchte ich vor dem Regen in ein Strandkaffee, das gerade seine Tore öffnet. Für 3,60 Euro und unfreundliche Worte des Wirtes tue ich mir einen mittelmäßigen Latte Macchiato an. So ist es manchmal eben in Touristenhochburgen. Die Gastronomie hat es nicht nötig, günstig und freundlich oder wenigstens eins von beidem zu sein.

Mit reichlich Verspätung und deutlich langsamer als die angegebene Fahrzeit von 60 Minuten tuckert dann die Elbefähre Richtung Schleswig-Holstein. Das Wetter ist wieder schön.

Nach Baden-Württemberg, Bayern, Thüringen, Hessen, Sachsen-Anhalt, Rheinland-Pfalz, Niedersachsen und Bremen betrete ich auf dem Fähranleger von Brunsbüttel nun das neunte und letzte Bundesland auf meiner Reise.

Aufgrund meiner guten Erfahrung mit den Fernradwegen hatte ich entschieden, auch hier dem als Fernradweg ausgewiesenen Nordseeküstenradweg zu folgen, und der führt erstmal weg von der Küste und auf den nächsten 50 Kilometern durch das Landesinnere. Erst kurz vor Büsum werde ich morgen wieder auf die Nordsee treffen.

Vorbei an den Windparkanlagen bei Brunsbüttel und Eddelack laufe ich bis zum späten Nachmittag zum Campingplatz

Hohencamp bei St. Michaelisdonn. Dort angekommen bekomme ich den Unterschied zwischen Touristenzentrum und ländlicher Gegend deutlich vor Augen geführt. Auf einer kleinen Anhöhe, 42 Meter über dem Meeresspiegel, liegt die Anlage wunderschön abgeschieden und ruhig. Die Besitzerin begrüßt mich freundlich duzend und stellt sich mit ihrem Vornamen Susanne vor. Die Übernachtung kostet zehn Euro inklusive einem gut gekühlten Begrüßungsbier, das sie mir ungefragt sofort in die Hand drückt. Jede weitere Halb-Liter-Bierflasche kostet 50 Cent. Man nimmt sich das Bier einfach aus dem Kühlschrank und schmeißt seine Münze in das neben dem Kühlschrank stehende Sparschwein. Kaffee ist umsonst, man muss sich den mit einer Filtermaschine nur selber machen und hinterher die Küche wieder ordentlich verlassen. Kurtaxe gibt es keine, dafür eine wundervoll gepflegte Rasenfläche mit, zur kostenlosen Benutzung, bereitstehenden Strandkörben, Sitzbänken und Grillstellen. Das Hinterland hat im Vergleich zur gut besuchten Küste eben auch gewisse Vorteile.

Bevor ich mein Zelt aufschlage, lege ich mich erstmal in einen der Strandkörbe in die Sonne und trinke mein Begrüßungsbier. Neben dem Campingplatz liegt eine Start- und Landebahn für kleinmotorige Sportflugzeuge, und bis zum Abend hebt immerhin zweimal ein Pilot mit seiner Maschine ab.

Zum Campingplatz gehört ein großes, villenartiges Herrenhaus mit mehreren kleinen Anbauten. Der eingeschossige Gebäudekomplex sieht sehr neu und gepflegt aus und hat einen Empfangsbereich mit einer Art Lobby mit Kamin und schweren Ledersesseln. Alles ist mit sehr viel Liebe zum Detail dekoriert und mit allerlei kleinen Accessoires ausgestattet. In den Anbauten sind mehrere Einzel- und Doppelzimmer untergebracht, die Susanne zur Vermietung anbietet. Zudem gibt es eine hochwertig ausgestattete Gemeinschaftsküche.

Susanne kommt bei mir am Strandkorb vorbei und im Gespräch erfahre ich, dass ich für zwanzig Euro für die Nacht ein Einzelzimmer haben kann. Da einige meiner Sachen von gestern noch etwas feucht sind und für die Nacht neuer Regen angesagt ist, entscheide ich mich spontan um und für die Nobelvariante anstatt des klammen Zeltes.

Das Zimmer ist drei Meter hoch und das Bett ist super bequem. Ich bekomme zwei frische Handtücher, und einen Fernseher gibt es in meinem Zimmer auch.

Als ich mich eingerichtet habe und mich frisch geduscht zu dem Kühlschrank mit dem 50-Cent-Angebot aufmachen möchte, kommt mein Zimmernachbar vorbei und fragt mich, ob ich sein Begrüßungsbier haben möchte. Er sei kein Biertrinker, konnte aber gar nicht so schnell nein sagen, wie Susanne ihm die Flasche in die Hand gedrückt hatte. Natürlich will ich, und etwas später füttere ich das Sparschwein mit einem Ein-Euro-Stück für ein Bier zum Essen und ein weiteres für den Fernsehabend.

Weil das wirklich ein unschlagbares Angebot ist und weil es gerade so gut läuft, bekommt das Schwein von mir noch einen Euro zum Nachtisch und ich für noch mehr Fernsehen noch mehr Bier. Es ist zwar schade, aber mehr geht danach für heute Abend dann nicht mehr. Das Zusammenzählen fällt mir ein bisschen schwer, aber ich komme zu dem Ergebnis, dass ich für zwei Euro sechs Bier getrunken habe. Oder anders zusammen gezählt habe ich für 22 Euro einen noblen, trockenen Übernachtungsplatz und einen heftigen Schwips bekommen. Gestern Abend in Duhnen hätte ich für 22 Euro auch sechs Bier bekommen, aber nur kleine und ohne dazugehöriges Einzelzimmer.

Es regnet in der Nacht dann nicht, aber gelohnt hat sich das Wahrnehmen des Angebots trotzdem.

Sonntag, 16.07.2017: Campingplatz Hohencamp bis Stinteck „Campingplatz in Lee" (43 km)

Ich habe in dem herrlichen Bett hervorragend geschlafen, bin aber trotzdem schon um 5:15 Uhr in der Frühe wach und deswegen schon ab 6:15 Uhr erneut auf dem Weg. Vermutlich bin ich von dem modrigen, fiesen Geruch aufgewacht, den meine Turnschuhe inzwischen ungeniert versprühen. Außer den Crocks, die ich immer nach Beendigung jeder Tagestour trage, sind das die einzigen Schuhe, die ich dabei habe. Diese sind nun seit 48 Tagen ununterbrochen im Einsatz und dabei mindestens ein Dutzend Mal klatschnass geworden, und so riechen sie auch.

Direkt vom Start weg geht es ungefähr eine halbe Stunde lang über einen schmalen Trampelpfad, entlang eines Waldrandes und teilweise durch den Wald.

Im Gegensatz zu den Tagen über die Felder hinter Didderse werde ich hier von keinen Fliegen oder Bremsen oder Mücken belästigt. Autan brauche ich also heute keines. Ich vermute, diese Aufgabe übernehmen inzwischen meine Schuhe. Irgendwelche Flugtiere, die sich mit bösen Absichten meinen Füßen oder Beinen nähern, fallen spätestens im Abstand von einem Meter unwillkürlich ohnmächtig vom Himmel oder haben solche Atemnot, dass sie nicht mehr zustechen oder beißen können.

Ich selbst bin durch mehrmaliges Probeeriechen an Socken und Turnschuhen inzwischen weitestgehend immun, wenn man von dem jeweiligen Ekelanfall absieht.

Aus dem Wald heraus geht es über St. Michaelisdonn, Meldorf und das Örtchen Meldorfer-Hafen dann wieder an die Küste.

Auf dem Weg in Richtung Küstendeich holt mich mein nichtbiertrinkender Zimmernachbar von gestern Abend ein. Er ist, wie soll es auch anders sein, mit dem Fahrrad unterwegs, aber erst einige Stunden nach mir aufgebrochen und so läuft er also erst nach über zwanzig Kilometern auf mich auf. Ich erkenne ihn zunächst gar nicht, aber er mich schon. Er hält an und wir laufen eine halbe Stunde zusammen und erzählen uns unsere Reisegeschichten.

Er ist aus Potsdam, will acht Tage unterwegs sein und sein Ziel ist ebenfalls Sylt. Für die Insel kann ich ihm ein paar Tipps geben, was er sich anschauen sollte, und ich empfehle ihm natürlich den Hörnumer Campingplatz. Er möchte aber nur bis Westerland und von dort aus geht es für ihn in fünf Tagen mit dem Zug wieder zurück nach Hause.

Ab der Mittagszeit fängt es dann wieder an zu regnen und der Wind hat so aufgefrischt, dass meine Sonnen-Regenschirm-Konstruktion erneut nicht zum Einsatz kommen kann. Ich werde ein weiteres Mal nass bis auf die Knochen.

Weder das Wetter noch die Touristenmassen in Büsums Hafenbereich und Fußgängerzone animieren mich dazu, dort lange zu verweilen. Ich laufe also ohne Pause einfach durch Büsum hindurch und komme klatschnass am späten Nachmittag am „Campingplatz in Lee" in Stinteck, zirka fünf Kilometer nördlich von Büsum, an.

Der Wetterbericht sagt, dass es für den Rest des Tages durchgängig weiterregnen soll und dass es ab morgen dann deutlich besser wird. Meine Schuhe wären dankbar, wenn es so käme. Aber wie nicht anders zu erwarten, hört es direkt nach meiner Ankunft auf dem Campingplatz auf mit dem Dauerregen, und zum Abend hin wird es in Ansätzen sogar blau am Himmel.

Für morgen soll St.-Peter-Ording mein Ziel sein, wohlwissend, dass ich auch dort wie in Cuxhaven und Büsum nicht der einzige Gast sein werde.

Montag, 17.07.2017: Campingplatz Stinteck bis
St.-Peter-Ording (45 km)

4:45 Uhr zeigt das Handy, als ich durch die dünne Zeltwand den hellen Himmel Richtung Osten erahnen kann. Eigentlich ist diese Uhrzeit selbst für mich ein bisschen früh und ich sollte mich nochmal umdrehen und weiter schlafen. Aber ich stecke in Erwartung des guten Wetters den Kopf durch den Zeltreißverschluss und entscheide sofort, dass die Nachtruhe für heute zu Ende ist.

Der Wind hat die Wolkendecke aufgerissen und der Himmel ist einfach nur blau. Die Sonne ist schon aufgegangen und wird gleich über den Bäumen am Horizont zu sehen sein. Durch den einigermaßen kräftigen Wind ist es um diese Uhrzeit noch kühl. Ich packe meine Sachen zusammen, falte mein Wurfzelt nicht wie angegeben in zwei Sekunden, aber inzwischen einigermaßen routiniert in ungefähr zwanzig Sekunden zusammen und bin noch vor sechs Uhr auf dem Weg, raus aus dem Campingplatz.

Da ist es wieder, das Gefühl, dass dies die beste Zeit des Tages und das beste Wetter des Nordens ist.

Wieder gibt es den offiziellen Fernradweg hinter dem Deich, ohne Sicht auf das Wattenmeer und einen Fußweg vor dem Deich, direkt zwischen der Wasserkante und den schräg auslaufenden Wiesenflächen des Deiches. Ich befinde mich noch im erweiterten Einzugsbereich von Büsum und werde von einem Hinweisschild aufgefordert, meine Kurkarte bei mir zu haben und unaufgefordert bei Betreten des Bereiches hinter dem Deich vorzuzeigen. Ich habe wieder keine Kurkarte für heute, denn für den Campingplatz musste ich gestern keine erwerben und es ist beim besten Willen um 6:00 Uhr morgens auch niemand zu finden, dem ich eine Karte zeigen könnte oder bei dem ich eine für heute kaufen könnte. So bin ich heute wieder illegal unterwegs und Gina ist erneut eine Schwarzfahrerin.

Nach gut einem Kilometer endet der bezahlpflichtige Bereich und damit aber gleichzeitig auch der Weg am Wattenmeer. Das heißt vielmehr, der Weg geht weiter, der Durchgang ist aber durch einen Zaun und ein abgeschlossenes Tor nicht möglich. Ich überlege kurz, ob ich Gina über den Zaun heben soll, aber dann schiebe ich sie doch über den Deich zum Fahrradweg auf der Rückseite. Erst ärgere ich mich, dass ich schon wieder auf der falschen Seite laufe und keine Sicht auf das Meer habe. Es ist gerade Flut und das Meer ist tatsächlich da und nicht wie bei Ebbe bis zum Horizont entrückt. Doch schon nach wenigen hundert Metern ist der offizielle Fernradweg wegen Bauarbeiten gesperrt und ich werde wieder zurück über den Deich ans Wasser umgeleitet, und das wird für heute auf den nächsten 38 Kilometern bis St.-Peter-Ording auch so bleiben.

Da es noch so früh am Morgen ist, kommt mir in den ersten zwei Stunden bis einige Kilometer vor dem Eidersperrwerk nichts und niemand entgegen, außer ungefähr 10.000 Schafe, durch deren Weideflächen der grob gepflasterte Weg führt. Die netten Tierchen machen sich offenbar einen Spaß daraus, genau auf den gepflasterten Weg zu kacken, anstatt auf die Rasenflächen des Deiches. So sieht es jedenfalls auf den ersten Blick aus, denn pro Kilometer gilt es mindestens einer Million Häufchen auszuweichen. Wie schon vor einigen Wochen bei den Nacktschnecken versuche ich anfangs, Gina im Slalomkurs an den Hindernissen vorbeizuführen. Aber nicht einmal Ingemar Stenmark oder Alberto Tomba könnten das fehlerfrei bewältigen. Dann versuche ich, wenigstens den größeren Haufen oder breiteren Flatschen auszuweichen, aber schließlich gebe ich mich geschlagen und rolle Gina auf direktem Weg gerade über Pflastersteine und Schafkacke. Nach kürzester Zeit sehen ihre Reifen im wahrsten Sinne des Wortes beschissen aus und meine Turnschuhe sind um eine Duftnote reicher, falls das noch möglich sein sollte.

Nach ungefähr zehn Kilometern scheißegepflastertem Weg sehe ich, als erste Lebensform abgesehen von den Schafen, in der Ferne ein Fahrzeug auf mich zukommen. Als es etwas näher kommt, sieht es aus wie eine Straßenkehrmaschine oder so etwas Ähnliches. Ich glaube meinen Augen nicht zu trauen. Hier in diesem Nichts hinter dem Deich kommt tatsächlich eine Straßenkehrmaschine angefahren und schaufelt die Tonnen von Schafmist zur Seite.

Ich weiche auf die Seite aus und grüße den Fahrer höflich, als er auf meiner Höhe ist. Der mit reichlich Körperfülle gesegnete, junge Straßenkehrmaschinenfahrer wirft mir nur einen kurzen, ganz verstohlenen Blick zu und schaut dann gleich, ohne zurück zu grüßen, wieder grimmig gerade aus. Der kurze Augenblick reicht aus, damit ich seine Gedanken lesen kann.

„Da kommt grinsend so ein alter Aussteigertyp unsere Nordseeküste entlang und genießt sein faules Leben, und ich muss auf dem Zenit meiner beruflichen Karriere eine Milliarde Schafscheißehaufen zur Seite kehren, damit der feine Herr keine schmutzigen Schuhe bekommt." Wenn der wüsste, was meine Schuhe schon alles sind, außer nur schmutzig.

Ich laufe nach Norden über das Eidersperrwerk und dann nach Westen Richtung St.-Peter-Ording, immer weiter direkt an der Küste entlang. Nur Wasser ist nach einigen Stunden keines mehr da, denn es ist inzwischen Ebbe geworden. Der Wind kommt mittelmäßig stramm aus Nordwest und ich muss dagegen an laufen. Mal kommt er von vorne, mal von vorne links, mal von vorne rechts und dann wieder nur von vorne. Wolken gibt es den ganzen Tag über keine, und es ist mit zwanzig Grad angenehm warm, sodass ich inzwischen ohne T-Shirt unterwegs bin.

Nach mehr als sechs Stunden Gegenwind bekomme ich zum ersten Mal nach sieben Wochen Fußmarsch, plötzlich und ohne Vorwarnung, einen Wadenkrampf. Natürlich links, die Seite für die körperlichen Baustellen. Etwas langsamer und möglichst bedächtig gehe ich weiter. Das Ziehen in der Wade werde ich aber auf dem weiteren Weg bis St.-Peter-Ording bis zum Nachmittag nicht mehr los. Glücklicherweise habe ich mir für morgen den nächsten Ruhetag am Strand von St.-Peter-Ording vorgenommen. Zunächst muss ich heute aber noch ungefähr acht Kilometer bis zum Campingplatz in Tating humpeln.

Nach einer Kaffeepause an der Strandpromenade von St.-Peter-Ording nehme ich den restlichen Weg in Angriff. Ich laufe jetzt weg vom Wasser Richtung Osten und daher mit dem Wind im Rücken. Das geht deutlich einfacher, und meine linke Wade fand die einstündige Laufunterbrechung gut und meckert nur noch ein bisschen.

Ich hatte heute Vormittag mit dem Campingplatz in Tating telefoniert und deswegen weiß ich, dass die Rezeption um 18:00 Uhr schließt. Durch mein eingeschränktes Lauftempo wird die Zeit etwas knapp, aber dann bin ich doch fünf Minuten vor Torschluss rechtzeitig vor Ort.

Auf zwei Campingplätzen in St.-Peter-Ording hatte ich mir zwei Absagen wegen Überfüllung eingehandelt und auf so einen großen Trubel wie in Duhnen habe ich eigentlich sowieso keine Lust. Hier, etwas außerhalb, stehen auf der Zeltwiese des Campingplatzes sechs Zelte und es passen locker noch zwanzig weitere hin. Aber nach mir schließt die junge Dame von der Rezeption ihren Arbeitsplatz und so bleibt es bei sechs plus meinem Zelt. Die Zeltwiese ist dreiseitig von Bäumen eingefasst, und da es reichlich Platz gibt, kann ich mein Zelt etwas windgeschützt am westlichen Rand aufbauen.

Gegen Abend ziehen die ersten Wolken des Tages auf und durch den Wind wird es schnell wieder kühler. Der Wetterfrosch hat für morgen einen tollen Strandtag in Aussicht gestellt und da die Vorhersagen, wie schon erwähnt, im Norden meistens nicht zutreffen, muss ich mal sehen, was ich an meinem Ruhetag anstellen werde.

Dienstag, 18.07.2017: Ruhetag in St.-Peter-Ording

Die windgeschützte Lage meines Zeltes hätte ich mir sparen können. Am Morgen bewegt sich kein Blatt mehr an den Bäumen. Der Wind macht mit mir zusammen heute eine Pause. Dummerweise ist damit aber auch keiner da, der die Wolkendecke wegschiebt, die sich seit gestern Abend über uns festgesetzt hat.

Wie es sich für einen Ruhetag gehört, lasse ich alles noch langsamer angehen, als ich es sonst sowieso schon tue. Ich döse in meinem Zelt nochmal ein bisschen ein, gehe mich dann rasieren und organisiere mir, als die junge Campingplatzrezeptionistin um 8.00 Uhr wieder an ihrem Arbeitsplatz ist, ein paar Brötchen und einen Kaffee.

Irgendjemand scheint sich dann doch um die Wolken zu kümmern, denn inzwischen zeigen sich kleine blaue Lücken am Himmel.

Ursprünglich hatte ich vor, die acht Kilometer nach St.-Peter-Ording zu laufen, um dann den ganzen Tag dort am Strand zu verbringen. Um meine von gestern gestresste linke Wade, die sich inzwischen zwar besser anfühlt, die ich aber noch spüre, zu schonen, nehme ich dann um kurz vor halb zehn Uhr den Zug. Ein Handtuch für den Strand habe ich eingepackt, denn an der Nordsee kann man nie wissen, wie sich das Wetter entscheidet.

Als ich nach fünfzehn Minuten Zugfahrt und weiteren fünfzehn Minuten Fußweg am Strand ankomme, ist der Himmel Richtung Westen über dem Meer wolkenlos. Ein Prost auf den Wetterfrosch. Er hatte für dieses Mal netterweise Recht.

Ich bin von Sylts Westküste mit dem fast 40 Kilometer langen Sandstrand sehr verwöhnt, aber St.-Peter-Ording kann sich rühmen, dem fast nicht nachstehen zu müssen. Sandstrand soweit das Auge reicht, und der ist dazu so breit, dass, wenn man von seinem Strandkorb aufsteht, um ins Meer baden zu gehen, man vergessen haben könnte, warum man losgegangen ist, bevor man am Wasser ankommt. An diesem Strand haben tausende von Menschen Platz, und jeder würde im Umkreis von 50 Metern trotzdem für sich alleine liegen können.

Es ist kurz nach zehn Uhr und der Strand ist bisher noch fast leer. Ich laufe ein Stück in Richtung eines der berühmten Pfahlrestaurants, die man von Postkarten von St.-Peter-Ording kennt.

An zwei Stellen des geschätzt zehn Kilometer langen Strandes gibt es Parkplätze auf dem Sand. Direkt hinter der letzten flachen Dünenkette stehen die Autos vielleicht 150 Meter weit weg von der Wasserkante. Jetzt am frühen Morgen ist der Parkplatz im Norden, an dem ich vorbeilaufe, noch fast leer. Es stehen jedoch mindestens zwanzig Wohnmobile oder Campingbusse dort und die stehen bestimmt nicht schon, sondern eher noch dort. Darf man hier wohlmöglich am Strand übernachten? Wir sind in Deutschland, also kann ich mir das kaum vorstellen. Oder liegt hier einer der Campingplätze noch direkter am Wasser als der von Hörnum, der nur durch eine Dünenkette vom Strand getrennt ist?

Neugierig gehe ich zu einer Camperin, die gerade ihre Frühstücksutensilien vor ihrem umgebauten Kastenwagen ausbreitet und frage, ob ich kurz stören darf. Was ich jetzt erfahre, finde ich besser als nur gut.

Der Platz ist kein Campingplatz, sondern tatsächlich nur ein normaler Parkplatz. Man bezahlt für ein Auto fünf Euro Parkgebühr und zusätzlich drei Euro pro Person und weitere drei Euro Kurtaxe, falls man nicht schon eine gültige Kurkarte besitzt. Am Abend muss man das Auto wieder vom Strand entfernen. Nur für Parken bis dahin recht teuer. Doch jetzt kommt der Clou.

Wenn man nicht wegfährt, begeht man eine Ordnungswidrigkeit und hat am nächsten Morgen einen Strafzettel über weitere fünfzehn Euro unter dem Scheibenwischer klemmen. Nun parkt man als einzelne Person in einem Auto, zum Beispiel in einem Campingbus, plötzlich nicht mehr für elf Euro pro Tag, sondern man campt für 26 Euro pro Nacht an einem der besten Plätze schlechthin. Zumindest wenn das Wetter mitspielt und man am Strand sein möchte. Imbiss, Kiosk und Restaurant gibt es am Strand. Die Toiletten, wie die Restaurants ebenfalls auf sieben Meter hohen Pfählen aufgeständert, sind sauber und zahlreich. Duschen sind am Strand vorhanden und die größte Badewanne der Welt reicht bis zum Horizont. Wenn man in seinem Bus oder Wohnwagen jetzt noch einen Kühlschrank hat und eine Kochgelegenheit und abends vor dem Sonnenuntergang sitzt, kann campen besser nicht sein. Und man hat natürlich immer den besten Platz in der ersten Reihe, denn fast alle anderen fahren ja am Abend weg und spätestens da parken dann alle Camper ganz vorne und haben bis zum nächsten späten Vormittag Platz ohne Ende, bis die herkömmlichen Parkplatznutzer wieder kommen.

Die Camperin erzählt mir weiter, dass die Strafzettelaussteller immer sehr früh kommen, aber immer ganz leise sind und niemanden aufwecken oder zum Wegfahren auffordern, und sollte man schon wach sein, trifft man sie ganz höflich an. Das verbotene Campen am Strand wird in St.-Peter-Ording offenbar als zusätzliche Einnahmequelle stillschweigend geduldet.

Wenn ich mit unserem Haus in Hörnum nicht eine High-End-Unterkunft an der Nordsee hätte, könnte ich mir diesen Ort und diese Art von Urlaub sehr gut vorstellen. Vielleicht ist das auch mal eine entspannte zweitägige Anreisemöglichkeit für den nächsten Sommerurlaub auf Sylt.

Ich lasse mich im FKK-Bereich des Strandes nieder und komme zu meinem geplanten, faulen Tag und mein blasser Hintern zu seinen ersten Sonnenstrahlen. Der hat ziemlich was aufzuholen im Vergleich zum restlichen Körper, der sich inzwischen den 50. Tag an der frischen Luft herumtreibt.

Bis zum späten Nachmittag bewege ich mich nicht, außer ein paar Mal eine Drehung vom Rücken auf den Bauch und zurück. Insgesamt schaffe ich es vier Mal einzuschlafen, und erst als das Liegen schon fast anstrengend wird und der Durst mich hochtreibt, trinke ich auf der Holzterrasse eines der Pfahlrestaurants mein obligatorisches Belohnungsbier. Heute belohne ich mich für vorbildliches und andauerndes Nichtstun. Dann laufe ich doch noch ein paar Kilometer am endlos scheinenden, langen, sauberen Strand auf allerfeinstem Sand.

Gestern bin ich am Nachmittag schon durch den Ort gelaufen und ich muss sagen, dass St.-Peter-Ording mir gefällt. Es ist natürlich wieder ein großer Touristenort, aber durch seine Länge und seine aufgelockerte Struktur verläuft sich der Andrang sehr gut. Es gibt die übliche Fußgängerzone mit einer Unmenge Ess- und Trinkgelegenheiten und immer die gleichen Souvenirshops und Nobelboutiquen, aber es gibt auch einen ausgedehnten Park und eben den, abgesehen von Sylt, unschlagbaren Strand.

Im Gegensatz zu Büsum mit seinem hässlichen Hochhaus direkt auf dem Deich, das mir gerammelt voll erschien und wo die Strandkörbe auf dem Deichgras stehen, weil es eben keinen vernünftigen Strand gibt, würde ich St.-Peter-Ording bescheinigen, dass es allemal auch einen längeren Aufenthalt verdient hätte.

Ich bleibe so lange am Strand, dass ich gerade noch kurz vor Ladenschluss um 21:00 Uhr beim Supermarkt meine Lebensmittelvorräte für die letzten Tage auffüllen kann und nehme dann um kurz nach halb zehn Uhr den Zug zurück nach Tating. Am Campingplatz angekommen, gibt es am Horizont gerade einen wunderschönen und absolut wolkenlosen Sonnenuntergang.

Das Wetter ist für morgen nochmal bestens angesagt, und die Verlockung ist groß, hier einen weiteren faulen Tag zu verbringen. Ich werde aber dennoch morgen früh weiterziehen, denn das ganz große Ziel will erst noch erreicht werden.

Mittwoch, 19.07.2017: Campingplatz Tating bis
„Nordseecamping zum Seehund" (33 km)

Gestern Abend bin ich für meine Campingverhältnisse sehr spät erst gegen 23:30 Uhr eingeschlafen. Um Mitternacht war ich dann schon wieder wach. Das Paar in meinem Nachbarzelt hat unüberhörbar Sex. Na herzlichen Glückwunsch. Ich lebe seit Wochen als Asket und nun darf ich mir sowas anhören. Krampfhaft versuche ich an einen blauen Elefanten zu denken und schlafe tatsächlich während einer kurzen Ruhephase im Nachbarzelt wieder ein. Vielleicht waren die beiden auch schon fertig. Das kann ich nicht sagen und ich will es auch gar nicht wissen und auch nicht darüber nachdenken, sonst bekomme ich wohlmöglich noch Albträume.

Am Morgen, vor dem Zelt sitzend, kommt mir das Gehörte wieder in den Sinn. Geschlafen habe ich immerhin schadensfrei, und als ich die Dame aus dem Nachbarzelt zu Gesicht bekomme, bin ich froh und erleichtert, derjenige in meinem Zelt gewesen zu sein und nicht der Partner der Dame im Nachbarzelt.

Beim Zusammenpacken meiner Sachen stelle ich die nächste Überraschung fest. Mein durchsichtiger 10-Liter Plastikwassersack ist nicht mehr ganz durchsichtig, sondern von unten etwas grünlich. Der Versuch das Grün von außen abzurubbeln scheitert aus einem verständlichen Grund. Das Grün ist innen. Nach 51 Tagen Wasserbefüllung hat sich Grünspan oder irgendwas anderes algiges in meinem Vorratstank festgesetzt. Ich versuche mit überschaubarem Erfolg, den Sack zusammen zu drücken und den Boden mit den Seitenwänden so aneinander zu rubbeln, dass sich der Dreck löst. Das Grün wird stellenweise ein bisschen schmierig und die Optik lässt sich durch viel Schütteln von wenig Wasserinhalt etwas verbessern, aber der Boden bleibt tendenziell grün. Jetzt kommt wieder der Biologieexperte in mir zum Einsatz. Es gilt die Frage zu lösen: ist das lebensgefährlich, nur ein wenig ungesund oder egal?

Auf der Grundlage von keinen vernünftigen Fakten entscheide ich mich für „egal" und fülle den Wassersack wie jeden Morgen mit vier bis fünf Litern frischem Trinkwasser. Wenn meine Füße die Schuhe aushalten, mit denen ich unterwegs bin, dann wird mein Magen auch ein bisschen Grün vertragen.

Mein Weg führt heute von Tating aus, das wie gesagt einige Kilometer im Landesinneren liegt, weiterhin weg von der Küste über Garding und Katharinenheerd, bis ich nach 25 Kilometern bei Uelvesbüll wieder auf den Küstendeich treffe. Ich laufe Richtung Husum und damit im Gegensatz zu vorgestern jetzt wieder nach Osten, beziehungsweise nach Nordosten. Der Wind ist wieder da und wie es immer mal bei gutem Wetter an der Nordsee der Fall ist, kommt er jetzt aus Osten. Die Nordsee will mich ärgern, denn damit laufe ich wieder gegen den Wind an. Aber ich sollte mich nicht beklagen, denn wir haben, wie gestern, azurblauen Himmel und es ist schon früh am Morgen angenehm warm.

Ich bin mental in Höchstform. Ich habe das Gefühl, nichts und niemand kann mich mehr von meinem Ziel abhalten und es gibt nichts, was mich wirklich ärgern oder stören könnte. Sogar das „Gruhu-hu-huhu", das immer noch zu hören ist, nehme ich inzwischen gelassen zur Kenntnis. Mein Verfolger hat sich offenbar über die 54° Nord Linie getraut, die ich inzwischen überschritten haben müsste.

Körperlich würde ich meinen Zustand nach dem Ruhetag als mindestens akzeptabel bezeichnen. Die linke Wade ist noch ein bisschen hart, aber schmerzt nicht mehr, und auch das linke Knie und die linke Leiste haben sich offensichtlich inzwischen damit abgefunden, dass sie bis zum Schluss dabei bleiben müssen. Beide jammern deutlich weniger als noch letzte Woche.

Die Strecke führt permanent vorbei an Weideflächen für Kühe und Schafe, sowie an unzähligen Windrädern. Zwischen Katharinenheerd und Uelvesbüll kommen fast drei Stunden lang kein richtiger Ort und kein Dorf. Dafür aber immer wieder einzelne Höfe mit wunderschönen, gepflegten, reetgedeckten Wohnhäusern. Wer in Ruhe und Abgeschiedenheit und vermutlich günstig wohnen und es trotzdem nah zum riesigen Sandstrand von St.-Peter-Ording haben möchte und nichts dagegen hat, sich dort hin und wieder in den Touristentrubel zu stürzen, der ist hier im Landesinneren, wenige Kilometer von der Nordseeküste entfernt, genau richtig aufgehoben.

Am Nachmittag komme ich bei Lindenbergsand etwa sieben Kilometer vor Husum auf dem „Nordseecampingplatz zum Seehund" an. Der Platz ist sehr nobel ausgestattet, mit Strandkörben, Hängematten, Grillstellen und sogar einem mittelgroßen Partyzelt zur freien Verfügung. Es gibt auch eine Sauna und einen Fitnessraum, beides an das Sanitärgebäude angegliedert. Beides wird mich aber heute nicht sehen. Für die Sauna ist es mir deutlich zu warm und Fitness und Bewegung habe ich seit Wochen reichlich. Zwei Zeltwiesen stehen zur Auswahl und ich breite mich auf der kleineren der beiden aus. Die Wiese ist allseitig mit einer über zwei Meter hohen Hecke umgeben und so von außen vollkommen uneinsehbar. Auf der Wiese hätten vielleicht sechs oder acht Zelte Platz, aber ich bin mal wieder der einzige Zelter und könnte hier an diesem schönen, sonnigen Nachmittag das FKK-Dasein von gestern weiterführen. Das traue ich mich aber natürlich nicht, lege mich aber, nur mit einer Badehose bekleidet, zu einer faulen späten Nachmittagsruhe hin.

Der Campingplatz liegt direkt hinter dem Deich. Am frühen Abend schaue ich über die Kante. Vor mir liegt wieder das Wattenmeer und es gibt keinen Sandstrand. Zur Halbinsel Nordstrand, in Richtung Nordwesten, sind es Luftlinie vielleicht drei Kilometer, aber man hat das Gefühl, hinüberspucken zu können. Der Küstenweg über Husum bis zum Campingplatz auf der Nordseite der Halbinsel wird dennoch morgen ein ganzer Tagesmarsch für mich sein.

Es ist gerade Ebbe. Die beiden Schilder an der zum Campingplatz zugehörigen Badestelle tragen eine gewisse Ironie in sich. Da steht zum einen: „Baden auf eigene Gefahr". Es ist aber gar kein Wasser da. Das zweite Schild, das an einem Holzsteg angebracht ist, sagt: „Springen vom Steg verboten". Das würde ich auch nicht empfehlen, denn es würde im besten Falle eine Arschbombe oder ein Bauchplatscher im Schlick werden.

Der Himmel ist inzwischen mit dichten Wolken behangen, Richtung Süden grummelt es vor sich hin und es sieht fies dunkel aus. Die Wetter-App warnt mich vor kräftigem Gewitter mit Starkregen und teils großen Hagelkörnern. Der Wind ist eingeschlafen, und es wirkt wie die Ruhe vor dem Sturm. Es bleibt mir nichts übrig, als mich überraschen zu lassen, was kommt. Zur Not könnte ich ja in den noblen Sauna- und Fitnessbereich flüchten.

Um 20:30 Uhr fängt es dann schlagartig kräftig zu regnen an. So schnell ich kann schmeiße ich meine Sachen, die ich teilweise noch auf dem zur Zeltwiese gehörenden Holztisch neben meinem Zelt ausgebreitet hatte, in das Zelt, krabbele hinterher und mache die Schotten dicht. In der Hektik habe ich das letzte halbvolle Bier und mein Handtuch draußen vergessen. Das Fehlen des Bieres bemerke ich sofort, das Handtuch vermisse ich erst am nächsten Morgen und finde es klatschnass über Gina hängend, wo ich es eigentlich zum Trocknen abgelegt hatte.

Es regnet so lange und so heftig, dass ich das Zelt für den Rest des Abends nicht mehr verlasse. Sogar das Zähneputzen lasse ich sausen. Das halbe Bier brauche ich mir auch nicht mehr zu holen, denn es wird durch den Regen inzwischen wieder ein ganzes sein und zudem hatte ich sowieso schon genug für heute.

Das Vergessen der Sachen könnte nämlich auch dadurch zustande gekommen sein, dass der Campingplatzkiosk zehn verschiedene Sorten Flensburger Bier eisgekühlt im Angebot hat und ich mich zum Abendessen als Biersommelier versucht habe. Da zehn Flaschen Bier mir übertrieben erschien, habe ich das „Flensburger Pilsner" weggelassen. Das kenne ich schon und mag es nicht besonders. Zudem habe ich auf das Weizenbier und das Radler verzichtet, beides generell nicht meine bevorzugten Bierarten. Und nach langem Kampf mit mir selber habe ich auch vom alkoholfreien Flensburger besser die Finger weg gelassen. So blieben zur Abrundung der Mahlzeit ein Flensburger „Frühlingsbock" und ein „Blondes, helles Ale". Im zweiten Gang ein Flensburger „Edles Helles" und ein „Dark Amber, dunkles Ale" und zum Abschluss ein Flensburger „Dunkel" und ein halbes Flensburger „Gold". Die ersten vier, von den sechs Sorten, waren mit 5,4 bis 6,9 % Alkoholgehalt ordentlich leistungsstark.

So habe ich trotz der frühen Uhrzeit die nötige Bettschwere, und durch das gleichmäßige Prasseln des Regens auf der dünnen Zeltdecke über mir schlafe ich bald ein.

Donnerstag, 20.07.2017: „Campingplatz zum Seehund" bis Campingplatz „Elisabeth-Sophien-Koog (39 km)

Irgendwann in der Nacht muss es aufgehört haben zu regnen, und gehagelt hat es nicht. Im Fußbereich des Zeltes habe ich aber einen leichten Wassereintritt zu beklagen.

Vor einigen Tagen schon hat sich die Naht des äußeren Reißverschlusses an zwei Stellen vom Zeltstoff gelöst. Um die Stelle im oberen Bereich zu schonen, mache ich den Eingang nur noch maximal zu zweidrittel auf und schlängele mich rein und raus. Den Reißverschluss kann man von unten und von oben schließen und ich erspare der zweiten Fehlstelle weitere Zugbelastung indem der Eingang ungefähr zehn Zentimeter unterhalb und oberhalb offen bleibt. Die Lücke ist seitlich auf halber Höhe und dagegen hatte ich bisher keine Bedenken. Nun war der Regen gestern Abend wohl stark genug, dass dort etwas durch kam. Die intakte geschlossene Innenöffnung ist in der oberen Hälfte nur ein Insektenschutz und vermochte dem Wasserandrang wohl nicht stand zu halten. Links vorne im Zelt habe ich somit nun eine kleine Pfütze. Eine gute Idee, den Schaden am Zelt zu beheben, habe ich nicht wirklich. Die beste Maßnahme wäre, dass es in den letzten verbleibenden Tagen einfach nicht mehr regnet. Wünschen kann ich mir das ja. Angesagt ist für heute erstmal wieder Dauerregen.

Als ich starte, regnet es noch nicht und als ich eineinhalb Stunden später nach Husum komme, hängen die Wolken dicht und sehr tief, aber es bleibt trocken.

Ich schaue mir Husums Hafen, die Altstadt und das „Schloss vor Husum" an und mache eine Frühstückskaffeepause. Es herrscht hier kein so hektisches Treiben wie in Büsum, und Husum beherbergt auch nicht die Touristenmengen wie St.-Peter-Ording. Es geht alles sehr ruhig und beschaulich zu, und in den schmalen Straßen der Altstadt mit vielen kleinen, sympathischen Läden ist nicht übertrieben viel los. Husum vermittelt den Eindruck von norddeutscher Leichtigkeit.

Hinter Husum verläuft der weitere Weg wieder auf der dem Wasser zugewandten Deichseite, und damit beginnt erneut das Schafscheiße-Slalom-Spiel. Die Wolken hängen inzwischen so tief, dass man es fast schon als Seenebel bezeichnen kann. Wind gibt es gar keinen mehr und so umgibt mich wieder die herrliche Ruhe, die ich schon an manchen süddeutschen Flüssen, in den Wäldern des Harzes und auf den Feldern im niedersächsischen Flachland erlebt habe, ab und zu nur unterbrochen durch ein Schafgemeckere aus der Ferne. Es regnet den ganzen Tag kaum. Der Weg im Uhrzeigersinn fast ganz herum um die Halbinsel Nordstrand ist schön, aber auch unspektakulär und ein wenig eintönig.

Das ist sicherlich der Grund, warum ich das Gefühl habe, heute extrem langsam zu sein. Ich laufe mehr oder weniger im Kreis und habe den Eindruck, mich kaum von der Stelle zu bewegen. Einen Großteil der ersten Hälfte der Strecke kann ich von der Halbinsel aus zurück auf die niedersächsische Wattenmeer-Küste schauen und auf der zweiten Hälfte, etwas weiter den Kreis herum, habe ich das gleiche Bild vor Augen, nur ohne eine Küste am Horizont zu sehen. Trotzdem ist mir nicht langweilig, sondern eher ganz das Gegenteil ist der Fall.

Es ist körperlich anspruchsvoll über mehrere Wochen hinweg jeden Tag viele Stunden zu laufen, und gleichzeitig ist es für den Kopf unendlich befreiend. Beides empfinde ich als enorm angenehmes Gefühl. Oft verfalle ich in Gedanken und wache erst eine Stunde später und einige Kilometer weiter wieder auf. Oft denke ich einfach gar nichts und genieße das Dasein und betrachte alles um mich herum, egal ob es spektakulär oder wenig abwechslungsreich ist.

Die Wattenmeer-Küste bietet optisch wenig Abwechslung. Da hat es Bergland natürlich einfacher. Dafür gibt es an der Nordsee diese unschlagbare Luft. Es riecht nach Meersalz, und sobald etwas mehr Wind aufkommt, spürt man bei jedem Schritt an der frischen Luft sofort das Salz auf der Haut und kann es auf den Lippen schmecken. Wenn die Wolken tief hängen wie heute, lässt die Nordsee eine beeindruckende Stimmung entstehen. Der Himmel scheint zum Greifen nah zu sein.

Hier und heute und so nah an meinem Ziel fühle ich mich mehr denn je als halber Norddeutscher und beneide diejenigen, die mehr als das sind.

Bei Fühlehorn, ganz im Westen der Halbinsel, mache ich am späten Nachmittag einen Stop an einer Fischbrötchenbude. Die ältere Dame hinter dem Tresen ist eifrig am Putzen und sagt mir gleich, dass sie nur Matjes-Brötchen hat, weil sie eigentlich nur da ist, um alles ein bisschen auf Vordermann zu bringen.

„Macht nichts", entgegne ich, „nach acht Stunden Fußmarsch können sie mich mit einem kalten Bier völlig zufrieden stellen."

Sie reicht mir ein Flensburger Pilsner heraus, die Sorte, die ich gestern weggelassen habe und ich nehme es aus Mangel an Alternativen heute dankend an. Aus dem Seitenanbau der Bude kramt sie extra für mich einen Barhocker mit den Worten hervor:

„Wer heute so viel gelaufen ist darf sich ruhig auch mal setzen".

Ich bin der einzige Gast und außer Putzen hat sie sonst nichts zu tun. Ich erzähle ihr, dass ich nicht nur heute, sondern schon seit über sieben Wochen laufe und warum und woher ich die Zeit habe. Wieder erzähle ich von meinem 50. Geburtstag und meinen 500 Überstunden, die ich gerade abfeiere, und dass ich diesen freien Sommer schon ein Jahr zuvor mit meinen Arbeitgebern abgestimmt habe und als allererstes mir natürlich das Einverständnis meiner Frau für meine Abwesenheit von der Familie eingeholt habe. Daraufhin sagt die ältere Dame etwas sehr Warmherziges und mir Tiefgehendes:

„Gute Ehefrauen erlauben ihren Männern zu gehen. Egal ob für einen Abend oder für lange Zeit".

Danke Sonja, kann ich darauf nur erwidern, sage es aber nur in Gedanken zu mir.

Nach zehn Stunden komme ich auf dem Campingplatz Elisabeth-Sophien-Koog im Norden der Halbinsel an. Das war der 52. Tag und mir fällt auf, dass ich beginne, die verbleibenden Tage zu zählen. Wenn ich ehrlich zu mir bin, zähle ich sie in der Vorfreude, bald am Ziel zu sein. Die Traurigkeit, dass der Weg und das kleine Abenteuer dann zu Ende sein werden, kommt wahrscheinlich erst später.

Freitag, 21.07.2017: Elisabeth-Sophien-Koog bis Dagebüll (33 km)

Wie versprochen sitzt der Campingplatzinhaber pünktlich um 6:30 Uhr in seinem Rezeptionshäuschen. Ich muss den Schlüssel für das Sanitärgebäude loswerden, will aber wie immer früh los und hatte gestern Abend gefragt, ab wann ich denn jemanden antreffen würde. Ganz generös hatte der gemütliche ältere Nordfriese gesagt, ich könne so früh kommen wie ich wolle, er sei da. Wir hatten uns dann auf halb sieben geeinigt und sind beide da.

Er fragt mich nochmal, wie gestern Abend schon, ob ich mir sicher sei, den Deichweg bis nach Dagebüll laufen zu wollen.

„Da ist nichts, absolut tote Hose, Outback. Du wirst verhungern", sind seine Einwände.

Ich sage ihm, dass ich ein bisschen Proviant dabei habe und dass es so schlimm schon nicht werden wird und ziehe los.

Obwohl die Etappe bis Dagebüll mit 33 Kilometern nicht übertrieben lang ist, habe ich bewusst diesen frühen Aufbruch gewählt, weil die Dame am Telefon des Campingplatzes Neuwarft in Dagebüll mir ein bisschen Angst eingejagt hat, indem sie sagte, ich könne möglicherweise Pech mit dem Platzangebot haben, wenn ich zu spät komme. Für nur eine Nacht würden sie keine Reservierungen annehmen und in Schleswig-Holstein beginnen heute die Sommerferien. Ich solle einfach möglichst früh anreisen, dann sind vielleicht ein paar Urlauber abgereist und deren Plätze noch frei.

„Wer zuerst kommt mahlt zuerst", würde für diese Plätze dann gelten.

So geht es also um halb sieben Uhr los und ich habe, nach Norden laufend, durch den Südwind tatsächlich erstmals richtig Rückenwind. Zunächst laufe ich auf der dem Meer abgewandten Seite des Deiches, entlang des Naturschutzgebietes Beltringharder Koog, und nach zweieinhalb Stunden wechsle ich beim Amsinckhaus die Seite. Es ist Niedrigwasser und es sieht aus, als könne man zu den Halligen am Horizont hinüberlaufen. Erst auf der anderen Deichseite fällt mir auf, dass der Wind schon wieder gedreht hat. Er kommt jetzt aus Nordwest und somit war mein Rückenwindspaß nur von kurzer Dauer. Schon jetzt, nach noch nicht einmal drei Stunden, spüre ich, dass meine Beine heute ziemlich schlapp sind und meine Füße etwas schmerzen, obwohl der gestrige Weg eigentlich nicht anstrengender war als an vielen anderen Tagen auch. Als ich kurz anhalte, um ein Steinchen aus meinem rechten Schuh zu entfernen, kann ich zumindest meine Füße verstehen. Das Profil der Sohle unter den Fußballen ist nur noch rudimentär erkennbar und beim Versuch, die Sohle zusammen zu drücken, muss ich einsehen, dass die einst so hervorragende Dämpfung des teuren Laufschuhs irgendwo auf dem Weg liegen geblieben ist.

Nach etwas mehr als 1.550 Kilometern habe ich die Schuhe einfach platt gelaufen, oder die Stinkebakterien, die in meinen Schuhen wohnen, haben alles Polstermaterial aufgefressen.

Ginas Fahrgestell läuft in den letzten Tagen auf dem flachen Terrain, im Gegensatz zu meinem, wie am ersten Tag. Sie hat es ja auch gut, sie wird nach wie vor geschoben, egal aus welcher Richtung der Wind kommt.

Der Campingplatzchef von heute Morgen hatte Recht. Außer unzähligen Schafen inklusive ihrem Auswurf kommt wirklich nicht viel Sehenswertes auf dem Weg.

In fünfeinhalb Stunden bis Schlüttsiel begegnen mir ganze zwei Menschen. Auf der Höhe der Hallig Nordstrandischmoor kommt eine Frau mit einer Lorenbahn von der Hallig herübergefahren.

Loren sind kleine Schienenfahrzeuge, manchmal mit Dach und manchmal als Flachwagen, die in der Regel von kleinen fünf bis zehn PS starken Industriemotoren angetrieben werden. Die Hallig Nordstrandischmoor ist mit dem Festland nur über eine schmale einspurige Schienentrasse verbunden. Sollten sich zwei Loren irgendwo auf der Strecke begegnen, muss immer der mit dem kürzeren Weg, entweder bis zum Festland oder bis zur Hallig, wieder zurückfahren.

Kurz danach überholt mich ein Radfahrer. Für die restliche Zeit teilen sich die Schafe und ich uns den Deich.

Als ich um 12:00 Uhr bei Schlüttsiel eine Pause mache, treffe ich dann doch wieder auf die Zivilisation. Von Schlüttsiel aus kann man mit der Fähre die Halligen Hooge und Langeneß sowie die Insel Amrum besuchen. Das haben offensichtlich auch einige vor, denn hier ist sogar ein Reisebus mit Touristen angekommen.

Ich gönne mir einen späten Frühstückskaffee und gleichzeitig ein frühes Mittagsbier und mache mich nach einer halben Stunde Pause auf die letzten acht Kilometer bis Dagebüll.

Dort angekommen bekomme ich zu hören, dass der Campingplatz voll ist. Na herzlichen Dank, und das bei meinen schweren Beinen heute. Es ist zwar noch nicht spät, aber weit komme ich heute nicht mehr und einen anderen Campingplatz gibt es in der Nähe sowieso nicht.

Vielleicht weil ich mitleidserregend genug aussehe und etwas jammernd dreinblicke oder warum auch immer, wirft der Mann neben der Rezeptionsdame ein, ich könne doch bleiben und mich neben den verlassenen Campingwagen auf Platz 29 stellen. Der ist zwar vermietet, aber an dem Wagen hat sich seit Monaten niemand mehr blicken lassen und dass da ausgerechnet heute jemand kommt, wird wohl nicht der Fall sein. Für mich gar kein Problem und so vermieten sie eben Platz 29 doppelt, beziehungsweise einen Teil davon, denn auf dem Rasen neben dem Campingwagen hat problemlos noch ein weiteres Zelt außer meinem Platz.

Es ist bombastisches Nordseewetter mit viel Sonne, etwas Wind und ganz wenigen Wolken. Den Rest des Nachmittags genieße ich auf der Sonnenterrasse eines Restaurants direkt auf dem Deich neben dem Dagebüler Fährhafen und anschließend bei einem Nachmittagsnickerchen auf dem Rasen von Platz Nummer 29.

Nachdem ich mich die letzten fünf Tage ausschließlich von meinen Vorräten ernährt habe, gehe ich heute Abend mal wieder deftig essen. In einem „Burger House" gibt es für mich einen mächtigen Cheeseburger mit Pommes Frites. Obwohl der Laden ziemlich voll ist, bekomme ich einen schönen Tisch im Außenbereich in der Sonne. Nach kurzer Zeit kommt ein Ehepaar und fragt, ob sie sich dazu setzen dürfen. Ich bin alleine an dem 4er-Tisch, also kein Problem. An diesem schönen Abend esse ich gerne in Gesellschaft.

Gina habe ich auf dem Campingplatz abgestellt und daher bin ich nicht als Exot unter den Touristen zu erkennen. Dennoch kommen wir schnell ins Gespräch und berichten uns gegenseitig über unsere Urlaubserlebnisse.

Ich erfahre dabei, dass Simones und Olafs Zeit nicht weniger interessant war und ist als meine und dass unsere letzten Wochen erstaunliche Ähnlichkeiten aufweisen.

Simone, 49 Jahre alt und Olaf, 51 Jahre alt, hatten 25 Jahre lang ein Restaurant im Norden von Hamburg, haben dieses jahrein und jahraus zu zweit, ohne Angestellte, betrieben und dabei so gut wie nie Urlaub gemacht. Sie wohnten über ihrem Restaurant und damit war jeder Tag im Prinzip rund um die Uhr mit Arbeit belegt. Als dann im Mai dieses Jahres ihr Pachtvertrag auslief und die Pacht deutlich erhöht werden sollte, hatten sie die Nase voll. Und obwohl sie ihre Arbeit immer gemocht haben, gaben sie ihr Geschäft auf und machen seitdem eine Auszeit und reisen mit dem Wohnmobil durch Deutschland. An einigen

Orten, die ich auf meiner Wandertour besucht habe, sind auch sie gewesen. So kennen sie zum Beispiel Bad Kissingen und den Campingplatz im Süden des Stadtparks, auf dem ich Station gemacht habe. Sie waren in Hann. Münden, wo die Fulda die Werra küsst und den Beginn der Weser bilden, und sie waren auch in Schierke im Harz, am Fuß des Brockens. Sie waren sogar mit ihrem Wohnmobil am Strandparkplatz von St.-Peter-Ording und standen über Nacht in der ersten Reihe. Von dieser Art des Campens waren sie unglaublich begeistert und Simone zeigt mir Bilder auf ihrem Handy vom Sonnenuntergang am Strand und erzählt von der tollen Atmosphäre unter den illegalen Campern. Allerdings hatten sie am Morgen einen Strafzettel über 30 und nicht 15 Euro unter ihrem Scheibenwischer klemmen. Aber Olaf fügt hinzu, dass es das trotzdem allemal wert war und sie eine Übernachtung am Strand von St.-Peter-Ording bei gutem Wetter nur wärmstens empfehlen können.

Ich bin absolut baff über die vielen gemeinsamen Orte und in mich hinein lachend kommt mir der Gedanke, ob Simone und Olaf nicht vielleicht „Gruhu-hu-huhu" machen. Aber das sage ich ihnen nicht, wir kennen uns ja nicht und möglicherweise ist mein Humor nicht jedermanns Sache.

Als ich dann auf mein Ziel Sylt zu sprechen komme und die Geschichte der Familie Tschepe in Hörnum erzähle, mit dem damaligen Fotogeschäft und unserem jetzigen Haus, stellt sich heraus, dass sie nicht nur Sylt und Hörnum kennen, sondern sogar die vier Reihenhäuser, von denen das östliche unseres ist.

Simone und Olaf sind ausgesprochene Syltliebhaber und haben im Jahr 2009 sogar auf dem Hörnumer Leuchtturm geheiratet. Ich wusste, dass das Sylter Standesamt Trauungen in Hörnum auf dem Leuchtturm anbietet, aber dass ich hier zwei sympathische Menschen kennenlerne, die dort tatsächlich geheiratet haben, finde ich unglaublich und fast bin ich ein bisschen neidisch darauf.

Meine Reise endet übermorgen und meine Auszeit endet Anfang September. Simone und Olafs Auszeit ist auf unbestimmte

Zeit angelegt. Sie wollen morgen erstmal nach Hause fahren. Sie wohnen in Grömitz an der Ostsee, zwischen Timmendorf und Fehmarn, wollen dann aber gleich wieder losziehen.

Ich finde es sehr mutig und bemerkenswert, sich mit Ende 40 beziehungsweise Anfang 50, nach 25 stressigen Berufsjahren, von seiner Arbeit, ohne Zukunftssicherheit, zu lösen und einfach in den Tag hinein zu leben. Ich wünsche den beiden eine schöne Zeit, wie lange auch immer diese in dieser Form dauern möge.

Samstag, 22.07.2017: Dagebüll bis Hörnum Nord (48 km)

Tag 54 beginnt sehr spät am Vormittag. Der Weg soll heute bis Klanxbüll gehen. Da man nicht über den Hindenburgdamm nach Sylt laufen darf und die Insel nur mit dem Zug oder dem Schiff erreichen kann, möchte ich am letztmöglichen Bahnhof in den Zug steigen und an der erstmöglichen Stelle auf Sylt wieder aussteigen. Das ist die ungefähr zwanzig Kilometer lange Strecke von Klanxbüll bis Morsum oder bis Keitum. Je nachdem, an welchem Bahnhof der Zug auf Sylt das erste Mal hält. Das soll aber erst morgen ganz früh sein, sodass ich mir für die gut zwanzig Kilometer von Dagebüll bis Klanxbüll heute sehr viel Zeit lassen kann.

Ich stehe also für meine Verhältnisse sehr spät auf. Das Wetter ist etwas schlechter als angesagt und der Himmel ist mit dichten Wolken bedeckt, aber es regnet nicht, als ich mich um 10:30 Uhr auf den Weg mache.

Wenn man von Dagebüll aus nach Westen auf das Meer schaut, dann liegt Föhr im Blickfeld und man kann Sylt, das weiter nordwestlich liegt, nicht sehen. Aber schon knapp zehn Kilometer weiter nördlich bei Südwesthörn kann ich im Dunst, weit hinten am Horizont, einen Landstreifen erahnen und das ist die südliche Hälfte von Sylt. Noch bin ich nicht da, aber sehen kann ich das Ziel schon, denn dort ganz im Süden der Insel liegt Hörnum.

Der Wind kommt heute aus Südosten und schiebt Gina und mich richtiggehend vorwärts, als ob er mir zum Abschluss was Gutes tun und mir die letzten Kilometer auf dem Festland leichter machen möchte.

Da der Weg bis Klanxbüll nicht weit ist, entscheide ich unterwegs, dass ich erstmal am Deich entlang, einige Kilometer über Klanxbüll hinaus, soweit laufe, bis ich am Hindenburgdamm nicht mehr weiter darf.

Auf dem Weg hinter dem Deich sind die ganzen Tage schon kaum Menschen anzutreffen, aber so weit oben scheinen es die Schafe überhaupt nicht gewöhnt zu sein, von komischen Gestalten wie Gina und mir gestört zu werden. Jedenfalls ernten wir häufiger als weiter im Süden erschrockene Blicke und nach Beschwerde klingendes Blöken. Um halb fünf Uhr am Nachmittag bin ich dann so weit nördlich wie erlaubt und stehe vor einem Zaun mit einem verschlossenen Tor und einem ausgebleichten Schild mit der Aufschrift:

„Betreten und Befahren des Hindenburgdammes nicht gestattet". Weder Gina noch ich dürfen also weiter und wir fügen uns dem Verbot.

Hier endet der Weg auf dem Festland. Ich warte ein wenig und stelle Gina in eine gute Position, um ein Foto von ihr, dem Schild, dem Hindenburgdamm und einem durchfahrenden Zug zu machen. Es ist kalt geworden, und ich friere ein bisschen, jetzt, da ich mich nicht mehr bewege. Nach zwanzig Minuten habe ich ein brauchbares Bild aufgenommen.

Es ist erst 17:30 Uhr, als ich am Klanxbüller Campingplatz vorbeikomme. Vorbei ist das richtige Wort, denn mir geht schon seit zwei Tagen der Gedanke durch den Kopf, schon heute Abend nach Sylt zu fahren und die letzte Nacht im Freien am Strand zu verbringen. 53 Nächte lang habe ich mir den Luxus gegönnt, ein Dach über dem Kopf zu haben, wenngleich meistens auch nur das dünne Zeltdach.

Für eine solche Reise gehört es sich, auch mindestens einmal eine Nacht im Freien zu verbringen. Ich kann mich erinnern, wie mir am Anfang der Reise der Mut dazu fehlte und dann war es im weiteren Verlauf einfach angenehm, am Abend immer eine Dusche und am Morgen eine richtige Toilette vor der Nase zu haben. Heute ist die letzte Chance und der Strand ist der beste Ort dafür.

Um kurz nach sieben Uhr besteigen Gina und ich den Zug nach Sylt. Mit mir steigen ein Ehepaar mit zwei riesigen Koffern und eine junge Frau mit einer Reisetasche und einem, in drei Teile verpackten, Wohnzimmertisch im gleichen Abteil ein. Die junge Dame steigt als letzte von uns ein und benötigt Hilfe beim Verladen ihrer sperrigen Pakete. Das Fußteil des Tisches passt überhaupt einmal gerade so durch die Zugtür und versperrt dann diese so, dass keiner mehr aussteigen kann, solange sie mit ihrem Tisch nicht auch den Zug verlässt. Sie will bis Westerland fahren und ich möchte eine Station früher in Keitum aussteigen. Wir müssen also während der kurzen Fahrt umständlich rangieren und umpacken, damit die breite Gina vor dem sperrigen Tisch den Zug verlassen kann.

Die junge Frau sieht ziemlich müde und abgekämpft aus. Während der belustigenden Umpackerei flachsen wir ein wenig, und auch das kofferbeladene Ehepaar steigt mit in die Scherzrunde ein. Die junge Frau sagt, dass sie das bisschen hin und her Gezerre im Zug nach ihren sechzehn Stunden Autofahrt von Ravensburg bis Klanxbüll jetzt auch nicht mehr schocken kann, und der Mann des Ehepaares pflichtet ihr bei in dem Klagen darüber, wo heute überall Stau auf der Autobahn war. Es ist eine lustige Stimmung in der kurzen Zeit zwischen uns vieren, allesamt mit unserem überdimensionalen Gepäck beladen.

Um die Autofahrer ein wenig zu necken werfe ich ins Gespräch ein, dass bei mir seit knapp acht Wochen kein Stau mehr war und erzähle ein letztes Mal auf meiner Reise fremden Menschen von meiner Tour. Die junge Frau meint erst, dass ich scherze, aber als ich mit ein paar Details rausrücke und ihr versichere, dass ich zwar zum Scherzen aufgelegt bin, aber wirklich bis heute 1.600 Kilometer zu Fuß unterwegs war, ist sie fassungslos begeistert. Sie erzählt, dass ihr Mann seit zwei Monaten mit einem Segelboot unterwegs sei, dass sie laufen aber fast noch besser findet und die Geschichte unbedingt bei nächster Gelegenheit ihrem Mann erzählen muss.

Der Koffermann sagt, dass er einen Redakteur auf der Insel kennt und bietet an, mir den Kontakt zu vermitteln, weil das unbedingt in die Zeitung gehöre. Ich danke ihm, lehne aber ab und sage, dass das nicht nötig sei, weil ich erstens einen Bruder habe, der ebenfalls Zeitungsredakteur ist und auch schon für die Sylter Rundschau geschrieben hat und ich zweitens meine Geschichte vielleicht selbst in Form eines Buches erzählen möchte.

Die kurze Zugfahrt ist viel zu schnell zu Ende für die lange Geschichte, die ich zu erzählen hätte, aber wir haben es trotzdem nebenher geschafft uns so zu platzieren, dass Gina und ich problemlos in Keitum aussteigen können.

Wenn ich schon unter freiem Himmel schlafe, dann natürlich am Weststrand, irgendwo auf dem Weg nach Hörnum. Der Wind kommt weiterhin aus Südost bis Ost und das ist ideal für eine Nacht im Strandkorb am Weststrand mit Blick Richtung Meer. Den Wind habe ich somit im Rücken. Die Wolken sehen allerdings den ganzen Tag dicht und bedrohlich regenschwanger aus, und ich kann nur hoffen, dass es trocken bleibt. Bis zum Abend hat es immerhin noch nicht geregnet.

Auf einem Feldweg kurz hinter dem Keitumer Bahnhof komme ich an einem Radwegschild vorbei. Ich muss mich nach Osten umdrehen, die Richtung, aus der heute das Wetter kommt, um das Schild lesen zu können und sehe einen blauen Himmel am Horizont. Das Wetter scheint mich beschenken zu wollen, und am Abend wird es wirklich einen Sonnenuntergang geben.

Der Wegweiser für Fahrradfahrer ist ein Schild, wie ich in den letzten Wochen hunderte davon gesehen habe, mit einem Richtungspfeil, einem Ortsnamen, einer Kilometerangabe und einem Fahrradsymbol. Dieses Mal zeigt der Pfeil nach Süden, die Entfernungsangabe weist zwanzig Kilometer aus und der Ortsname ist Hörnum. Im Hintergrund sehe ich Dünen und der blaue Himmel kommt mir entgegen. Ich muss mich kurz hinsetzen und mir kommen unweigerlich die Tränen. Ich bin glücklich, ergriffen und auch ein wenig stolz und fast da.

Ich laufe zunächst auf der Ostseite der Insel über das Rantumer Becken nach Rantum und werfe dort das erste Mal einen Blick über die Dünenkette an den Weststrand. Der Übergang an den Strand von Rantum führt an einem gut besuchten Restaurant vorbei, und auch am Strand selbst sind mir jetzt um 22.30 Uhr noch zu viele Menschen, um mich hier niederzulassen.

Einige Kilometer weiter südlich, auf dem Parkplatz des berühmten Strandrestaurants Sansibar, stehen noch mehrere Autos, und vermutlich werde ich auch an diesem Strandabschnitt um diese Uhrzeit noch nicht alleine sein.

Ich laufe weiter in die Nacht hinein bis nach Hörnum Nord. Um viertel vor ein Uhr komme ich am Ortsschild Hörnum vorbei. Ich bekomme eine Gänsehaut, obwohl es nicht zu kalt ist, und wieder feuchte Augen.

Natürlich kenne ich hier alle Übergänge zum Weststrand und so weiß ich, dass ich hier in Hörnum Nord mit Gina gut an den Strand komme, da es nur wenige Stufen gibt. Und außerdem weiß ich, dass ich hier Strandkörbe vorfinden werde und sogar eine Dusche am Strand vorhanden ist und ich somit auf den gewohnten Übernachtungsluxus kaum verzichten muss. Der Strand ist hier nur gut zehn Meter breit und ich werde damit direkt am Wasser übernachten.

Um halb zwei Uhr in der Nacht habe ich mir knapp hinter der Dünenkette zwei Strandkörbe zusammen geschoben und es mir im Schlafsack unter freiem Himmel bequem gemacht. Im Süden sehe ich in der Ferne ein Wetterleuchten und weit entfernt grummelt es am Himmel verdächtig.

Sonntag, 23.07.2017: Hörnum Nord bis Hörnum Weststrand
(3 km)

Ich schlafe mit ein paar Unterbrechungen bis kurz vor fünf Uhr. Es ist trocken geblieben und auch kaum noch windig, und ich genieße die herrlich stille Morgenruhe. Es war eine grandiose Entscheidung, meinen Weg mit einer solchen Nacht zu beenden und meinen Sylturlaub damit zu beginnen. Ich gehe im Meer baden und dusche danach am Strand. Das ist beides sehr kalt und ich ziehe mich gleich wieder schnell und warm an. Im Süden am Horizont droht das Gewitter immer noch oder schon wieder, und heute früh bei Tageslicht ist deutlich zu sehen, wie es jetzt näher kommt.

Zunächst gibt es bei mir trotzdem erstmal ein Frühstück am Strand, bestehend aus den Resten meines Proviantvorrats von Schokoriegeln und Nüssen und dem übrig gebliebenen Rest Weißwein, den ich mir gestern in Klanxbüll am Bahnhofskiosk zur Feier der Inselankunft gekauft hatte.

Um kurz vor sieben Uhr fängt es dann an zu tröpfeln, und kurz danach geht ein kräftiges Gewitter über Hörnum nieder. Ich habe meine Sachen gerade zusammen gepackt und bin auf dem Weg zu einem Toilettenhäuschen in den Dünen, das hier am Übergang zum Strand steht und kann mich dann vor dem ganz heftigen Regenguss gerade noch so, durchschnittlich durchnässt, in die überdachte Bushaltestelle an der Durchgangsstraße in Hörnum-Nord retten.

Ich hatte niemandem außer Maja erzählt, dass ich schon gestern Abend auf die Insel gekommen bin. Ich hatte mir auch in den Kopf gesetzt, dass ich am liebsten von niemandem, den ich kenne, gesehen werde, bevor ich nicht wirklich am Hörnumer Weststrand ankomme. Das war gestern Abend schon mal schief gegangen. Auf dem Weg zum Strandübergang in Rantum kamen mir Nicola und Eric, zwei langjährige Freunde aus unserer Sylter Urlaubsclique, entgegen. Ich war da schon recht müde und mit der ungewollten Situation kurz etwas überfordert und ich glaube, ich war auch etwas unfreundlich, weil ich ihnen lieber nicht über den Weg gelaufen wäre. Ich denke, sie haben es mir nicht krumm genommen und sicherlich werde ich sie schon heute wiedersehen und kann mich entschuldigen.

Hier an der Bushaltestelle treffe ich nun gleich das nächste bekannte Gesicht. Mein Onkel Michael ist gerade in Hörnum-Nord. Er ist ein pensionierter Lehrer, wohnt in der Nähe von Bremen und ist einmal im Jahr, immer im Sommer, für ein oder zwei Wochen als ehrenamtlicher Betreuer von Kindergruppen im Kinderheim von Hörnum-Nord tätig. Bei dem mittelmäßigen Wetter hatte er mit seiner Gruppe entschieden, den Vormittag in Westerland zu verbringen, und nun kommt die ganze Kinderschar mit den Betreuern zur Bushaltestelle, in der ich gerade mein Dasein als Obdachloser friste. Als ich ihn begrüße, erkennt er mich im ersten Moment erst gar nicht, so überrascht ist er. Er hatte von seiner Schwester, meiner Mutter, gesagt bekommen, dass ich erst heute früh in Westerland ankomme und schaut daher zunächst ungläubig. Ich erzähle ihm kurz, dass ich die Nacht am Strand verbracht habe und dann kommt auch schon sein Bus nach Westerland.

Für 12:00 Uhr habe ich mich mit Maja und meinen Eltern als Empfangskomitee am Volleyballfeld am Weststrand von Hörnum verabredet. Von Hörnum-Nord aus sind das gerade mal noch zwei oder drei Kilometer, und ich nutze die Zeit im Bushaltestellenhäuschen, um ausgiebig Tagebuch zu schreiben. Würde ich an der Straße entlang gehen, wäre ich in fünfzehn Minuten in unserem Haus und könnte mich aufwärmen und mir trockene Sachen anziehen. Aber ins Haus möchte ich jetzt noch nicht. Auf meiner Fahne steht: „Von der Oststadt … an den Weststrand", und dort wird mein Weg auch enden, auch wenn unser Haus nur 200 Meter vom Strand entfernt liegt.

Die Idee, nach Sylt zu laufen, kam mir schon vor einigen Jahren, und in der ganzen Zeit hatte ich immer das Bild vor Augen, wie ich an einem warmen, sonnigen Sommertag am Strand ankomme, von meiner Familie und Freunden in Empfang genommen werde, alle freuden- und tränenreich begrüße und mich dann zur Abkühlung und Erholung meiner Beine ins seichte Wasser lege. In meiner Vorstellung sollte es Ebbe sein, windstill und es sollte keine Wellen geben, damit ich mich einfach so im Meer treiben lassen und mir bewusst werden kann, was gerade eben zu Ende gegangen ist.

Der launische Norden ist mir nicht gut genug gesonnen, um alle diese Wünsche zu erfüllen. Immerhin regnet es ab 11:00 Uhr nicht mehr, aber alles ist nass und kalt. Der feuchte, tiefe Sand klebt an Ginas Rädern fest und es scheint, als würde der Strand Gina ansaugen, so langsam und beschwerlich komme ich voran. Ich muss im tiefen Sand laufen, denn um viertel nach ein Uhr ist Flut und der harte, glatte Sand, den es bei Ebbe an der Wasserkante gibt, ist längst vom Meer verschluckt worden.

1613 Kilometer lang habe ich Gina durch Deutschland geschoben. Die letzten zwei Kilometer muss ich sie ziehen. Beim Schieben gräbt sich ihr kleines Vorderrad so tief in den Sand ein, dass gar nichts mehr vorwärts geht. Windstill ist es und somit gibt es auch fast keine Wellen. Das passt wenigstens also zu meinem Ankunftsbild, aber die Wolken sind weiterhin dicht und hängen tief am Himmel, und es könnte jederzeit wieder anfangen zu regnen. Mein Empfangskomitee am Strand wird also recht klein ausfallen, denn bei so einem Wetter machen sicherlich viele meiner sonst relativ wetterresistenten Syltfreunde etwas anderes als einen Strandtag.

Thommie aus Didderse hatte versprochen, mich auf jeden Fall in Empfang zu nehmen und Maja und meine Eltern werden natürlich da sein. Sonja und Nina sind noch in Ludwigsburg, da für Nina die Schulferien erst in vier Tagen beginnen. Am Ende der Zeitplanung für meine Reise war klar, dass mich die beiden nicht empfangen können werden, denn Maja bleibt nur bis zum nächsten Samstag. Hätte ich meine Ankunft so weit nach hinten gelegt, hätte ich nur zwei Tage Urlaub mit meiner großen Tochter gehabt, und da war mir eine gemeinsame Woche wichtiger, als alle meine Frauen an meinem Empfangstag in die Arme nehmen zu können.

Maja ist inzwischen eine erwachsene junge Frau und muss ihre Urlaubspläne nicht nach den Ankunftswünschen ihres Vaters ausrichten. Der Vater war mit seiner Reise sowieso schon egoistisch genug, dass er nicht verlangen konnte, dass Maja ihre wohlverdiente Freizeit nach ihrem Abitur an seine Reisezeit anpasst.

Gina scheint unsere gemeinsame Zweisamkeit so gefallen zu haben, dass sie nicht will, dass das heute zu Ende geht. Sie macht sich so schwer, als wolle sie weiter nach Norden und weiter geschoben werden und nicht die letzte Stunde von mir nach Süden gezogen werden. Verstehen kann ich sie schon ein bisschen, immerhin schaut sie ja weiterhin nach Norden, unsere bevorzugte Richtung der letzten Wochen. Aber ich will jetzt da sein. Ich habe hier das Sagen und für mich reicht es jetzt. Ich will meine Tochter in den Arm nehmen.

Es ist Tag 55. 1615 Kilometer und 2,4 Millionen Schritte liegen hinter mir. Wobei ich einige Schritte wieder abziehen muss, denn ich schätze, ich bin ungefähr 5% des Weges mit dem Skateboard gefahren. Das zweite Skateboard war übrigens nur ganz wenig in Gebrauch und hat schon vor einigen Tagen seinem Vorgänger nachgeeifert und sich in zwei Hälften geteilt in den Müll verabschiedet.

Mehrmals auf den letzten zwei Kilometern muss ich anhalten. Nicht nur, weil der Weg schwerer geht als auf der steilsten Bergetappe im Harz, sondern vielmehr um mich zu sammeln, die Tränen aus den Augen zu wischen, an den Horizont zu schauen und mir klar zu werden, was hier gerade passiert. Ich mache noch drei Ankunftsfotos ungefähr 100 Meter vor dem Ziel, von Gina am Weststrand von Hörnum. Jetzt bemerke ich, dass doch wieder ein leichter Wind geht, gerade stark genug, dass meine Fahne im Wind flattert. Ich laufe nach Süden, der Wind kommt aus Südosten, gerade so, dass ich die Fahne mit der Seite zu mir zeigend fotografieren kann, auf der geschrieben steht: „ ... an den Weststrand 54°45'N , 8°16'O".

In der Ferne kann ich meine Tochter an der Wasserkante stehen sehen, so wie ich es mir gewünscht habe. Ich ziehe Gina mit aller Kraft weiter. Maja steht da und lächelt mir entgegen. Bei den letzten Schritten strahle ich über das ganze Gesicht. Wenige Meter vor meiner Tochter muss ich Gina loslassen. Ich will nur noch zu Maja und lasse meine treue Weggefährtin kurz vor dem Ziel stehen. Maja und ich fallen uns in die Arme und heulen beide hemmungslos.

Nach einigen Minuten kann ich wieder sehen und schaue auf. Meine Eltern halten sich, wie immer in solchen Situationen, dezent zurück. Meine Mutter steht erstmal abseits und lässt Maja und mir unsere Zeit. Mein Vater fotografiert aus respektvoller Distanz. Schließlich gehe ich auf meine Eltern zu und begrüße sie ebenfalls. Wir stehen immer noch am Wasser.

Das Volleyballfeld etwas höher am Strand Richtung Dünen, der Platz an dem wir alle Jahre unsere Strandtage verbringen, ist keine 50 Meter weit entfernt. Dort oben wartet ein Zielbanner auf mich und zwanzig meiner Freunde mit ihren inzwischen allesamt erwachsenen Kindern. Sie stehen vor dem Volleyballfeld Spalier und nehmen mich mit einer Laola-Welle in Empfang.

Es ist nicht das Bild, das ich monatelang im Kopf und vor Augen hatte. Die Sonne fehlt, es ist Flut und nicht Ebbe und mir ist nicht danach zumute, mich in das kalte Meer zu legen. Aber der Moment ist schöner als alles was ich mir hätte vorstellen können.

Ich bin da.

Was bleibt?

Der Herbst ist gegangen und der Winter auch schon fast. Bald wird es wieder Frühling sein und ich sitze in meinem Arbeitszimmer, schon lange wieder in der Oststadt, und schreibe an diesem Buch. Nach der Wanderung durch Deutschland folgte mein längster Syltaufenthalt seit den lange vergangenen Kindertagen. Einen ganzen Monat hatte ich noch Zeit, die Seele und die Füße baumeln zu lassen.

Doch was bleibt? Was hat dieser Sommer aus mir gemacht? Oder sind drei Monate eine zu kurze Zeit, um nachhaltige Veränderungen zu erzielen? Und war das überhaupt mein Wunsch und der Sinn dieser Reise?

Noch im Sommerurlaub habe ich mich erst einmal ganz an die Anfänge meiner Nordseegeschichte zurück begeben. Zum ersten Mal seit meinem ersten Lebensjahr habe ich Amrum wieder besucht. Mehr aus einer Laune heraus und weil es mit dem Wandern ja gerade so gut lief, wollte ich an einem Tagesausflug vom Hörnumer Hafen aus die Nachbarinsel zu Fuß halb umrunden.

Irgendwie wollte ich aber auch sehen, wie es damals angefangen hat mit der Nordsee und mir. Ich war im Sommer 1968 erst ein Jahr alt und natürlich habe ich keine eigenen Erinnerungen an diese erste Begegnung. Jetzt konnte ich feststellen, dass unser südöstlicher Nachbar durchaus eine schöne Insel ist. Aber Amrum ist eben nicht Sylt. Von meinem ersten Lebensurlaub kann die innige Liebe zum Norden nicht stammen.

Zurück in Süddeutschland brennt es mir unter den Nägeln herauszufinden, wo genau ich mich am ersten Tag meiner Wanderung verlaufen hatte. Zu eindrücklich ist mir hängengeblieben, dass meine Tour gleich zu Beginn am seidenen Faden hing. Neben meiner anfänglichen Unsicherheit war sicherlich auch die Tatsache, dass ich mich durch eigene Dummheit am ersten Tag körperlich völlig übernommen hatte, ein Grund dafür.

Am letzten Sonntag, bevor ich wieder arbeiten muss, fahre ich daher die erste Wanderetappe nochmal mit dem Fahrrad nach, dieses Mal mit eingeschaltetem GPS-Gerät. Ich nehme exakt den Weg, den ich drei Monate zuvor gegangen bin. Hinter Beilstein in den Wald hinein, vorbei an der Burgruine Helfenberg und nach den nächsten zwei Örtchen den steilen Schotterweg hinauf bis zu dem damals verpassten Abzweig. Jetzt steht kein dicker, pinkelnder Mann dort, aber ich sehe ihn noch genau vor mir. Und natürlich geht genau hinter dem jetzt nicht vorhandenen Range Rover, etwas versteckt, der richtige Weg hinunter zum Breitenauer See links weg. Ab dieser Stelle geht es nur noch bergab, und mit dem Fahrrad bin ich in zehn Minuten am See. Damals bin ich weiter bergauf gelaufen und erst drei Stunden später am Ziel angekommen.

Es ist ein komisches Gefühl, wieder am See zu sein. Das war doch gerade erst, und doch ist es schon wieder so weit weg.

Monate später treffe ich ein zweites Mal auf eine Teilstrecke meines Sommerweges. Mitte Januar sind Sonja und ich in Bremen zu Mones 50. Geburtstag eingeladen. Mone und Jens habe ich seit meinem Besuch bei ihnen in Weyhe-Leeste nicht mehr gesehen oder gesprochen. Damit sich der Weg lohnt, fahren wir nicht nur zur Geburtstagsparty, sondern ein ganzes Wochenende in die Hansestadt. Wir besichtigen mit dem Dom und den Bremer Stadtmusikanten die Stellen, an denen ich mich Monate zuvor mit kaltem Sommerregen herumärgern musste.

Am Samstag früh morgens gehe ich vom zentral liegenden Hotel aus an der Weser joggen. Ich laufe die Strecke zurück, die ich am 41. Tag im Sommer in die Stadt hinein gekommen bin, immer am Fluss entlang. Jetzt ist es klirrend kalt und strahlend blauer Himmel kurz nach Sonnenaufgang. Meine Lieblingstageszeit.

Mich überkommt ein wahnsinnig emotionales Gefühl. Ich bin dick eingepackt und gut gewärmt durch den Frühsport und trotzdem habe ich wieder eine Gänsehaut.

Seit sechs Monaten stehe ich nun schon wieder im geregelten Arbeitsleben. Mein Tinnitus ist schon längst wieder der Alte und pfeift ohne Unterlass fröhlich vor sich hin. Was hat sich also verändert?

Mein Äußeres ein bisschen. Ich versuche, die verloren gegangenen Wanderpfunde trotz des körperlich faulen Büroalltags von mir weg zu halten. Das klappt mal so und mal so, aber immerhin einigermaßen.

Optisch verändert hat sich meine linke Wade. Dort steht seit dem Spätsommer als Tattoo geschrieben: „Life is for living", damit ich es ja nicht vergesse.

Ich habe absichtlich die linke Wade gewählt, da sich auf dieser Seite meine ganzen Problemstellen Knie, Leiste und auch der Wadenkrampf befanden. Vielleicht reißt sich die linke Hälfte in Zukunft etwas zusammen.

Aber was möchte ich noch verändern? Mit was bin ich nicht zufrieden in meinem Leben? Was will ich eigentlich? Das waren durchaus Fragen, die ich unausgesprochen mit auf meinen Weg genommen hatte. Eine gute Bekannte hat einmal zu mir gesagt: „Wenn du unzufrieden bist in deinem Leben, dann ändere was."

Ich hatte diesen Sommer viel Zeit in langen und einsamen Wanderstunden, und ich habe dabei viele Teile meines Lebens hinterfragt. Midlife crisis nennt man das, wenngleich das für einen Fünfzigjährigen sicher etwas spät ist.

Von einem Psychologen habe ich vor Jahren, in der Zeit meines Studiums, gelernt, dass es in unserer modernen Gesellschaft drei Säulen des Lebens für jedermann gibt: die Familie, die Freunde und den Beruf.

Ich will keine anderen Freunde, wenngleich ich immer offen bin und gerne neue Menschen kennenlerne und bereit bin, neue Freundschaften zu schließen, ohne die alten dabei zu verlieren.

Ich will keine andere Familie. Wie sollte ich das wollen können. Ich will auch keine andere Frau, obwohl ich nicht verleugnen kann, dass mir die Schmetterlinge im Bauch, das frische Verliebtsein und die spannenden Momente aus frühen Zeiten fehlen. Vielleicht ist der Wunsch, diese Unzufriedenheit zu stillen, aber auch zu viel verlangt für eine inzwischen mehr als drei Jahrzehnte andauernde Partnerschaft. Die Menschen um mich herum sind nicht der Teil, den ich in meinem Leben ändern möchte.

Ist es also der Beruf? Ich kann keinen anderen Beruf und schlecht ist das auch nicht, was ich mache. Aber dieser Sommer der Langsamkeit hat mir gezeigt und mich gelehrt, dass ich diesen Beruf, der den Großteil der wachen Lebenszeit verschlingt, in seiner Art, wie er jahrein und jahraus ist und wie er die Zeit vorbeirasen lässt, hinterfragen darf.

Wenn es irgendwie geht, möchte ich mehr Zeit für andere Dinge haben. Zeit ist die wichtigste und knappste Ressource in unserem, sonst so von Überfluss geprägtem, Leben.

Als mich direkt nach meiner Tour mehrere Freunde und Bekannte gefragt haben, was denn die Erkenntnis aus meinem persönlichen Jakobsweg ist, habe ich immer und ohne in diesen Momenten groß darüber nachzudenken gesagt:

„Ich möchte mehr Zeit für solche Dinge haben und das soll nicht das letzte Mal gewesen sein, dass ich ein kleines, großes Abenteuer erleben durfte."

Vor langer Zeit hatte ich, auf meiner mehrmonatigen Weltreise, unvergessliche Dinge erlebt, wundervolle Menschen getroffen und nie wieder gesehene Orte besucht. Auf dieser Reise hatte ich Tagebuch geführt, und der letzte Halbsatz in meinem Reisetagebuch war: „ ... in spätestens drei Jahren bin ich wieder weg!"

26 Jahre ist das nun her. Jahre, die gefüllt waren mit wundervollen Ereignissen, wie heiraten, bei den Geburten meiner Kinder dabei zu sein und sie aufwachsen und selbstständig werden zu sehen.

In ein paar Wochen werde ich 51 Jahre alt, und vielleicht werde ich keine weiteren 26 Jahre mehr haben, um nochmal loszuziehen. Und wenn doch, dann wäre es schon ein großes Glück, wenn mich meine Füße nochmal so weit tragen könnten wie diesen Sommer.

„ ... in spätestens drei Jahren bin ich wieder weg", heißt es also erneut. Und dieses Mal muss es auch so sein.

Wer seine Träume nur träumt, der träumt nur. Wenn es also eine Möglichkeit gibt, dann tue ich es.

Bildnachweis:
S. 112 unten Theo C. Arts
S. 124 oben Marie Guse
S. 131 oben Carsten Wallnig
S. 131 unten, S. 132 oben und
Titelbild Eberhard Tschepe
alle anderen Fotos Daniel Tschepe

Viele Dank für die Unterstützung
bei diesem Buchprojekt an:
Eberhard Tschepe - Layout
Meike und Sonja Tschepe - Korrekturlesen
Jochen Faber - technischer Support